너를 사랑해볼까 해.
그럼 나는 아무것도 잃지 않고 살 수 있을 테니까.

어느 날 우리 집 현관으로 멸망이 들어왔다 1
임메아리 대본집

1판1쇄 펴냄 2021년 7월 30일
1판2쇄 펴냄 2023년 5월 15일

극본 임메아리
포스터 반디 | **로고** WESTWORLD
© 2021 STUDIO DRAGON Corp., STUDIO&NEW Co.,Ltd. All Rights Reserved.

펴낸이 김경태 | **편집** 홍경화 성준근 남슬기 한홍비
디자인 박정영 김재현 | **마케팅** 유진선 강주영 | **경영관리** 곽라흔
펴낸곳 (주)출판사 클
출판등록 2012년 1월 5일 제311-2012-02호
주소 03385 서울시 은평구 연서로26길 25-6
전화 070-4176-4680 | 팩스 02-354-4680 | 이메일 bookkl@bookkl.com

ISBN 979-11-90555-60-9 03680
     979-11-90555-62-3 04680 세트

어느 날 우리 집 현관으로 멸망이 들어왔다 1

임메아리 대본집

차례

일러두기

1. 대본의 특성상 구어체를 살렸으며, 일부 맞춤법은 작가의 의도를 따른다.

2. 인물의 대사에서 . 는 대사 끝을 내려서 말하는 것, ? 는 대사 끝을 올려서 말하는 것이다.
   , 는 대사를 한번 끊고 말하는 것을 가리킨다.

3. 이 책에 등장하는 용어의 의미는 아래와 같다.

   S#   신Scene 번호. 공간을 나눌 때 사용.

   / (지문)   같은 장소와 같은 신에서, 다른 연출이 필요할 때 사용.

   (E)   이펙트Effect. 주로 화면 밖에서의 음향이나 대사에 의한 효과음을 말함.

   (F)   필터Filter. 전화기에서 들리는 것처럼 필터를 거쳐 들리는 목소리.

   (NA)   내레이션. 화면 밖에서 들려오는 목소리.

   Cut to   컷 투. 동일한 신에서 공간이 바뀌지 않고 시간이 흐른 경우, 또는 무드가 바뀌는 경우.

   리와인드Rewind   영상의 진행을 거꾸로 돌리는 기법.

   몽타주Montage   기존에 촬영된 여러 이미지를 편집하여 하나의 새로운 장면을 만들어내는 기법.

   슬로우Slow   화면에서의 움직임이 실제보다 느리게 보이도록 하는 기법.

   인서트Insert   신이 진행되는 중간에 특정 사물이나 상황을 강조하기 위해 삽입한 화면.

1부

S#1. 병원 / 진료실 (낮)

당면   (E) 교모세포종입니다.

얼빠진 듯 멍한 얼굴의 동경. 맞은편에 앉아 있는 남자 의사(사십대 정도), 표정 변화 없이 그런 동경 마주 본다. 횡, 둘 사이로 잠시 어색한 정적이 인다.

당면   (어쩔 수 없이 먼저 입 떼며) 다발성 종양으로 보여요. 어지럽고 구토
            하고 하는 것도 다 이것 때문입니다.
동경   (MRI 필름 바라보며 뭔가 골똘히 생각하는 듯하고)
당면   자세한 건 조직검사를 해봐야 아는데 아무래도 (동경 바라보며) 위
            치가 안 좋아요.
동경   (MRI 필름만 뚫어져라 바라보며 별 감정 흔들림 없이) 네에…
당면   (뭐든 말하라는 듯, 감당하겠다는 듯) 네…
동경   (MRI 필름 속 종양 찾아보려고 눈 작게 떠 집중하며) 조직검사…
당면   (긴장해 보면)
동경   (여전히 MRI 필름 보며) 그거 주말에도 하시나요.
당면   (예상한 답과 달라 맥이 탁 풀린다. 그러나 여전히 사무적으로) 주말엔…
            안 합니다.
동경   (눈 작게 뜨다 못해 모니터 속으로 들어갈 듯이 고개 천천히 앞으로 빼는
            데) 검사하는 데 며칠이나…
당면   (천천히 펜 따위로 MRI 필름 속 종양 부분에 동그라미 치며) 최소 일주일
            정도…
동경   (아아 거기구나… 종양 부분 유심히 보면서) 그럼 안 되는데…
당면   (동경 시야 안으로 천천히 얼굴 기울이며) 뭐가요.
동경   (자연스럽게 피해서 MRI 필름 보며) 그럼 저 못 해요.
당면   (안 되겠다. MRI 필름 확 빼버리고) 조직검사를요?

동경	(그제야 어쩔 수 없다는 듯 천천히 의사 보며) 네… 연차 며칠 써가지고 일주일이나 휴가 못 내요…
당면	지금 휴가가 문제가 아니지 않아요?
동경	(상황 파악이 안 된 상태다. 맹하니) 모르겠어요. 일주일 휴가 못 내요…
당면	(가만히 그런 동경 보다가) 그럼 하지 맙시다. 검사.
동경	(물끄러미 그저 보면)
당면	수술하면 일 년 삽니다. 안 하면 삼사 개월 정도. 그 일 년도 정상적으로는 살 수 없을 겁니다. 편마비가 오거나 언어장애, 인지장애가 올 수도 있어요. 조직검사 자체도 위험할 수 있고.
동경	위험해요?
당면	네.
동경	죽어요?
당면	네.
동경	그렇구나…

동경, 힘없이 일어선다. 당면, 시선만 올려 그런 동경 보고. 동경, 가만히 가방에서 서류 꺼내 당면에게 내밀고. 당면, 받아보면 '정당면 작가님 이벤트 진행 보고서'다.

동경	이벤트 진행사항은 서류 보시면 참고되실 거고 메일로도 보내드릴게요. 아까 말씀드린 대로 플랫폼 측이랑 약속한 날짜가 있으니까 바쁘시더라도 70회까지 연재분, 다음 달 초까지는 넘겨주셔야 돼요, 작가님.
당면	(마음 복잡하고) 네…
동경	현업으로 바쁘시겠지만 이벤트까지 얼마 남지 않았으니까 조금만 더 힘내주세요.

당면	네… 연락드릴게요. 편집자님도… 연락주세요.
동경	(주먹 불끈) 네. 작가님 파이팅! 오늘 너무 의사 같고 멋있었어요. MRI 순서 빼 써주신 거 감사합니다.
당면	아니에요 뭘… 의사니까 진짜…
동경	(꾸벅하고 돌아서는데)
당면	편집자님.
동경	(돌아보면)
당면	(어색하게 주먹 불끈) 파이팅요…

동경, 애매하게 웃어 보이고.

S#2. 병원 / 복도 1 (낮)

동경, 멍한 얼굴로 걷고 있다. 제 옆을 스쳐 지나가는 사람들이 그저 희미하게 보인다.

| 동경 | (NA) 교모세포종… |

흐릿한 시야 너머로 의사가운 입은 한 남자(멸망), 마주 걸어온다. 망설임 없는 걸음걸이다.

| 동경 | (NA) 교모… 세포종… |

이내 동경과 멸망, 스쳐 지나가는데 그 순간 동경 무릎 탁 꺾여 휘청 무너지고! 그 순간, 안듯이 동경의 어깨 탁 잡아 올리는 손. 보면, 멸망이다.

동경   아 죄송합니다…

그제야 정신이 차려진 동경. 저를 안아 올린 사람 휙 바라보는데.
멸망의 얼굴, 감정을 알 수 없이 무표정하다. 동경, 가만히 홀린 듯 멸망 바라
보고.

동경   (NA) 아니 뭔 얼굴이…
멸망   (픽 웃고) 잘생긴 거 아는데 바빠서. (다시 표정 굳히고)

멸망, 말 끊고 그대로 가던 길 걸어나간다.
동경, 우두커니 서서 멸망의 뒷모습 바라보는데.

S#3. 병원 / 복도 2 + 응급실 (낮)

멸망, 거침없이 복도를 걸어 자연스럽게 응급실 안으로 들어서면, 응급실 안,
여느 병원과 다름없이 환자들 처치로 분주하다. 베드에 시선 한 번 주지 않고
그 사이를 가로질러 걷는 멸망. 문득 빈 베드 앞에 멈춰 선다. 그러고는 그대
로 뒤돌아 응급실 출입문 응시하는데.

멸망   (NA) 다섯, 넷, 셋, 둘…

S#4. 병원 / 원무과 (낮)

동경, 번호표 내밀고 진료비 수납 위해 창구에서 대기 중이다.

멸망   (E) 하나.

그때, 맹렬하게 울리는 앰뷸런스 사이렌 소리. 병원 앞에 줄줄이 들어와 서는 앰뷸런스들. 동경, 놀라 뒤돌아 바라보는데. 앰뷸런스에서 피 흘리는 환자들 줄줄이 실려 내려온다. 구급대원들과 의료진 달라붙어 응급용 베드로 급박하게 이송하고. 대기실에 앉아 있던 사람들, 웅성댄다.

대기인1   뭔 일이래. 저렇게 단체로.
대기인2   사곤가?

그때 대기실 한가운데 놓인 TV에서 뉴스 속보 나온다.

자막   **구신동 오거리 대낮 흉기 난동.**

앵커   금일 오후 2시 30분경 한 남성이 서울 도심에서 무차별적으로 흉기를 휘둘러 이를 제지하던 행인 등 총 일곱 명이 부상을 입었습니다. (E) 부상자들은 급히 병원으로 이송되어…
대기인1   세상에…
대기인2   어구 끔찍해라…
동경   (TV에 시선 꽂은 채로 으…) 미친… (하는데)
원무과직원 (진료비 청구서 내밀며) 결제하실 거죠?
동경   (화들짝 놀라 받고) 아, 네.

진료비 내역 보는데 눈이 튀어나오게 비싸다.

동경   (진료비 내역 보며 저도 모르게) 미친…
원무과직원 네?

동경   아, 아니요. 할부… 되나요?

원무과직원   몇 개월 해드릴까요?

동경   (몇 개월…)

순간적으로 스쳐 지나가는 의사의 말.

            인서트. 1부 S#1

의사   수술하면 일 년 삽니다. 안 하면 삼사 개월 정도.

            / 다시 현재

동경   (마음 복잡하다. 카드 내밀고) 삼 개월이요.

S#5. 병원 / 응급실 안 (낮)

응급실 안으로 미친 듯이 밀려들어오는 응급용 베드들. 총 일곱의 부상자들
이다. 다들 의식을 잃었거나 고통에 몸부림치고 있는 모습들이다. 의료진, 신
속하게 비어 있는 베드로 환자들 옮기고 의사들, 부상 부위 옷 찢어 곧장 처
치 들어간다. 구급대원과 간호사들도 분주히 움직인다.

간호사1   복부에 자상이 깊습니다. 출혈 심해요.

간호사2   (뺨 때리며) 환자분, 정신 차리세요. 환자분.

간호사3   환자 혈압 떨어집니다!

아비규환인 응급실 안, 멸망만이 움직이지 않은 채로 고요하게 응급실 문을
응시하고 있다.

멸망   (NA) 아직.

그 순간, 응급실로 들어서는 베드 하나.

간호사4   환잡니다!
멸망   왔네.

베드 위에 파리한 안색의 삼십대 남자(살인마) 누워 있다. 구급대원, 살인마의
목 부위 지혈한 채 의료진과 함께 베드 밀며 들어온다. 멸망이 서 있는 빈 베
드로 옮겨지는 살인마. 멸망, 슬쩍 몸을 돌려 살인마 바라보며 묘한 미소 짓
고.

구급대원   (지혈하고 있는 손 떼지 못하고) 피의잡니다. 그 자리에서 자살기도 했
         구요. 경찰이 이쪽으로 오는 중이랍니다.

멸망, 시선 그쪽에 꽂은 채로 쳐다보지도 않고 어딘가로 손짓하면, 지나가던
간호사 그 손짓에 본능적으로 멈춰 서고. 그러다 어? 하고 의문 어린 눈빛으
로 멸망 바라보는데. 간호사, 멸망의 가운부터 살핀다. 이름이 있어야 하는
자리에 이름이 없다. 확 예민해지는 얼굴.

간호사   (경계하며) 실례지만 어디 소속… (하는데)

멸망, 순식간에 손 뻗어서 간호사의 삐져나온 옷깃 탁 정리한다. 간호사, 자
연스럽게 멸망의 손으로 시선 돌렸다가 다시 멸망 바라보는데. 깊이를 알 수

없이 어두운 멸망의 눈과 마주친다. 간호사, 잠시 뭐에 홀린 듯 눈빛이 텅 비었다가 다시 돌아온다.

멸망   (살짝 숙여 친근하게 눈 들여다보며) 베드 주위로 커튼 치고 경찰 외에
                누구도 출입 못 하게 하세요.

간호사   네, 선생님.

멸망   (구급대원 보며) 괜찮으니까 손 떼고 가보시고.

구급대원 네? 하지만… (손 떼면 출혈이…)

멸망   안 죽어요, 걔.

구급대원, 머쓱하게 손 떼고 물러나자 간호사 다가가 야무지게 커튼 친다. 간호사, 멸망에게 꾸벅 인사하고 잰걸음으로 사라지고. 커튼 안으로 들어서는 멸망. 이제 살인마와 멸망뿐이다.

멸망   (상체 살짝 숙여 귓가에 낮게 읊조리는) 어딜 도망가. 눈 떠.

살인마 (거짓말처럼 눈 부릅뜨고!)

멸망   기다렸잖아. 왜 늦고 난리야, 주인공처럼. (비웃으며) 니가 뭐라도
                된 것 같지. 뭐라도 된 건 나야. 넌 아무것도 아니고.

살인마 (공포에 질린 눈빛으로 멸망의 얼굴 이곳저곳을 살핀다)

멸망   비유하자면 내 주차공간에 니가 차를 개 뭣같이 대놓은 거랄까? 그
                래서 내 기분이 개 뭣 같네?

살인마 (공포에 질린 눈빛, 신음하는데)

멸망   차 빼시라고. (살인마의 목, 손아귀로 쥐고)

살인마 !!

멸망   몰랐겠지만 멸망은 너의 권한이 아니라 나의 권한이거든. 니가 함
                부로 내 권한을 휘둘렀으니까 나도 좀 그래볼까 하는데.

살인마 (부들부들 떨며 거부하듯 피 묻은 손으로 멸망의 가운 움켜쥔다)

멸망   잠시, 너에게 내린 멸망을 거둬가지.

멸망의 손아래에서 점점 아물어가는 살인마의 상처! 파리한 얼굴에 점점 혈색 돌아오는데.

살인마   !!

멸망   걱정 마. 때가 되면 돌려주러 올게. 아마 너는 그날만을 기다리게 될 거야. 이제부터 멸망보다 지독한 게 뭔지 알게 될 테니까.

그 순간, 커튼 확 젖히며 경찰들 들이닥친다!!

멸망   삶이야. (활짝 웃어 보이고 상체 일으킨다)

살인마의 시선에서 보이는 멸망의 웃는 얼굴, 실루엣으로 보이는 경찰들. 점차 흐려지다가… 암전.

S#6. 병원 / 옥상 (낮)

환자복 위에 니트 카디건을 입은 소녀, 옥상 난간에 기대서 멀리 바라보고 있다. 바람이 불 때마다 살랑이는 소녀의 머리칼. 머리칼 사이로 언뜻언뜻 보이는 두 눈은 평온하다. 소녀의 시선 끝, 은행나무가 노랗게 물들어 있다.

소녀신   (가만히 미소 지으며) 예뻐라.

하는데, 옥상문 벌컥 열리고 멸망 들어선다. 멸망, 여전히 피 묻은 가운 차림이다.

소녀신	왔어?
멸망	(걸어오며) 왔어 같은 소리 하네.
소녀신	(멸망 가운에 핏자국 보며) 옷이나 좀 갈아입고 오지.
멸망	(조금 떨어져 나란히 서고) 보여주려고 입고 왔다 왜.

멸망, 툭 하고 가운에 튄 핏자국을 손으로 치자 핏자국이 거짓말처럼 사라지고.

멸망	무슨 신이라는 게 세상을 아주 막 굴려. 요즘 병원생활 지루해?
소녀신	(픽 웃으며) 니가 아파봐라. 지루할 틈이 있나.
멸망	또 또 불쌍한 척.
소녀신	난 그냥 정원사 같은 거라니까. 심고, 물 주고, 간절히 기다리고. 그게 다야.
멸망	그래서 책임이 없으시다?
소녀신	어떤 건 싹조차 트지 않아. 어떤 건 늦게 피고, 어떤 건 피었다가 금방 져버려. 어떤 건 독초, 어떤 건 약초, 어떤 건 주변 모든 것들을 죽이기도 해. 그게 내 탓인가?
멸망	뽑아버려. 골라 심어. 그중 어떤 건 특별히 더 아끼라고.
소녀신	정원이 정원사의 것은 아니야.
멸망	그럼 난.
소녀신	(가만히 멸망 바라보고)
멸망	당신의 그 정원에서 대체 난 뭐야.
소녀신	(보다가) 넌 나비야. 내 정원의 꽃을 위한.
멸망	도대체 언제까지.
소녀신	(방긋 웃으며 잔인하게) 영원히.
멸망	(마음의 동요 일고. 그러나 티내지 않고) …너무 잔인하시네. 오늘 생일인 사람한테.
소녀신	(생긋) 생일? 사람? 니가 태어난 적이, 니가 사람인 적이, 있던가?

멸망	(그렇지… 그랬었지… 씁쓸하고)
소녀신	(다시 시선 저 멀리 은행나무들 바라보고) 가. 가서 누군가의 소망이 돼. 오늘은 그럴 수 있는 유일한 날이니까.
멸망	(자조적으로) 내 생일마저 날 위한 게 아니고.
소녀신	(시선은 여전히 나무. 화답하듯) 인간을 위하여.
멸망	빌어먹을 꽃… (소녀신의 시선 따라 나무들 보며) 질 때가 됐네.

그 말에, 소녀신 다시 고개를 돌려 묘한 눈으로 멸망 바라본다. 멸망의 시선, 여전히 먼 곳만 향하고. 둘 사이로 휭, 쓸쓸한 바람이 분다.

S#7. 버스정류장 (낮)

동경, 버스정류장에 가만히 앉아서 멍하니 지나가는 버스 바라보고 있다. 그러다 핸드폰 꺼내 들어 검색사이트 열고는 검색창에 '교모세포종' 타닥타닥 치는데. 그러나 차마 검색 버튼 누르지 못하고 망설인다. 누를까… 말까… 그 순간 핸드폰 벨 울린다. 화면에 **남자친구** 뜨고. 꼭 나쁜 짓 하다 걸린 것처럼 심장이 쿵 내려앉는다.

동경	(심호흡 한번 하고 결심한 듯 받고) 어 **오빠**.
대한	(F) 바빠?
동경	아니 잠깐… 그… 밖이야. 작가 미팅 하러.
대한	(F) 그래? 그럼 지금 좀 볼 수 있을까?
동경	(약간 당황) 지금?
대한	(F) 내가 좀 급해서.
동경	무슨 일 있어?
대한	(F) 일단 와서 얘기하자.

동경   (망설이다가 겨우) 오빠 나도 할 말이 있는데… (하는데)

대한   (F) (말 끊고 건성건성) 어어 잘됐네. 그 카페로 와.

뭐라 말할 틈 없이 바로 뚝 끊어지는 전화. 동경, 복잡한 얼굴로 끊어진 핸드
폰 보는데.

S#8. 강남역 대형 프랜차이즈 카페 (낮)

촤악!! 동경의 얼굴 위로 물 대차게 뿌려진다. 이게 도대체 무슨 상황이지…
동경, 사태 파악이 안 돼 물 닦을 겨를도 없다. 카페 안 사람들 수근거리며 동
경의 테이블 보고 있고, 몇몇은 핸드폰으로 몰래 촬영 중인데. 그런 동경의
앞에 빈 물잔 들고 앉아 있는 여자, 배가 불러오기 시작한 임산부다.

아내   보시다시피 내가 몸이 이래서 겨우 이 정도네. (잔 차분히 내려놓고)

동경   (그제야 정신 차리고 소매로 얼굴 대충 슥슥 닦고) 설명 좀 해주시겠어
          요.

아내   설명은 니가 해야지. 불륜은 니가 했는데 본처인 나한테 설명하라
          는 건 어느 나라 아침 드라마니?

동경   (하… 어이없어 웃음 나고) 아아… 그런 장르구나 이거. 한 방에 설명
          됐어요.

아내   여기가 니들 처음 만난 데라며? 기가 차. 진짜.

동경   (오히려 차분하고) 다 찾아보셨어요? 핸드폰 내역 같은 거.

아내   안 봤을까봐?

동경   그럼 주말엔 연락 절대 안 하고, 밤엔 전화 안 받고 한 것도 보셨겠
          네요. 연락 안 될 때마다 핸드폰 방전이야, 무음이었어, 일 중이었
          어 이런 것도 보셨겠고.

아내	너 무슨 말이 하고 싶은 건데?
동경	그게 항상 마음에 걸렸었거든요. 이상하긴 했어요. 그게 한 큐에 설명되네.
아내	유부남인 거 몰랐다 뭐 그런 말이 하고 싶은가본데, (하는데)
동경	(말 끊고) 네. 몰랐어요.
아내	삼 개월을 만났는데 모르셨다? 말이 되는 소리를 해!!
동경	(똑바로 보며) 그쪽도 삼 개월 동안 남편이 바람났는데 모르셨잖아요.
아내	야!! 너 잘못 없다 이거지 지금? 그 말 하는 거야?
동경	그런 거 같네요.
아내	그런 거 같네요? 이게 진짜!! (하는데)
동경	(대뜸) 나는 누구한테 물 뿌려요? (올라오는 감정 꾹꾹 참고)
아내	!!
동경	그쪽은 나한테라도 화풀이하지, 나는 그쪽한테 화풀이할 수도 없고… 다 그 새끼 잘못인데… 그럼 저는 어떡하냐구요.
아내	기 막혀. 너 지금 누구한테 신세 한탄하니?
동경	맞아요. 그쪽한테 할 말은 아니죠. (자리에서 조용히 일어나고)
아내	(저도 모르게 일어선 동경에게 압도되어 올려다보는데)
동경	그니까 그냥 제 탓 하며 사세요.
아내	뭐…?
동경	다정하고 순진한 내 남편, 천하의 나쁜 년한테 걸려서 큰일 날 뻔했다 생각하면서 십 년이고 오십 년이고 그 새끼랑 오래오래 행복하게 사세요.
아내	!!
동경	그게 좋겠어요. 배 속 아이한테도.

동경, 차분한 얼굴로 아내에게 꾸벅 인사한다. 그대로 카페 나서려는데 사람들, 순간 "어머!!" "어떡해!" 술렁인다. 동경, 이상한 분위기에 뒤돌아보면 대

한의 아내, 배 감싸쥐며 쓰러져 있고. 놀란 동경, 곧장 뛰어가 아내 부축하는데!!

S#9. 길거리 (낮)

한 손으론 배 부여안고서 한 팔은 동경에게 걸친 채로 끙끙대는 대한의 아내. 동경은 부축한 채로 지나가는 택시 향해 거칠게 손 흔드는데.

동경   택시!! 택시!!!

그때, 택시 한 대 와 끽 서고. 동경, 아내 먼저 택시에 태우고 저도 얼른 택시에 올라탄다.

S#10. 택시 안 (낮)

동경   (다급히) 가까운 산부인과 가주세요!!
기사   (남은 급해죽겠는데 농담이다) 아이고오~ 아가씨가 남편분이신가봐~ 택시에서 애를 낳으면 그 택시가 재수가 좋다는데~ 가만 있자~ 어디 산부인과가 여기서 가까울라나… (내비 만지는데)
아내   (신음하고)
동경   (미치겠고) 기사님! 일단 출발해주시면 안 돼요?
기사   아니 내가 산부인과를 가봤어야 산부인과가 어딨는지 알지…
아내   (신음하며) 오케이산부인과… 여기서 가까워요. 직진…
동경   직진!!

S#11. 산부인과 (낮)

동경, 걱정스런 얼굴로 창문 너머로 병실 안 보면, 수액 맞고 누워 있는 아내 보이고. 그때 간호사, 차트 품에 안고 병실에서 나온다.

간호사   산모님 괜찮으시구요. 스트레스 받으면 나오는 흔한 증상이에요. 크게 걱정하실 정도는 아니구요. 보호자 되세요?

동경   아니요…

간호사   (표정으로, 그럼?)

동경   (어색하게 웃으며) 그냥 뭐… 한 다리 건너 아는… 알게 된…

간호사   보호자분 연락처 아세요?

동경   아, 네…

간호사, 차트와 펜 내밀고. 동경, 핸드폰 열고 **남자친구** 검색해 번호 보다가 복잡한 심경으로 번호 적어 내린다. 보호자 연락처 '조대한 010-○○○○-○○○○', 관계 '남편' 적는 동경이고… 그때,

아내   (E) 우리 얘기 다 안 끝났는데.

동경, 뒤돌아보면 아내 병실 문 앞에 기대 이쪽 바라보고 있다.

S#12. 산부인과 / 병실 (낮)

아내, 침대에 걸터앉아 있다. 동경은 아내 앞에 담담한 표정으로 서 있고.

동경   좀 괜찮아지시면 그때 얘기해요.

아내	괜찮아지고 언제요. 애 낳고 난 후에? (자조적으로 웃고) 그때 되면 늦어.
동경	고의는 아니었어요. 그러니까 미안하다는 말은 안 하겠습니다.
아내	나도 고맙단 말은 하기가 싫으네.
동경	(보면)
아내	나도 항상 마음에 걸렸어. 들으면서도 이상했어. 근데 그쪽 탓 하고 싶었어. 그럼 그쪽 탓 될까봐서.
동경	(보다가) 아까 그거… 진심이었어요. 제 탓 하라는 거.
아내	!!
동경	제 탓 하세요. 저 어차피… (꾹 한번 눌렀다가) 삼 개월 후에 죽어요.
아내	!!
동경	누구한테 처음 말하게 될까 궁금했는데 그게 이런 상황에서 이런 사람한테 하게 될 줄은 몰랐네요. (피식) 하긴… 죽을 줄도 몰랐으니까.
아내	정말…이에요?
동경	아까부터 지금까지 제가 하는 모든 말은 다 정말이에요. 그러니까… 그러니까 혹시라도 걱정 마세요.
아내	!!
동경	그리고 진심으로… 오래오래 행복하게 사세요.

굳은 얼굴의 아내. 동경, 쓸쓸히 웃어 보이는데…

S#13. 길거리 (낮)

동경, 병원 나와서 한참을 뚜벅뚜벅 걷는다. 무언가를 꾹 참고 있는 듯한 얼굴의 동경. 그러다 문득 우뚝 서 하늘 바라보는데.

동경   (그제야 막힌 숨 터뜨리듯이) 와… 나 진짜 죽는구나…

기막힌 듯 슬픈 듯 복잡한 마음으로 하늘 본다. 쟤는 남의 속도 모르고 왜 저렇게 파랗기만 한지…

박대표   (E) (서류철 데스크 위로 탕 내려놓으며) 야 너는 회사가 놀이터냐?!

S#14. 라이프스토리 / 사무실 (낮)

동경, 박대표 책상 앞에 눈 깔고 서 있다. 박대표, 그런 동경에게 시선 주지 않고 계속 컴퓨터 하는 중이다. 사무실 안 직원들 다들 이쪽 눈치 보느라 부러 업무에만 집중하는 척하고 있다.

박대표   (다리 달달 떨며 사선으로 컴퓨터 화면 보며 클릭질) 작가 미팅 하겠다
         고 나간 지가 언젠데 이제 들어와? 그럴 거면 집구석에나 들어가지
         뭐 하려고 들어오냐?
동경   죄송합니다.
박대표   죄송하면 다야?
동경   죄송합니다…
박대표   (클릭 멈추고 아니꼽게 올려다보며) 반항하냐?
동경   (말없이 시선 떨구고 그저 서 있고)
박대표   (한심하다는 듯 다시 컴퓨터 화면 보며 클릭질) 그래 그냥 때려처라, 때
         려쳐. 밥 벌어먹기 쉬워 아주. 요즘 것들 틀려먹었어.

직원들 눈치 보고 있고. 주익, 이 상황에 끼기 싫어 괜히 심각한 얼굴로 회사 전화기 붙들고 있다.

동경   몸이 좀 많이 안 좋아서… 병원에 미팅 간 김에 작가님이 좀 찍어보
         라고 하셔서… 죄송합니다.
박대표   (계속 화면 보며 클릭질) 이래서 여자들을 못 쓰겠다는 거야. 뻑하면
         몸이 안 좋대. 고장 난 기계야, 아주. 기계는 어? 수리라도 맡기지.
         나도 아파요 나도. 비염에 허리디스크에 죽겠어 아주.

여자직원들, 대표 말에 순식간에 예민해진 얼굴이다. 동경, 입술 꽉 깨물고서
아무 말도 못 하고 섰는데. 박대표, 가란 말도 안 하고 벌주듯이 세워두고 한
참을 컴퓨터만 하고 있고. 그러다,

박대표   (뭔가 탁 클릭하고서) 어? 야 탁주임. 이거 너 아냐?
동경   네?

박대표, 모니터를 동경 향해 돌린다. 주익 제외한 직원들 전부 뭐지? 싶어 박
대표 쪽으로 고개 빼꼼 틀어 보고. 네이트판 제목 '오늘자 강남역 카페 상간
녀' 게시글이다. 게시글 안에 첨부된 영상에서 카페에서 마주 앉은 대한의 아
내와 동경이 나오고 있다! 사이드에서 찍어 얼굴은 잘 보이지 않고. 동경, 쿵
심장 떨어지는 것 같고. 미세하게 떨리는 손을 애써 감추려 꾹 쥐어보는데.

동경   (애써 표정 감추고) 저 아닌데요.
박대표   (화면 들여다보며) 너 맞는 거 같은데. 옷이 딱… (하며 스피커 볼륨 키
         우는데)
동경   (F) 그쪽도 삼 개월 동안 남편이 바람났는데 모르셨잖아요.
동경   !! (바로 손 뻗어서 얼른 스피커 볼륨 최소로 줄이고) 아닙니다, 저.
박대표   아니 이 방금 들었어? 목소리도 완전… (하며 다시 볼륨 키우면)
동경   (얼른 다시 볼륨 줄이고)
박대표   (획 처다보며) 야!! 너 지금 뭐 하는 짓거리, (하는데)

26

동경   (악 쓰듯) 그게 맞으면 뭐. 맞으면 뭐 어쩔 건데요!!

박대표 포함 직원들 놀라 어리둥절한데.

박대표   (벌떡 일어나서) 너… 너 지금 나한테 소리 지르는 거야?!
동경   (지지 않고 노려보며) 대표님은 제가 만만하시죠?
박대표   뭐…?
동경   하긴 만만하겠지. 나도 내가 만만한데. 아 오늘따라 왜 이러냐
         다…

직원들, 동경 말에 놀라 헉 하고. 주익, 안 되겠다 싶은지 끼어들려고 수화기
내려놓는데.

동경   (바로) 저 오늘 연차 좀 쓸게요.
박대표   (? 어이없어서 뭐라 뻥끗도 못 하고)
동경   쓸게요. 며칠 되지도 않는 연차 까짓거 지금 좀 쓸게요.
박대표   … 너… 너… (말문 막히고)

박대표가 뭐라 대꾸하기도 전에 동경, 자리로 돌아가 가방 챙긴다. 사무실 직
원들 그저 조용히 동경의 동선 눈으로 좇고. 동경, 그대로 사무실 확 나가버
린다. 적막이 흐르는 사무실 안.

박대표   (스르르 앉으며) 쟤 맞다니까…
주익   (그런 대표 한심하고… 무심한 말투로) 아니라니까 아니겠죠.
박대표   (겸연쩍게) 그래…? 아냐…?

S#15. 지하철 안 (낮)

자리에 앉아 고개 푹 숙인 채 핸드폰 보고 있는 동경. 네이트판에 올라온 자기 영상 보다가 스크롤 내려 댓글들 본다. **뻔뻔함에 치가 떨리네요…., 저런 년은 천벌 받아야 됩니다., 병 걸려 뒤졌으면^^ 아내분 힘내시길…, 저런 것들은 사회의 악임. 깜빵에 다 처넣어야 함.** 허… 헛웃음난다.

동경   (NA) 삼 개월짜리 로맨스에 이자 한번 쎄네…

그 순간, 에어드롭 날아온다. 보면, **파란잠바남 몰카 찍고 있음. 조심.** 메모창 뜬다. 주변 여자들 동시에 고개 파바박 들고!! 동경도 뭐지…? 하다가 고개 들어 보면 동경 바로 앞에 '파란잠바남', 핸드폰 들고 서 있다!!

동경   !!

동경, 조심스럽게 시선만 돌려 건너편 여자들 보면. 건너편 여자들, 무슨 말인지 다 안다는 듯 고개 비장하게 끄덕이고. 동경, 후… 분노가 끌어오르는데. 몰카남, 아무것도 모르고 비죽비죽 웃고만 있다.

동경   (이 꾹 깨물고) 야.
몰카남   (뭐지? 해서 무의식적으로 고개 들어 동경 보면)
동경   뭐 좀 찍히냐?
몰카남   !
동경   왜. 너도 판에 올리게?
몰카남   (픽 웃고) 꿈이 크시네. 뭐 볼 것도 없는 게.
동경   뭐?!

그 순간, 타이밍 좋게 지하철 멈추고 문 열린다! 몰카남, 그대로 튀어나가고! 여자들 어어어? 당황하는 사이 동경, 따라 내리는데!!

동경   야!! 너 이씨 오늘 잘 걸렸어. 야!!

몰카남, 저만치 달아나고 있고. 동경, 미친 듯이 쫓아가는데!!

S#16. 길거리 (낮)

은행나무가 길게 늘어선 거리. 멸망, 천천히 걸어가고 있다. 멸망이 나무 곁을 지날 때마다 은행잎들이 후두둑 떨어진다. 멸망, 익숙한 일이라는 듯 표정 없이 걷고 있고. 그러다 문득 어느 가게 앞에 걸음 멈추는 멸망. 보면, 쇼윈도 너머로 각종 케이크들 예쁘게 진열되어 있다. 가만히 케이크 바라보고 선 멸망인데. 그 뒤로 아이스크림 먹으며 교복 입은 학생 둘 지나간다.

학생1   (떨어지는 나뭇잎들 보며) 비 한 번 내리면 이제 은행잎 다 지겠다.
학생2   가을 너무 짧다.

시시덕대며 지나가는 학생들. 다시 몸을 돌려 걸음을 옮기는 멸망인데. 걸음 따라 은행잎 후두둑 떨어진다.

S#17. 지하철 역 앞 (낮)

숨 헐떡거리며 계단 올라오는 몰카남, 무작정 앞을 향해 달리고! 곧이어 계단 올라오는 동경, 헉헉대며 몰카남 뒤쫓는데!!

동경   저 사람 좀 잡아주세요!! 저 사람!!

사람들, 순식간에 뛰어가는 두 사람을 고개 꺾어 바라볼 뿐이고.

S#18. 길거리 / 멸망 차 안 (낮)

도로변에 세워져 있던 멸망의 차. 멸망, 차에 올라타 시동 탁 거는데. 그 순간,
저 앞에서 오던 차 세 대, 쿵쿵쿵 사거리 한복판에서 연달아 가볍게 접촉사고
난다. 차주들 인상 쓰며 나와 서로 차 살피고. 멸망, 힐끗 시선 들어 그 모습
보는 듯하더니… 시선 주지도 않고 그대로 룸미러 보며 제 앞머리 가볍게 정
리한다. 그대로 주머니에서 담배 하나 꺼내 입에 물고 라이터 찾는 듯 제 몸
뒤지는데.

동경   (E) 야!!! 너 거기 안 서!!

S#19. 길거리 (낮)

몰카남   (뛰며 뒤돌아보고) 미쳤냐!! 너 같으면 서겠냐!!

동경, 악착같이 쫓아가고 있고.

S#20. 길거리 / 멸망 차 안 (낮)

멸망, 재킷 안주머니에서 라이터 찾아 꺼낸다. 그대로 탁, 라이터 불 켜는데.

S#21. 길거리 (낮)

동시에 화면 아래로 훅 사라지는 몰카남! 동경, 놀라서 멈칫했다가 다시 천천히 다가와 어딘가 내려다보는데. 보면, 작은 싱크홀이다. 몰카남, 싱크홀 아래에서 신음하고 있고. 옆에는 몰카남의 핸드폰 작살나 있다.

동경   헐…

사람들, 이윽고 웅성웅성 싱크홀 주변으로 몰려들고.

S#22. 길거리 / 멸망 차 안 (낮)

고개 기울여 담배에 불붙이려던 멸망, 시끄러워 룸미러로 흘끗 뒤돌아보면 사람들 와글와글 모여 있다. 앞에서는 차주들끼리 싸워대고 뒤로는 싱크홀 때문에 난리다.

멸망   (인상 확) 담배 맛 떨어지네.

라이터 끄고는 물고 있던 담배 빼 라이터와 함께 어딘가에 대충 던져놓는다. 그대로 붕 달려 나가는 멸망의 차. 창밖으로 사람들 사이에 서 있는 동경의 모습 얼핏 지나가고.

S#23. 멸망의 집 / 거실 (밤)

쾅! 현관문 닫고 들어서는 멸망이다. 거친 발걸음으로 거실 가로질러 곧장 부

엌으로 향하는데. 지나가는 걸음마다 보이는 멸망의 집 구조. 따뜻한 느낌의
목조 인테리어다. 간소한 가구들, 동그랗게 나 있는 거실 창문이 눈에 띈다.
화분 등 살아 있는 것들은 아무것도 없다.

/ 소녀신   (NA) 넌 나비야. 내 정원의 꽃을 위한.
멸망   (걸어가며) 뭐가 이러냐고.

그대로 걸어가 술장에 있는 도자기 술병 꺼내 한편에 내려놓고.

/ 소녀신   (NA) 니가 태어난 적이, 니가 사람인 적이, 있던가?
멸망   인간 그까짓게 뭔데.

뒤이어 신경질적으로 잔 꺼내는데.

/ 소녀신   (NA) 인간을 위하여.

꺼내던 잔, 순간 바닥으로 떨어져 산산조각으로 깨지고!

멸망   (깨진 술잔 내려다보며) 하찮고 사라질 것들이 뭐가 그렇게 위대한
         데.

S#24. 길거리 (밤)

지친 얼굴로 터덜터덜 걸어가고 있는 동경. 그때 투둑, 하늘에서 빗방울 떨어
지는데.

동경   (멈춰 서고) 와…

투둑 떨어지던 빗방울 순식간에 굵어지고 화드득 떨어지기 시작하는데. 멈춰
선 동경 주위로 지나가는 행인들 약속이라도 한 듯 동시에 우산 꺼내 펼치고
는 다들 제 갈 길 가는데.

동경   (주위 둘러보며 헛웃음) 허… 나만 없어?

우산들 사이로 비 쫄딱 맞으면서 걸어가는 동경이다. 걸어가면서도 이 상황
이 믿기지 않는다.

동경   진짜… 하늘이시여…

하는데, 핸드폰 울리고. 보면 화면에 **탁동생** 떠 있다.

동경   (받고) 왜. (하자마자)
선경   (F) 누나! 나 오십만 쏴줄 수 있어?

S#25. PC방 + 길거리 (밤)

PC방에 앉아서 눈으로는 화면 보고 손으로는 게임하면서 전화 통화 하고 있
는 선경. 아래위 아디다스 까만 추리닝 복장이다. 자기 포함 주변 스피커 다
꺼놔서 게임 소리는 안 들린다.

동경   (F) 뭐?
선경   (뻔뻔하게) 아이 나 친구들이랑 제주 왔는데 차 렌트 했다가 긁었어

　　　　　　방금.

동경　　　(F) (열 받고) 야…

선경　　　내가 아까 보험 좀 비싼 거 들자고 했는데 상근이가 괜찮다고~ 괜
　　　　　찮다고~ 아 내가 친구를 가려 사귀었어야 했는데. 다행히 내가 다
　　　　　치진 않았어. 와 진짜 순발력 쩔었다 나.

동경　　　(F) (이 악 깨물고) 탁선경…

선경　　　다음 달에 바로 갚을게. 오십 가능?

/ 동경　　(기가 차고) 죽고 싶냐?

선경　　　아 왜 화를 내! 내가 얼마나 급하면 지금 전화를 했겠나?

/ 동경　　(걸음 멈추고 폭발) 너 꼭 오늘 이래야겠어? 너 오늘이 무슨 날인지
　　　　　몰라?!

선경　　　오늘? 수요일? 목요일인가? (게임에 열중하고 잘 안 풀리는지 아이
　　　　　씨…)

/ 동경　　오늘 엄마 아빠 제사야.

선경　　　아 헐 벌써 그렇게 됐나? 와 일 년 전엔 나 군대에 있었는데. 세월
　　　　　빠르네.

/ 동경　　(열 받아서) 끊어 이 새끼야. (전화 뚝 끊고)

선경　　　아 누나!!!

하는데, 전화 이미 끊겼고. 쩝… 선경, 핸드폰 내려놓는다.

선경　　　탁동경 돈 없대.

말하자마자 세 명의 친구들과 선경, 동시에 무심하게 헤드셋 쓰고 꺼두었던
스피커 볼륨 올린다.

S#26. 길거리 (밤)

홀로 비 맞으면서 언덕 올라가는 동경의 축 처진 뒷모습. 외로워 보인다. 동경, 그러다 문득 케이크 판매점 앞에 멈춰서 쇼윈도 너머 바라보는데. 보면, 하얀 생크림 케이크 하나 진열돼 있다.

S#27. 동경의 집 / 옥상 (밤)

옥탑방으로 향하는 철제 계단 오르는 동경. 손에는 케이크 상자 들려 있다. 보면, 옥상에 널어둔 빨래들 다 비에 젖었다. 하… 동경 차분히 옷 걷어서 한 팔에 안고 현관으로 향하고.

S#28. 동경의 집 / 거실 (밤)

현관문 끼익 열리면, 새어들어온 골목 가로등 빛에 어스름 보이는 자취방 풍경. 동경, 몸에 익은 듯 스위치 찾아 불 켠다. 바닥에 대충 젖은 빨래들 내려놓고, 테이블 위에는 케이크 상자 올려놓는다. 그러곤 소파에 오도카니 앉는데. 얼마간 멍하니 앉아 있다가 일어나 욕실로 향하는 동경이고.

S#29. 동경의 집 / 욕실 (밤)

제대로 된 세면대도 없는 욕실 풍경이다. 세숫대야를 향해 샤워기 물 틀어놓고는 가만히 그 앞에 웅크려 앉는 동경인데. 무릎 끌어안고서 가만히 흐르는 물줄기 바라보고 있다. 금방이라도 울 것 같은 얼굴. 그러나 결국 눈물은 나지 않는다.

동경   (NA) 울지 못하는 건 내 오랜 습관이었다.

세숫대야 넘쳐 똑똑 흐르는 물방울, 꼭 흘리지 못한 동경의 눈물 같다.

S#30. 동경의 집 / 거실 (밤)

동경, 편한 옷차림으로 젖은 머리칼 털며 욕실에서 나온다.

/ 젖은 빨래들 세탁기에 넣고 다시 돌리는 동경. 일상적이다.

동경   (NA) 열 살에 나는, 눈물을 삼키는 법을 알았다.

/ 쌀 씻어 밥 안치고, 쌓여 있는 설거지 하는 동경.

/ 종량제 봉투에 발로 꾹꾹 쓰레기 눌러 담아 야무지게 묶어 현관 밖에
내놓는 동경.

동경   (NA) 흘리지 못하고 삼킨 눈물은 전부 어디로 갔을까.

/ 테이블 위에 단출하게 저녁상 차린다. 마지막으로 케이크 올려놓고.
마주 앉듯 부모의 웨딩 사진 올려놓는다. 사진과 마주 보며 밥을 크게

한 술 떠 먹는 동경.

동경   (NA) 이제야 알 것 같다.

환하게 웃고 있는 동경의 부모 웨딩 사진에서…

S#31. 회상. 장례식장 (밤)

웃고 있는 동경모와 동경부의 영정사진으로 이어진다. 영정사진 앞으로 향
연기 피어오르고. 상복 입고 덩그러니 앉아 있는 열 살의 동경과 일곱 살의
선경. 동경이 선경의 손 꼭 잡고 있다. 친척 어른들, 저들끼리 모여 무어라 얘
기 나누는 중인데.

친척1   그래도 핏줄인데 집안에서 거둬 키워야지.
친척2   그럼 형님이 키우실 거예요? 남의 애 키우는 게 어디 쉽나.
친척3   (위하는 척) 그래. 쟤들도 괜히 눈칫밥 먹고 클 바에 그냥 어디 시설
           에다가, (하는데)
친척1   (눈치 주며 목소리 낮추고) 애들 들어요.

친척들, 괜히 헛기침하며 동경과 선경 눈치 본다. 선경, 알아듣기라도 한 듯
울먹이기 시작하면 동경이 잡고 있던 손 더 꼭 쥐고. 선경, 놀라 동경 올려다
보면 동경, 일부러 선경 향해 배시시 웃어 보인다. 그 미소 위로,

S#32. 현재. 동경의 집 / 집 안 + 수자의 집 (밤)

꾸역꾸역 밥 먹고 있는 동경의 얼굴 이어지고.

동경   (NA) 그날부터 울지 못한 울음은 덩어리처럼 불어 결국 내 머릿속
        에 자리 잡았다.

숟가락 일순 멈추는데. 때마침 동경의 보이스톡 울린다. 보면, **수자씨**다.

동경   (애써 밝게) 어. 이모.
수자   (F) (까랑까랑한 목소리) 오늘 언니랑 형부 기일이지? 그거 샀어?
동경   케이크? (풉 터지고) 어. 남들이 보면 미쳤다고 할 거야 진짜.
수자   (F) 야! 가족 다 모이는 날이면 그날이 파티날이지. 그런 날에 죽상
        하고 있는 게 더 웃기다 야.
동경   가족이 덜 왔어. 선경이 제주도래.
수자   (F) 웃기는 놈이네. 걔는 제주도를 혼자 왜 가? 거기 나도 없고 지
        누나도 없는데.
동경   없어도 되나보지 뭐. 아 이모, 걔한테 절대 돈 주지 마.

수자, 코 아래로만 흐릿하게 모습 보인다. 핸드폰을 스피커폰으로 한 채로 한
쪽에 두고 통화하며 분주하게 설거지 중이고.

수자   왜. 그놈 또 사고 쳤어? 내 아주 혼쭐을~
동경   (풉 터지고) 캐나다에서 어떻게 혼쭐을 내시려고.
수자   아오 캐나다 추워 뒤지겠어! 이 나이에 내가 무슨 부귀영화를 보려
        고 사랑 따라 타국 와서 이 고생인지.
동경   (행복하고) 잘 지내는 거 같네. 아직 사랑 소리 하는 거 보니까.

수자   (흐흐 웃음기) 회사는 어때. 어디 아픈 데는 없구?

동경   (뜨끔하고) …어 회사. 회사 괜찮지 그럼. 아픈 데 없어. 뭐 아파야
        감기 정도지.

수자   다행이야. 이모는 진짜 인생 요즘만 같았으면 좋겠어.

동경   (못내 서글프고) 그래?

수자   너나 나나 선경이나 그동안 고생 너무 많았지. 천국 간 언니 형부가
        이제야 거기서 힘 좀 쓰나 싶고 그르네? 이제 선경이놈만 자리 잡
        으면 소원이 없겠다.

동경   (말없이 쓰게 웃기만 하는데)

수자 뒤로 셔츠 차림의 남자 뒷모습 보이고. 수자, 그릇 정리하다가 말고 뒤
돌아본다.

수자   어 케빈 출근한단다. 또 전화할게 동경아. 밥 잘 챙겨먹고. 무슨 일
        있으면 이모한테 바로 전화하고.

동경   응 걱정하지 마. 이모부한테 안부 전해주고. (끊고)

미소 띠고 있던 입꼬리 서서히 제자리로 돌아온다. 가만히 부모 사진 깊게 바
라보는 동경인데.

동경   (담담하게) 나 죽는대.

대답 없이 웃고만 있는 웨딩 사진 속 엄마 아빠의 얼굴.

동경   죽을 때 말이야… 많이 아플까?

사진 속 미소를 따라 서글프게 웃어보는 동경인데…

S#33. 멸망의 집 / 창가 (밤)

멸망, 동그란 창가에 쓸쓸히 앉아 바깥 바라보고 있다. 여전히 거세게 때려 붓는 빗줄기들. 멸망 앞에는 전통주 든 백자와 술잔 놓여 있다. 멸망이 술잔에 술을 따르자 거짓말처럼 비 잦아든다. 이윽고 밤하늘에 별이 뜨기 시작하는데.

S#34. 동경의 집 / 옥상 (밤)

동경, 한 손에 막걸리 병째로 들고서 현관문 열고 옥상으로 나오는데. 살짝 취기 오른 듯한 얼굴이다. 가만히 옥상 난간에 팔 올리고 서서 밤하늘 바라보는 동경. 그때, 문자음 울린다. 대한에게서 온 문자다. **오빠가 나중에 다 설명할 게.** 동경, 무표정으로 답장 쓴다. ㅗㅗㅗㅗㅗㅗㅗㅗㅗㅗ 전송 버튼 누르고 문자함 닫으려는데, 아래에 읽지 않은 문자 보인다. 보면, **탁동경님 (13-1학기) 대출이 연체 중. 확인 후 빠른 정리 바랍니다. -한국장학재단** 하… 주머니에 핸드폰을 깊이 찔러넣는다. 별들 바라보며 막걸리 병째로 들이켜는 동경이고.

S#35. 멸망의 집 / 창가 (밤)

같은 시간 멸망이 술잔을 집어든다. 술잔 속 술 위로 일렁이는 밤하늘. 꼭 술잔에 별들이 떠 있는 듯하다. 그대로 술잔 털어넣는 멸망. 동시에 창 너머 별들이 우수수 비처럼 떨어지기 시작하고.

S#36. 동경의 집 / 옥상 (밤)

동경, 꿀꺽꿀꺽 마시고, 파, 참았던 숨 내쉬는데 눈앞에 별똥별들이 떼로 떨어지고 있다! 놀라 보다가 이내 생각이 복잡해지는 동경. 결연한 듯 막걸리 병, 난간에 탁 올려두고.

동경   (난간에 기대 몸 내밀며) 세상 다 망해라! 다 멸망해버려! 멸망시켜
        줘!

동네에 울려퍼지는 동경의 목소리. 멀리 동경의 목소리에 화답하듯 컹컹 개 짖는 소리 들리고. 동경, 취기와 알 수 없는 기분으로 히히, 소리 내 웃는데.

S#37. 멸망의 집 / 창가 (밤)

쓸쓸한 얼굴로 술 마시고 있는 멸망. 그때 멸망의 귓가에 들리는 수많은 소원들. '로또 맞게 해주세요.' '사랑이 이루어지게 해주세요.' '취업하게 해주세요.' '변비 탈출!' 등등… 멸망, 표정 변화 없이 그저 묵묵히 술 따르고 잔 든다. 그때.

동경   (E) 세상 다 망해라!

술잔을 꺾던 손 문득 멈춘다.

동경   (E) 다 멸망해버려! 멸망시켜줘!
멸망   소원에서 술 냄새가 좀 나네. (눈 빛나는데)

탁, 술잔 내려놓곤 가벼운 몸짓으로 자리에서 일어난다. 술잔에 반쯤 남은 술 일렁이고.

S#38. 동경의 집 / 거실 (밤)

소파 아래서 아무렇게나 구겨져 자고 있는 동경. 머리맡에는 빈 막걸리 병 나 뒹굴고 있다. 그때 띵동, 초인종 소리 울리는데. 동경, 반사적으로 몸 일으키 다가 쾅! 테이블에 머리 박는다.

동경   악!! (머리통 막 문지르고)

그사이 띵동띵동, 재촉하듯 신경질적으로 초인종 울린다.

동경   아 누구야… 시간이 지금 몇 신데.

동경, 더듬더듬 핸드폰 집어들어 보면 새벽 '3시 33분'이다. 그새를 못 참고 또 울리는 초인종 소리. 띵동띵동띵동. 이번엔 세 번이다. 비척비척 현관 향 하는 동경.

S#39. 동경의 집 / 현관 (밤)

동경, 현관문 외시경 들여다보는데.

동경   (뭐지?)

외시경 너머로 보이는 풍경, 쨍한 하늘 아래 설산과 푸른 초원이 펼쳐진 대낮의 스위스 융프라우 풍경이다. 놀라서 외시경에서 훅 떨어지는 동경. 잠이 덜 깼나? 눈 비비고 다시 외시경 들여다보는데. 이번에는 붉은 노을 지는 피렌체 풍경 펼쳐진다. 뭐지? 동경, 홀린 듯 잠금장치 풀고 문 열면.

멸망   (무표정하게 입만) 안녕.

멸망, 그림 같은 모습으로 서 있다.

멸망   장난 좀 쳐봤어. 빨리 문 열라고.
동경   네?
멸망   스위스 보였다가 이탈리아 보였다가 그런 거.

뭐야… 하는데 동경 순간 병원에서 본 멸망의 모습 머릿속에 스쳐 지나간다!

인서트. 1부 S#2

멸망   잘생긴 거 아는데 바빠서.

/ 다시 현재

동경   (저도 모르게 손가락질) 어?!
멸망   그래 안다고. 잘생긴 거.
동경   (경계하며) 여긴… 왜…
멸망   불러서 왔는데.

동경	제가요?
멸망	어. 부르던데. 니가.
동경	누구신데요… 그쪽이.
멸망	멸망.
동경	?!

멸망, 동경이 굳어 있는 사이 동경 가볍게 제치고서 신발 신은 채 턱턱 들어서는데.

멸망	(집 안 둘러보며) 하도 늦게 열길래 집이 넓나 했는데. 좁네.
동경	(그제야 정신 차리고) 저기요!!

멸망, 천연덕스럽게 소파에 가 다리 꼬고 앉고. 동경, 현관 앞에 선 채로 얼른 손에 쥔 핸드폰을 몸 뒤로 숨기고 조용히 112 누르는데.

멸망	뭐 해. 앉아.
동경	여기 제 집인데.
멸망	그래. 괘념치 말고.

동경, 잔뜩 경계한 눈으로 멸망 바라보면서, 뒷짐 진 손은 통화 버튼 향해 간다.

멸망	(테이블 위 케이크 보며) 제사상이네.
동경	(!! 어떻게 알았지 싶은데)
멸망	오늘 내 생일인데.
동경	(미친놈인가…) 아 그러세요… 생일 축하드려요.
멸망	누구한테 축하는 처음 받아보네.

역시 미친놈이군… 동경, 통화 버튼 누르는데!

멸망, 동경 향해 묘한 눈짓 툭 던지자 동경의 핸드폰 띠릭 소리 내며 전원이 꺼진다!

동경   !!

멸망   쓸데없이 힘 빼지 말고. 금방 끝나. 그렇게 해주세요, 라고만 하면.

동경   네? 뭘요?

멸망   세상 멸망시켜달라며.

동경   (헉) 아까부터 듣고 있었어? 우리 집을 알고 있었어? 우리 집 주변을 서성거렸어?!

멸망   안 그랬어. 나 바빠. (그러더니 태연하게 접시에 케이크 한 조각 더는데)

동경, 안 되겠다 싶어서 열린 문으로 나가려고 하는데 눈앞에서 문 쾅! 스스로 닫힌다! 놀라 돌아보면, 멸망은 여유롭게 소파에 앉아 케이크 먹고 있다.

동경   너 누구야. 원하는 게 뭐야. (목소리 떨리고) …케이크야?

멸망   이럴 시간 없어. 너 곧 죽잖아.

멸망, 들고 있던 포크로 벽걸이 연간 달력 가리킨다. 그러자 특정 날짜에 빨간 동그라미 생기고!

멸망   정확히 백 일 후에.

동경   !! (하다가) 혹시… 병원에서 나오셨어요…?

멸망   의사가 저런 것도 할 줄 알아?

동경   (진지하고) 못 하겠죠? 저런 거는?

멸망   (포크로 다시 케이크 가르며) 내 생일은 아무 때나 찾아오지 않아. 내 생일은 세기를 넘어 문명을 건너 돌아와. 그러니까 늦기 전에 빨리 빌어.

동경   오… 와… 교모세포종에 이런 증상이 있을 줄이야… 와…

멸망   (포크 딱 멈추고) 뭐?

동경   환각… 오… 신기…

멸망   (한심하고) 시간이 좀더 필요한 모양이네. 아무래도 비현실적이긴
하니까, 이 상황이.

케이크 접시 달그락 내려놓고.

멸망   뭐. 괜찮아. 내 생일은 아직 안 끝났으니까.

멸망, 자리에서 일어나 현관문으로 향하는데. 저도 모르게 움찔하는 동경. 멸
망, 비웃듯 그 옆으로 손 뻗어 현관문 손잡이 잡아 여는데.

멸망   (나가다 말고 동경 돌아보며 싱긋) 이따 봐.

동경   !!

망설임 없이 현관문 나서는 멸망. 그대로 현관문 닫힌다. 동경, 어안이 벙벙
해 서 있다. 그러다 이내 다리 풀려 그 자리에 스르르 주저앉는데.

동경   꿈인가…?

S#40. 동경의 집 / 집 앞 (밤)

멸망   (의미심장하게 웃고) 그럴 리가.

멸망, 어느새 동경의 집 벗어나 성큼 걸어가고 있다.

S#41. 동경의 집 / 거실 (밤)

동경   아이씨 모르겠다.

멍하니 주저앉아 있던 동경, 소파로 기어가 몸 구기고 다시 잠드는데.

S#42. 꿈. 멸망의 집 / 거실 (밤)

멸망, 외출복 차림 그대로 들어와 의자 하나 드륵 끌어 거실 한가운데 놓고 앉는다. 검지로 의자 팔걸이 톡톡. 뭔가를 기다리는 모양새고.

멸망   좀 걸리네.

그때, 별안간 동경이 멸망 앞에 떡하니 나타난다! 집에서 입고 있던 옷차림 그대로다.

동경   (어리둥절 주변 보다가 멸망 보고 굳고!!) 뭐야… 여기 어디야.
멸망   우리 집. (소파 가리키며) 앉아. 괘념치 말고.
동경   나 지금 납치당했니?!
멸망   뭐 비슷하지. 정확하게 말하자면 니 꿈에 내가 허락 없이 들어온 거고.
동경   꿈?

인서트. 1부 S#41

소파에 몸 웅크린 채 자고 있는 동경의 모습.

/ 다시 현재

동경   꿈이라고?! 이게?!

동경, 믿기지 않아 이리저리 휘휘 둘러보고 가서 물건들 벽들 만져보고 난린데.

멸망   (미간 꿈틀) 아무리 꿈이라도 남의 집에서 너무 예의 없네.
동경   (양손으로 물건 들어올리다가 멈칫) 그쪽도 아까!! (하다가) 아니 근데 아까부터 좀 불편했는데 왜 자꾸 반말을 하세요.
멸망   니가 먼저 하던데. 반말.
동경   (기막히고) 제가요?
멸망   멸망시켜줘, 그러길래 말 놓자는 건 줄 알았지.
동경   그거는 그쪽한테 한 말이 아니고, (하는데)
멸망   (순간적으로 위협적이게) 그럼 누구한테 한 건데. 내가 멸망인데.
동경   (알 수 없는 두려움에 굳고!! 그러다 저도 지지 않으려 마주 보는데)
멸망   (미동 없이 보고)
동경   그래. 이게 꿈이다 이거지? 그니까.
멸망   (말없이 보면)

동경, 마음 먹은 듯 그대로 뒤돌아 현관문 열어젖히는데!! 집 밖으로 발 떼려고 보면 밖, 바닥이 보이지 않는 낭떠러지다!! 위태롭게 멈칫하는 동경이고!!

동경	!! 이게 무슨…!!
멸망	아무래도 장소가 마음에 안 드나보네.

멸망, 딱! 핑거스냅 하면,

S#43. 꿈. 제주도 바닷가 (새벽)

딱 소리와 함께 순식간에 두 사람, 서 있는 장소가 바뀐다. 거센 파도가 치는 해변가 백사장에 마주 보고 선 동경과 멸망. 머리카락 사정없이 나부끼고.

동경	!!
멸망	원하던데.
동경	(놀라 보면)
멸망	케이크값이야.
동경	(마음 차분해지고) 그러니까 본인이 멸망이시다?
멸망	어떤 멸망에도 어느 정도 내 책임이 있지.
동경	그럼 본인이 멸망시키면 되지 나한테 왜 이래요?
멸망	내가 안 해봤을까.
동경	!!
멸망	안 되더라고. 한낱 프로그램의 의지라서 그런지.
동경	그게 무슨…
멸망	따지자면 니네가 갑이고 내가 을이거든. 대자연의 시스템? 뭐 그런 거. 이건 좀 다를까 해서. 이건 인간의 의지니까.
동경	그게 왜 하필 난데요.
멸망	별이 죽는 순간 너 같은 소원을 빈 사람은 너밖에 없어서.
동경	소원 안 들어주면 막 소멸하고 그러나? 판타지소설에선 막 그러던

데.

멸망   (웃음 터지고) 그럴 리가. 그냥 이벤트 같은 거야. 멸망이여 니가 태
             어난 날 너는 누군가의 소망이 되어라.

동경   (하… 미치겠고) 악몽인가.

멸망   삶이 니 악몽이지.

그때 어디선가 알람소리 울린다.

동경   (어디서 나는 소리지? 두리번거리는데)

멸망   아쉽게도 일어날 시간이네.

멸망, 다시 딱 핑거스냅하면,

S#44. 동경의 집 / 거실 (다음 날 아침)

알람소리 속에서 눈 뜨는 동경. 손 뻗어 핸드폰 알람 끄고 부스스 몸 일으키
는데.

동경   꿈이다… 꿈…

하… 안도의 한숨 내쉬며 소파에서 내려오는데 방바닥에 선명하게 찍혀 있는
발자국들! 멸망의 흔적이다. 동경, 헉 하고.

동경   (믿고 싶지 않아서 절규) 꿈이야!!! 꿈!!

한편에 놓여 있는 걸레 집어들어서 엎드린 자세로 발자국 따라 벅벅 걸레질

하고.

동경   (생각할수록 열 받는다! 막 닦으며) 미친놈!! 미국사람이야 뭐야!!

분통 터져서 걸레 패대기치는데! 그러다 문득 시선 벽걸이 달력에 멈춘다. 선명하게 남아 있는 붉은 동그라미. 마음 복잡해지는 동경이고.

S#45. 지하철 역사 안 (낮)

출근 시간대 빽빽한 사람들 사이로 피곤한 얼굴의 동경 보인다. 개찰구 향해 인파에 휩쓸리듯 오는 동경, 카드 딱 찍고 지나는데. 동시에 바로 옆 개찰구 통과하는 사람. 보면, 멸망이다.

동경   !!

동경, 최대한 멸망 안 본 척하고 걸어가는데. 멸망, 그런 동경 옆에 서서 나란히 걸어가며,

멸망   아프지 않게 해줄게.
동경   (!! 휙 보면)
멸망   (물었군) 죽어가는 동안 단 하루도 아프지 않을 거야. 어때?
동경   (대꾸 안 하고 가던 길 가고)

S#46. 지하철 역사 안 / 가판대 (낮)

동경, 김밥 사려고 가판대 앞에 서는데. 직원, 뒤돌아서 뭔가 하고 있고.

동경   김밥 한 줄 주세요.

뒤돌아 있던 직원 돌아서며 김밥 건네주는데. 보면, 또 멸망이다.

멸망   (아무렇지도 않게 은박지로 싼 김밥 한 줄 내밀며) 좋아 그럼. 니 진짜
               소원도 하나 들어줄게. 술 냄새 났던 거 말고 니가 진짜 진짜 바라
               는 거. (완고하게) 진짜 더는 안 돼.

동경, 가만히 멸망 보다가 멸망 손에 이천 원 주고 김밥만 받아 돌아서는데.

S#47. 지하철 안 (낮)

출근길 지옥철. 동경, 지하철 안 사람들 사이에 끼여 서 있다.

동경   (NA) 미친놈 말 듣는 거 아니다. 듣는 거 아니다…

그 순간 동경의 앞에 백팩 메고 있는 남자, 뒤로 슬금 기대고. 윽… 물러나보
지만 뒤에도 백팩 멘 사람이다. 백팩 사이에 끼여 미치겠는 동경. 설상가상
누군가 발까지 콱 밟는데. 악! 속으로 비명 삼키고.

동경   (NA) 하씨 뭐 다 지하철만 타고 출근하나. 진짜 다 사라졌으면…

하는데, 야외에서 터널로 진입한 지하철, 순식간에 사위 어두워진다. 순간 지하철 내부 전등도 탓 꺼지고! 동경, 깜깜한 시야로 아무것도 보이지 않는다. 그러다 지하철 내부 전등 깜빡거리며 들어오는데. 깜빡이는 전등으로 어스름한 지하철 안. 보면, 어느새 텅 비었다! 자신과 멀찍이 저 앞에 서 있는 멸망뿐이다!

동경   !!
멸망   거봐. 너도 원하면서.
동경   너!!

그 순간 다시 야외로 나오는 지하철. 시야 환해지고!! 동시에 사람들 원래대로 다 돌아와 있다.

동경   !!

사람들 아무렇지도 않은 얼굴이고. 동경, 얼른 멸망 찾는데. 멸망, 흔적도 없이 사라졌다.

동경   내가 아파… 아픈 게 확실해…

S#48. 라이프스토리 / 사무실 (낮)

멍하니 자기 자리에 앉아 있는 동경. 그때, 동경의 책상 위에 탁 놓이는 카페 테이크아웃잔. 보면, 언제나처럼 머리부터 발끝까지 화려하게 빼입은 예지다.

예지 (옆자리 털썩 앉으며) 하… 일층 카페 사장 덕에 오늘도 퇴사를 내일로 미룰 수 있었다.

동경 (무슨 말을 해야 할지 모르겠고…) 조주임… 어제는…

예지 (말 끊고) 오늘 대표 출근 안 한 대. (커피 쪼로록 빨고) 또 지 여친한테 무릎 꿇으러 갔겠지.

동경 어?

예지 어제 히스테리 너무 심하길래 우리끼리 또 여친이랑 싸운 거 아냐? 했는데 다인이가 옥상에서 들었다잖아. 난리도 아니었대. 사내자식이 공사구분도 못 하고 말이야.

동경 (픽 웃고) 잘 먹을게.

예지 어 꼭 잘 먹고, 너 막 열 받고 쪽팔려서 회사 관둔다 어쩐다 하면 안 된다? 너 관두면 우리만 죽어나. 알지?

동경 (웃고)

예지 아니 왜 얘가 대답을 안 해. (하는데)

미팅룸 쪽에서 다인 들어오며,

다인 (소곤, 시종일관 무덤덤한 톤이다) 탁주임님 미팅룸에 시베리아 작가님 와 계세요.

동경 (놀라며 소곤) 벌써? 미팅 시간 지금 아닌데?

예지 (소곤) 하여튼 작가놈들 지들 생각만 하지.

동경, 픽 웃고 미팅룸으로 향하는데.

S#49. 라이프스토리 / 미팅룸 안 + 밖 (낮)

동경, 빠른 발걸음으로 미팅룸 들어선다. 문 열자마자 보이는 건 천연덕스럽게 앉아 다인이 내준 아이스 아메리카노를 빨대로 마시고 있는 멸망이고. 동경, 바로 뒤돌아 문 밖으로 나가는데.

동경   시베리아 작가님 어디 게서?!

다인   안에 계시잖아요.

멸망   (동경 뒤로 빼꼼 나와 손 인사)

예지   계시네.

동경   ?!

동경, 그제야 상황 알겠다. 동경, 멸망 끌고 들어가 미팅룸 안에 앉히고.

동경   스토커야 미국사람이야. 둘 중에 하나만 해.

멸망   김밥장사, 의사는 왜 빼.

동경   무슨 짓을 했길래 다들 뭐에 홀린 듯 저래?

멸망   홀린 듯 아니고 진짜 홀린 거. (커피 쪼록 빨고)

동경   (NA) 미치겠네… 아니 나 진짜 미쳤나?

멸망   (픽 웃고) 안 미쳤어.

동경   !!

멸망   시베리아 걔는 잠깐 어디 좀 헤매고 있어. 시간이 필요해서.

동경   너 어떻게 알아?

멸망   내가 어디다 보냈으니까 알지.

동경   아니 그거 말고. 내 생각.

멸망   아아. 둔한 편이구나, 좀.

동경   혹시…!

멸망	(빨대 괜히 꺼내 보며 딴청) 아니 근데 진짜 궁금한 게 대표도 싫고 회
	사도 싫은데 회사를 왜 다녀? 내가 사라지게 해줄까 너네 대표? 그
	것도 소원으로 가능인데.
동경	(헉!!) 보지 마! 내 마음!
멸망	따지자면 본다기보다는 들리는 쪽에 더 가깝긴 한데.
동경	듣지 마!!
멸망	그럼 내 제안을 받아들여. 난 약속을 나눈 자의 마음은 보지도 듣지
	도 못하니까.
동경	나가!!
멸망	(빤히 쳐다보며 쪼록 커피나 빨고)
동경	(분해서) 내가 나간다!!

미팅룸 박차고 나오는 동경. 자리로 가 가방 챙긴다. 예지와 다인, 의아한 얼굴로 동경 보는데.

동경	(쩌렁쩌렁) 이현 작가님 미팅 다녀오겠습니다! (나가고)

미팅룸에서 유유히 나오는 멸망.

멸망	커피 잘 마셨습니다. (씩 웃고)

S#50. 횡단보도 앞 (낮)

버스정류장 근처 횡단보도 앞에 서 있는 동경, 지나에게 전화 거는데.

동경	언니!!

지나   (F) (잠긴 목소리) 어어. 나 이제 일어났어. 올 거면서 뭔 전화야.

동경   언니 나 진짜 환장하겠어!!

지나   (F) 뭐야. 대표가 아침부터 갈궜어?

동경   의사가, 아니 미친놈이, 아니 미국놈이, 아니 김밥장사… 아니…

지나   (F) 뭐?

동경   (미치겠고. 정리 안 된다) 아씨 뭐부터 얘기해야 돼.

그때, 동경의 눈앞을 지나가는 버스. 버스 광고에 '뉴욕타임스 선정, 죽기 전에 꼭 읽어야 할 명작, 로웰의 《멸망이여 오라》' 책 광고 붙어 있고. 시야를 가리던 버스 지나가고 보면, 횡단보도 건너편에 멸망 서 있다.

동경   (미치겠고…) 아니야… 가서 얘기하자… (끊고 손 스르르 내리고)

동경   (NA) 죽음을 선고받고도 변한 건 아무것도 없었다.

신호등 파란불로 바뀌고. 사람들 움직이기 시작한다.

동경   (NA) 보이지 않는 것들은 두렵지 않다. 죽음도, 멸망도.

사람들 속에서 천천히 발을 떼는 동경인데. 멸망, 건너편에서 그런 동경 가만히 지켜보고 있고.

동경   (NA) 보이기 시작한 순간, 두려움은 실체가 된다.

동경, 걸어가며 지나가는 사람들의 얼굴 무심히 살핀다.

동경   (NA) 고통은 실체다.

횡단보도 중반까지 걸어왔는데 약하게 삐— 울리기 시작하는 이명. 동경, 걸음 느려지는데. 이명 점점 커지며 고막이 찢어질 듯하고. 귀에서부터 뇌까지 송곳이 뚫는 듯 순식간에 지끈거리는 두통이 밀려오는데! 동경, 통증에 헉! 하고 숨 막혀오고 눈앞의 풍경마저 어그러진다. 눈을 깜빡일 때마다 순간순간 눈앞이 깜깜하고.

동경   (머리를 감싸 쥐고) 악!

결국 그대로 풀썩 주저앉는 동경. 이미 횡단보도 다 건넌 사람들, 뭐야? 돌아보며 갈 길 가는데. 그런 동경을 지켜보고 있는 멸망.

S#51. 트럭 안 (낮)

도로 달리고 있는 화물차 운전사. 전화하며 한 손으론 글러브 박스 열어 뭔가 찾고 있다. 이따금씩 앞 확인하며 불안하게 운전하는데…

S#52. 횡단보도 (낮)

덩그러니 횡단보도 한가운데 주저앉아 있는 동경. "왜 저래?" "뭐야…" 수군대며 보고 있는 사람들. 섣불리 누구 하나 다가오지 않는다. 그때 저만치서 화물차가 동경 향해 달려오고 있다. 횡단보도 신호등 빨간불로 바뀌고. 누군가 화물차 발견한 듯 "어!?" 하면 사람들 일제히 화물차와 동경 번갈아 본다. 동경, 어질어질한 시야 사이로 달려오는 화물차 보는데.

동경   (하. 짧은 탄식 터지고) (NA) 대답해줘. 내 인생은 누구의 장난인지.

화물차, 속도 줄이지 않고 그대로 동경을 향해 달려온다. "어어어!" 운전사, 코앞에서야 주저앉아 있는 동경을 발견하지만 이미 때는 늦었다! 들이받기 직전, 끼익— 브레이크 소리와 함께 눈 질끈 감는 동경! 화물차, 차도에 고여 있는 물웅덩이 지난다. 웅덩이 속 물 튀어 주저앉은 동경 위로 길고 높게 지붕처럼 펼쳐진다. 햇빛, 펼쳐지는 물에 부서지며 순간적으로 무지개빛으로 빛나고! 그때, 모든 풍경 멈춘다! 도로 위 차들, 행인들, 날아가던 새까지. 멸망, 가볍게 산책처럼 동경을 향해 걸어간다. 동경, 뭔가 이상한 느낌에 고개 들면 아슬아슬하게 제 앞에서 멈춘 화물차 보인다. 그제야 정지된 풍경 눈에 들어오고. 걸어오고 있는 멸망에게서 시선 떼지 못하는 동경. 멸망, 물과 무지개로 만들어진 지붕 아래로 멈춤 없이 걸어 들어와 동경의 코앞에 와서 선다. 주저앉은 동경을 가만히 내려다보는 멸망.

멸망   신은 역시 내 편이네. 선택해. 여기서 죽을지 아니면 내 손을 잡을지.

여유롭게, 그러면서도 위험하게 웃어 보이는 멸망. 동경의 눈동자 흔들리고.

동경   그 대답이…
멸망   나야.

동경, 떨리는 손 뻗어 멸망의 손 잡는다. 서로 다른 생각을 한 채 마주 보고.

동경   (NA) 그렇게 나는 멸망의 손을 잡았다.

그런 두 사람의 모습 위로 거대하게 쾅 박히는 'D-99'에서…

1부 엔딩!

2부

S#1. 횡단보도 (낮)

동경   그 대답이…
멸망   나야.

동경, 떨리는 손 뻗어 멸망의 손 잡는다. 동요 없는 멸망의 눈동자. 동경, 시선 떼지 않고 그대로 천천히 일어서고. 동경이 일어서자마자 멸망, 동경의 손을 고쳐 잡고서 횡단보도를 가로질러 나간다. 둘, 걸어나갈 때마다 멈춰 있는 세상이 둘의 걸음에 맞춰 조금씩 리와인드 되는데. 거꾸로 돌아가는 세상 속, 두 사람만이 움직인다. 동경, 얼떨떨한 얼굴로 주변 보다가 가만히 멸망 바라보는데. 멸망은 너무나 평온한 얼굴로 그저 앞만 바라보고 있다.

멸망   놓지 마.
동경   (보면)
멸망   (다시 앞만 보며 리드하듯 먼저 걸어가고) 놓치지 마. 지금 죽기 싫으면.
동경   (알 수 없는 긴장감으로 멸망의 손 꼭 잡아 쥐고)

읽을 수 없는 얼굴로 먼저 걸어가는 멸망. 그런 멸망의 얼굴을 깊이 바라보며 반걸음 늦게 따라가는 동경이고.

S#2. 카페 (낮)

카페 안, 테이블 곳곳에 커플들이 손잡고서 도란도란 즐겁게 대화 나누고 있다. 사람들과 떨어진 구석 테이블에 멸망과 동경, 잡은 손 테이블 위에 올려둔 채로 앉아 있다. 언뜻 보면 손잡고 담소 나누는 여느 커플들과 다르지 않다.

동경   (골치 아픈 듯 미간 찌푸리고 혼잣말하듯) 이게 어떻게 가능하지?

멸망   (심드렁) 시간을 잠깐 거슬러 온 거야. 뭐, 별거 아냐.

동경   아니 그거 말고.

멸망   (보면)

동경   (손짓으로 멸망의 실루엣을 동그랗게 그리며) 그… 너의… 뭐라고 해야
        하지… (손짓 멈추고) 무례하지 않은 표현을 찾고 있거든 내가?

멸망   정체성?

동경   (심각) 어.

멸망   의심이 많은 건가 호기심이 많은 건가.

동경   둘 다 별로 없어. 그냥 상식적인 거지.

멸망   상식이고 뭐고 봤잖아. 겪었잖아. 받아들여.

동경   말이 쉽지.

멸망   니가 살아있네 지금.

동경   근데.

멸망   밖이 막 스위스였다가 이탈리아였다가 그랬었고.

동경   그래서.

멸망   꿈에서, 지하철에서, 회사에서. 기억 안 나?

동경   기억 나. 근데 말이 안 되잖아. 아무리 생각해도 내가 미친 거 같거
        든?

멸망   (잠시 가만히 보다가) 오케이. 잘 봐.

동경   뭘. (하는데)

멸망, 슬쩍 고갯짓하자 카페 안 조명들 일제히 꺼진다! 이어 시끄럽게 돌아
가던 커피머신, 믹서기도 멈추고! 카페 안 사람들, 뭐야? 놀라 잠시 멈춘 사이
카페 안에 흐르던 음악 소리도 뚝 끊긴다. 묘하게 적막해진 카페 안이고. 사
람들이 손에 들고 있던 핸드폰 화면만 푸르게 빛나 사람들의 얼굴 위로 어른
거리는데.

동경   !!

멸망   이건?

동경   …우연의 일치?

멸망   (하. 같잖고. 이어 슬쩍 눈짓하면)

이번에는 카페 안 사람들의 핸드폰이 동시에 꺼진다! 한꺼번에 들리는 종료 음들, 사라지는 푸른빛들. 다들 이게 무슨 상황이야, 우왕좌왕이다.

멸망   (놀리듯) 우연의 일치?

동경   아… 정체성이… 전기 쪽이야?

멸망   (약간 열 받고. 이어 손으로 슬쩍 어깨 너머 창문 가리키는데)

동경   (뭐지? 돌아보면)

대낮의 맑은 하늘에서 갑자기 불붙은 혜성이 떨어지기 시작한다! 거리의 사람들 저마다 "뭐야?" "헐…" "저기 봐." 하며 걸음 멈춰 하늘 올려다보는데!

동경   (미쳤어… 다급하게) 알았어 그만해.

멸망   왜. 내가 하는 거 아닌데. 난 정체성이 전기 쪽이라.

동경   (이 악 물고) 그만하라고.

멸망   (대답 없이 웃기만 하고)

동경   (잡은 손 힘줘서 꾹!) 그만!

그 순간, 거짓말처럼 사라지는 혜성. 이어서 순차적으로 띠리링 켜지는 핸드폰. 커피머신과 믹서기 다시 돌아가기 시작하고 카페 안 조명도 탓탓탓 들어온다.

동경   (이 믿기지 않는 상황에 기막혀 그저 멸망 보는데)

멸망	(빙글 웃으며) 착하진 않지 내가?
동경	(보면)
멸망	그런 나랑 계약을 한 거야 너. 염두에 둬. 내가 나쁘다는 거.
동경	(알 수 없는 긴장감으로 멸망 보는데)
멸망	(웃는 얼굴로 마주 보다가… 순간 표정 멈칫. 미간 살짝 찡그리는데)
동경	(뭐지? 해서 보고)

멸망의 머릿속으로 팟 어떤 장면 지나가고 있다. 누군가가 창살에 찢어진 천을 감고 있는 모습.

멸망	장난은 이만하고 가봐야겠네.
동경	갑자기?!
멸망	(일어서며) 거슬리는 일이 좀 생겨서. 방금 그건 계약 기념 쇼라고 생각해. 부디 즐거웠길 바라고.

멸망, 그대로 돌아서 나가려는데 순간 무언가 잡아당기는 느낌에 멈칫 멈춰선다. 돌아보면 동경, 잡은 손 놓지 않고 매달리듯 팔 치켜든 채다.

멸망	(보다가) 잡기 싫어하더니 이젠 놓기 싫어?
동경	(창피하지만 손 놓는 게 겁은 나고)…놓지 말라며.
멸망	(보다가 말없이 잡은 손 슥 올려 동경의 손목 감싸쥔다)
동경	(보면)

멸망, 잡았던 손 펼치면 동경의 손목 위에 빨간 실팔찌 채워져 있다.

동경	(팔찌 내려다보며) 뭔데.
멸망	약속. 안 아프게 해준다고 했으니까.

동경	(이게? 이 팔찌가? 그리고 보니 정말로 아프지 않다. 가만히 팔찌 내려다보는데)
멸망	너무 안심하진 말고. 충전식이니까. 하루에 한 번, 열두 시 전에.
동경	충전? 어떻게 하는 건데.
멸망	손잡아서.
동경	뭐?! 왜?!
멸망	너 도망갈까봐. (그대로 나가다가 멈칫) 아, 그리고. 소원 생각해두고. (의미심장하게) 탁동경.
동경	!! 야 너 내 이름 어떻게 알았… (하는데)

뒤도 안 돌아보고 나가버리는 멸망이다. 딸랑, 하는 카페 문 종소리와 함께 덩그러니 남겨진 동경. 그저 사라지는 멸망의 뒷모습 바라보고만 있는데. 하참. 이게 뭐지… 하고 몸 돌려 멸망이 앉아 있던 자리 가만히 보는데 다시 딸랑, 울리는 문 종소리. 설마? 하고 화다닥 뒤돌아보면 들어서는 사람, 멸망이 아니라 화물차 운전하던 운전사다!

인서트. 1부 S#52

뒤늦게 횡단보도 위에 쓰러진 동경 발견하곤 놀라는 운전사!

/ 다시 현재

운전사, 카페 들어서며 장갑 벗어 탁탁 털곤 주머니에 장갑 찔러넣는다. 동경, 그 앞을 가로 막아서는데.

동경	저기요. 저… (말 흐리는데)
운전사	(엥? 어디서 봤던가. 기억하려 얼굴 찡그리는데)
동경	그… 혹시 아까 횡단보도… (얼굴 잘 보이게 눈 맞춰 보는) 모르시겠어요?
운전사	(보는) 모르겠는데요?
동경	와… (저도 모르게) 진짜 없던 일인가봐…
운전사	??
동경	아, 아닙니다. (하고 돌아가다가 다시 몸 돌려) 어쨌든 죄송해요. (꾸벅)
운전사	??
동경	죄송할 뻔했어요 제가. (다시 돌아가다가 또 몸 돌려) 근데… 운전 중에 통화하시면 안 돼요.
운전사	(꽉 신경질 나고) 아까부터 뭔 소리야 이 아가씨가. 비켜요!

운전사, 동경 지나쳐 카운터로 쌩하니 가버리는데.

S#3. 구치소 / 복도 (낮)

멸망, 적막한 복도 한가운데를 가로질러 천천히 걸어나가고 있다. 텅 빈 공간을 울리는 멸망의 묵직한 발소리.

S#4. 구치소 / 독방 (낮)

쪽창 사이로 가느다란 빛 한 줄기 새어 들어오고. 그 창살에 찢어진 천을 감고 있는 투박한 손. 이내, 묶은 천에 목을 매 자살 시도를 하는 한 남자의 실루엣 보이고.

S#5. 구치소 / 독방 앞 + 안 (낮)

멸망, 남자의 감옥 문 앞에 탁 선다. 가만히 창틈 사이로 천에 매달려 발버둥 치는 남자 바라보는데. 남자, 1부에 나왔던 살인마다! 남자, 멸망과 눈 마주치자 더 버둥대고!

멸망   참 손 많이 간다.

이윽고 손 하나 까딱하지도 않았는데 툭 열리는 감옥 문. 멸망, 여유롭게 독 방 안으로 들어서며,

멸망   어련히 죽여줄까.

멸망, 픽 웃자 신호처럼 남자의 목을 죄고 있던 천이 툭 끊어진다! 살인마, 바 닥에 나뒹굴며 컥컥대고.

멸망   거 차 대지 말라니까 자꾸 차를 갖다대시네. 멸망은 내 권한이라니 까?

살인마, 처절하게 기어가 멸망의 바짓가랑이를 붙잡는다.

살인마   제발, 제발 나 좀 어떻게 해줘. 목소리가 계속 들려. 계속 들린다고! 잠도 못 자겠고 미칠 것 같다고!!

살인마, 귀를 뜯을 듯이 움켜쥐는데! 그 순간 들리는 수많은 목소리. 살인마의 귓가에만 들리는 소리다. "그런 새끼는 죽어야 돼." "사지를 찢어 죽여야지." "비겁한 놈." "쓰레기 새끼" "찌질이." "그냥 죽어." "죽으라고." "죽어." 온갖 사람들이 살인마에게 퍼붓는 저주에 가까운 욕설들이다.

멸망	(시선 맞춰 않으며) 겪어보니까 어떠냐. 난 맨날 겪는 일인데.
살인마	(울부짖으며) 그냥 죽여줘! 제발!!
멸망	(빙긋 웃으며) 니가 찌른 사람 중에 셋이 죽었어. 둘은 아직 의식도 못 찾고 있고. 근데 넌 멀쩡히 살아 있으니까 나한테 고마워해야지.
살인마	내 계획은 이런 게 아니었어… (흐느끼며) 이런 게 아니라고…
멸망	사는 게 계획대로 되나. (일어나며) 오늘은 이쯤 할게. 좋은 계약을 하나 해가지고 내가 기분이 좀 괜찮거든.
살인마	너… 너 대체 뭐야…
멸망	너 그런 말 들어봤냐. 나는 처음과 나중이요 시작과 끝이라.
살인마	!!
멸망	내가 그중에 그거야. 나중. 끝.

멸망, 바짓가랑이 잡은 살인마의 손, 발로 탁 치우고 그대로 감옥 문 나서는데. 쾅! 닫히는 감옥 문.

S#6. 구치소 / 복도 (낮)

살인마	(E) 도대체 나한테 왜 이래! 원하는 게 뭐냐고!!

멸망, 그런 살인마의 절규 뒤로한 채 유유히 걸어나가며,

멸망   멸망.

가볍게 미소 띤 멸망의 얼굴. 꼭 산책이라도 나온 듯한 걸음걸이다.

S#7. 지나의 집 / 복도 + 거실 (낮)

고민 깊은 얼굴로 엘리베이터에서 내리는 동경. 지나의 집 향해 긴 복도 걷고 있는데 지잉, 핸드폰 진동 울린다. 보면, 화면에 **조ㄴㄴ** 떠 있고.

동경   (인상 꽉, 조용히) 전화질이야 이씨. (수신거부 누르고)

지나의 집 현관문 앞에서 분위기 전환하듯 한숨 훅 한번 쉬고는 정돈된 얼굴로 빠르게 띠띠띠띠 도어락 비밀번호 누르고 문 열고 들어가는데.

동경   (들어서며 랩 하듯) 언니 지금부터 내가 하는 말이 조금 믿기지 않을 거야. 그래도 태클 걸지 말고 한 번만 들어… (하다 멈칫) 언니…?

보면, 지나 컴컴한 방 한가운데에 머리 박은 채로 쪼그려 엎드려 있다.

동경   (헉! 쓰러진 건가?) 언니!!

동경, 후다닥 달려가 지나 어깨 잡고 일으키는데 지나, 초점 없는 눈으로 맥없이 흔들린다.

동경   언니 무슨 일이야!! 괜찮아?! 뭔데! 왜!
지나   (중얼중얼) 죽을 거야…

동경	(안 들려서) 뭐라고?
지나	(버럭) 죽을 거라고!!
동경	왜, (하다가 사태를 예감하고) 언니 혹시…?
지나	다 날렸어…
동경	(놀라 헉 하고 한 손으로 제 입 틀어막고)
지나	(정신 놓은 듯) 하하하. 하늘의 뜻이다… 하늘마저 내 글이 쓸모없어서 날려버리신 거야. (문득 분노로 눈 희번덕) 이럴 거면 다 쓰기 전에 날리지!! 혜성 뭐야!! 정전 뭐냐고!!
동경	(혜성? 정전? 헉 하고 나머지 한 손까지 들어 제 입 틀어막고)
지나	(다시 축) 뭐긴 뭐야. 나 죽으라는 계시지. (창문 향해 가며 산뜻하게 웃고) 잘 있어. 안녕.
동경	(정신 차리고) 언니가 죽긴 왜 죽어!! 이게 다 그 놈 때문인데!!
지나	(돌아보고) 그놈…? 누구…? 빌 게이츠?
동경	아니 그! 있어!! 암튼!! (얼른 일어나 지나 잡아 한쪽에 앉히며) 일단 앉아봐 언니. 프로가 왜 이러시나. 이럴 때 어떻게 해야 하는지 제일 잘 아시는 분이.
지나	(밀려 힘없이 앉으며) 몰라… 죽으면 되나?
동경	(양손으로 지나 어깨 덥석 잡고서 흔들리지 않는 눈으로 똑바로 보는) 방법은 하나뿐입니다 작가님.
지나	(왠지 모를 박력에 밀려서 주춤) 뭐, 뭔데.
동경	(진지하게) 한 시간 내로 다시 쓰세요.
지나	뭘. 유언장을?
동경	(진지) 글을.
지나	글을?
동경	(끄덕)
지나	(벌떡 일어나) 나 옥상 간다.
동경	(엄격) 가더라도 연재하고 가.

지나	(미치겠고) 아니 근데 진짜 써서 뭐 하냐고!! 반응도 없는데! (하다가 눈치 보며) 회사에서도 이번 거 반응 별로지… 뭐래? 진짜 솔직히.
동경	(순간 복잡한 얼굴이고)
주익	(E) 재미없네요.

S#8. 회상. 라이프스토리 / 회의실 (낮)

박대표와 편집팀원들(동경, 주익, 예지, 다인, 정민) 회의 중이다.

주익	이현 작가는 로맨스엔 영 소질이 없는 거 같은데. 남주가 너무 평범해요. 조회수도 계속 떨어지는 추세고.
정민	근데 유료결제로 돌리면 원래 구독하던 독자들 절반은 떨어져 나간다고 봐야… (하는데)
주익	(대수롭지 않게) 정민씨면 그 남주랑 사귀겠어?
정민	예?! (뭔 소리야 하는데)
다인	(딱 잘라 바로) 전 아니요.
동경	(회의록 작성하며) 회차 줄여서 빨리 완결내는 쪽으로 피드백 하겠습니다.
박대표	그래. 이번 작품은 이쯤에서 정리해. 다음 작품까지만 두고 보자고.

S#9. 현재. 지나의 집 / 거실 (낮)

동경	(최대한 내색 않으려 하며) 지켜볼 만하대.
지나	거짓말하지 마. 지금 조회수 반 토막인데.
동경	원래 유료결제로 돌리면 독자들 절반은 떨어져 나가잖아.

지나   (멈칫) 그건… 그렇지…

동경   (지나 잡아다가 책상 앞에 앉히며) 그니까 일단 빨리 씁시다? 업로드
        시간 안 지키면 그 절반도 떨어져 나갑니다?

지나   (죽상을 한 채로 털썩. 타닥타닥 천천히 타자 치기 시작하는데)

동경, 그제야 안심한 듯 휴… 숨 돌리고 부엌으로 향한다.

동경   근데 언니 밥은 챙겨먹었어?

지나   (시선 화면 고정한 채로 한 손으로 시리얼바 들어 보이고 한 입 깨무는데)

동경   그거 가지고 무슨 밥이 돼?

지나   (계속 화면 보며 시리얼바 먹고) 야 이거 생각보다 되게 든든해. 글 쓸
        시간도 없는데 밥을 어떻게 해 먹냐. 내가 만든 밥보다 이게 백배
        나. 맛이나 영양이나. (하면서 헤드폰 쓰고 본격적으로 타자 치기 시작
        하는데)

동경, 절레절레 하고 냉장고 여는데 냉장고 안에는 생수랑 커피뿐, 음식이라
곤 하나도 없다.

동경   (어휴… 지나 돌아보는데)

지나   (그새 집중해 화면에 빨려 들어갈 듯 인상 쓰고 열심히 타자 치는 중이고)

동경   (그런 지나 가만히 바라보다가 조용히) 언니 근데 있잖아… 하… 뭐부
        터 얘기하냐.

지나   (헤드폰 빼고) 어? 뭐라고?

동경   (표정 수습하고) 어? 편의점 간다고 나.

지나   어~ (다시 헤드폰 쓰는데)

동경   (휴…가슴 쓸어내리고)

S#10. 편의점 (낮)

편의점 문 열고 들어서는 동경. 딸랑, 편의점 문 종소리 들리고. 편의점 알바생은 핸드폰 보느라 고개도 들지 않는다. 동경, 익숙하게 바구니 들고 레토르트와 인스턴트 코너 쪽으로 향하는데. 문득 핸드폰 울린다. 보면 **정당면 작가님**이다. 통화 버튼 누르고서 음식 고르려 바닥에 웅크려 앉는데.

동경   (손으로 제품 뒤집어보며 일상적으로) 네, 작가님. 무슨 일 있으세요?

당면   (F) 무슨 일은 탁동경씨한테 있죠.

동경   (제품 집던 손 멈칫) 아니… 무섭게 왜 풀네임을… 뭐가 잘못 올라갔나요?

당면   (F) 무섭긴 해요? 저 작가 아니고 의사로서 전화했습니다. 이거 협박 전화예요.

동경   아… 그거… (멈칫 했던 손 다시 움직여 바구니에 제품 담고)

당면   (F) 지금은 아무렇지 않아도 곧 죽고 싶게 아파져요. 이건 협박 아니고 팩트입니다.

동경   (왠지 초연하다) 점점 더 심해질까요? (제품 두 개 중에 뭘 고를까 손으로 천천히 왔다 갔다 망설이는데)

당면   (F) 말이라고 물으세요 편집자님?

동경   (한 제품 집으며) 그니까 엄청 아프게 살다가 죽느냐 (또 다른 제품 집으며) 엄청에서 쪼끔 덜 아프게 살다가 죽느냐 둘 중에 결정해야 되는 거죠? (하다가)… 둘 다 싫은데.

당면   (F) (심각하고) 나쁜 생각 하시면 안 됩니다. 그거 나쁜 생각이에요!

동경   (다른 제품 탁 집어들고) 이미 해버렸어요 나쁜 생각.

집어든 손, 동경의 시선 끝 손목에 둘러져 있는 실팔찌 보이고. 동경, 팔찌 보며 흐리게 웃는다.

S#11. 병원 / 소녀신 병실 (낮)

동경   (E) 후회는 안 해요.

소녀신, 침대에 기대앉은 채로 피노키오 책 읽고 있다. 침대 테이블 위에 책
올려둔 채다. 그때, 책 위로 슥 들이밀어지는 조잡한 전단지. 보면, '지구는 곧
멸망! 준비하라 그날이 다가온다!' 크게 적혀 있고.

사이비   멸망이 가까워졌습니다. 회개하시고 구원 받으세요.

소녀신   (책 탁 덮고 온화하게 웃으며 바라보는) 그래요?

사이비   (소녀신의 두 손 덥석 쥐며) 네에~ 저희가 저지른 수많은 악행 때문에
           신이 노하신 겁니다. 여러 말씀들에 의하면 오늘의 혜성 또한 멸망
           의 징조입니다. 멸망이 오고 있어요. 바로 코앞이에요.

소녀신   (사이비 어깨 너머 흘끗 보고) 그러네.

보면, 어느새 온 멸망, 병실 문에 삐딱하게 기대서서 지켜보고 있다. 사이비,
뒤돌아 멸망 보자마자 왠지 움찔하고. 후다닥 병실 나가며 멸망에게 전단지
억지로 쥐여준다.

사이비   (나가며 중얼) 신이 노하셨어요… 멸망이 옵니다… (사라지고)

멸망   (사라지는 사이비 흘끗, 소녀신에게 다가오며) 노하셨어?

소녀신   (어깨 으쓱) 나 오늘 컨디션 괜찮은데.

멸망   그럼 곧 노하실 건가보지.

소녀신   (보면)

멸망   인간의 소망이 되라며. 근데 하필 그 인간의 소망이 멸망이더라고?

소녀신   (픽 웃고) …재밌네.

멸망   재밌지. 그 전에 인간들은 기껏해야 로또 맞게 해주세요, 건강하게

해주세요, 행복하게 해주세요, 그 정도였는데.

소녀신   알고 있어? 정원이 사라지면… (하는데)

멸망   정원사도 나비도 필요 없어지겠지.

소녀신   (보는)

멸망   (지지 않고 보는)

소녀신, 멸망 보다가 가만히 일어나 창가로 향한다. 멸망의 시선, 소녀신을 따라 옮겨가고. 소녀신, 그러거나 말거나 창가에 올려둔 빈 화분을 들여다본다. 싹 없이 흙만 채운 조그만 화분이다.

멸망   뭐라고 대꾸라도 하지?

소녀신   (화분만 보며) 니 뜻대로 해. 나도 내 뜻대로 할 거니까.

멸망   (쓰게 보다가) …하나만 묻자.

소녀신   (돌아보지 않고)

멸망   왜 나야.

소녀신   글쎄… (화분 안쓰러운 듯 만지며) 운명?

멸망   (하 헛웃음 나고) 가혹하네.

소녀신   운명은 누구에게나 가혹하지. (화분 감싸쥐고 멀리 창밖 바라보는데)

그 창에 비친 멸망의 얼굴, 더 없이 쓸쓸하다. 멸망, 소녀신의 뒷모습 가만히 보다가 뒤돌아 가려는데.

소녀신   (그제야 돌아보며) 나쁜 짓 하면 벌 받아.

멸망   (멈칫. 돌아보고) 이미 받고 있어.

잠시 마주치는 두 사람의 눈. 이내 뒤돌아 걸음 옮기는 멸망인데.

S#12. 길거리 (낮)

동경, 생각에 잠겨서 편의점 봉지 들고 터덜터덜 걸어가고 있다. 띠링, 울리는 문자음. 보면, 대한이다. **전화를안받아? 후회하게 될꺼야**

동경   하… (맞춤법…)

동경의 머릿속, 빨간색 교정기호로 고쳐지는 문자 메시지. 그새 또 날아오는 메시지. 보면, 동경의 회사 '라이프스토리' 사진이다! **후회하게된됬지**

동경   !!!

동경, 지나에게 전화 걸며 그대로 방향 틀어 뛴다!!

동경   언니! 나 회사 급하게 들어가 봐야 돼! 미안! 내일 밥 살게!
지나   (F) 어? (하는데)

끊고, 미친 듯이 뛰어가는 동경인데!!

대한   (E) 탁동경은 각성하라!

S#13. 라이프스토리 / 사무실 (낮)

점심시간이라 다들 자리 비어 있다. 편집팀 주익, 예지, 다인만 남아 어이없는 얼굴로 어딘가 보고 있는데. 보면, 대한, '가정파괴범 탁동경! 탁동경은 내 가정을 책임져라!' 쓴 스케치북 들고 서 있다.

대한	(비장한 얼굴로) 여기 다니시는 탁동경 주임은 가정파괴범입니다. 얌전하게 잘 살던 저를 유혹하였고!
주익	(중얼) 유혹… 탁동경이랑 진짜 안 어울리는 단언데.
대한	여린 저는 그 꼬임에 넘어가 소중한 아내를 잃고야 말았습니다!
다인	여린…? (절레절레… 무심하게 이어폰 끼고 아무렇지 않게 컴퓨터 화면 본다. 화면에는 넷플릭스 드라마 떠 있다. 다시 플레이하고.)
예지	(얼른 일어나 대한 밀어내며) 저기요. 회사에서 이러시면 안 되거든요? 나가세요.
대한	(버티며) 내가 억울해서 그래요. 억울해서!

그때 동경, 다급하게 사무실 안으로 뛰어 들어오는데!

| 동경 | (대한 붙들고 나가려 하며 낮게) 나가서 얘기해. |

예지, 멈칫 물러선다. 주익, 상황 예의주시하고. 다인도 이어폰 한쪽 슬쩍 빼는데.

대한	(동경 손에 든 비닐봉지 보며) 대~단하다. 남의 인생 망쳐놓고 지금 먹을 게 목구멍으로 들어가?
동경	나가서 얘기하자고!!
대한	(비닐봉지 낚아채 바닥에 내동댕이치고!) 너 도대체 내 와이프한테 뭐라고 한 거야. 무슨 말을 했길래 이혼하잔 소리가 나와!!

동경, 나동그라진 비닐봉지 속 음식이 꼭 버려진 제 마음 같다.

| 동경 | (똑바로 바라보며) 유부남인지 몰랐습니다. 속았습니다. 나는 잘못 없고 잘못은 걔가 했습니다. |

예지, 헉 놀라고. 다인, 나머지 한쪽 이어폰도 뺀다. 주익, 별 표정 변화 없지만 상황 알겠다 싶다.

동경	그랬다. 왜.
대한	하… 어이없네 진짜. 나 솔직히 사랑 아니었어. 그건 그냥 뭐랄까? 그래. 해프닝이지. 그래도 끝낼 땐 서로 매너 있게 끝내야 되지 않니?
동경	(하. 어이없고) 매너? 니가 매너를 논해 지금?
대한	그래. 엠에이엔이알.
주익	(나직이) 엠에이엔엔이알…
예지	(이 상황에서 지금! 주익 째려보고)
주익	(시큰둥 모른 척)
대한	솔직히 까놓고 너 볼 게 뭐가 있어? 어? 남들 다 가진 건 하나도 없으면서. 니가 부모가 있어 돈이 있어.
동경	!! (분노로 부들부들 떨리는 손 꼬옥 쥐어보는데)

순간, 멸망이 한 말이 스쳐지나가는 동경.

인서트. 2부 S#26

멸망	아, 그리고. 소원 생각해두고. 탁동경.

/ 다시 현재

동경	이걸 확 빌어버려?

대한	뭐?
동경	(피식 웃고) 아니다. 너 같은 거한테 쓰기는 너무 아깝다. 그럼 와… 지금인가…?
대한	뭐가 지금인데.
동경	멸망.
대한	(한심하고) 도대체가 뭔 소리를 하는 건지.
동경	너 죽이고 싶단 소리야.
대한	허! 부모 없이 자란 게 이런 데서 티가 난다고… 야 나는 이럴까봐 내 자식 아빠 없이 자라게는 못 하겠다고.
예지	(안 되겠다 싶어서) 저기요!! (하는데)

주익, 일어나 누가 말릴 틈도 없이 대한에게 턱턱 걸어간다.

대한	보니까 여기서 제일 높으신 분 같은데. 이런 사람이 회사에 있으면 회사 이미지에도, (하는데)
주익	(대꾸 없이 그대로 대한 멱살 잡고 밀어붙인다!)
대한	(밀려나며) 어어? 어어어어?

대한, 출입문 쪽으로 밀려가고. 다인, 무심히 그렇지만 빠르게 일어나 출입문 열림 버튼 누른다. 다이렉트로 문 밖으로 내처지는 대한이고. 그대로 대한의 눈앞에서 닫히는 출입문. 사무실 안, 잠시 정적이 인다.

동경	(!! 사태 파악 못해 멍한 채로 서 있고)
주익	(아무 일 없었다는 듯 자리로 돌아와 앉으며) 외부인 함부로 문 열어주지 마라.
예지	(후… 한숨 돌리고)
다인	(다시 이어폰 끼려는데)

그때, 지잉 하고 자동문 열리는 소리 들린다! 일동, 돌아보면 정민 들어선다.

정민 (배 만지며) 다들 괜찮아요? 아 점심 먹고 탈난 거 같은데.
예지 아오 박정민… 저걸 진짜.
정민 왜요? (하다가 뒤돌고) 깜짝이야! 누구세요?

보면 대한이 질세라 정민 뒤따라 들어왔고.

대한 가정파괴범 탁동경! 탁동경을 해고하라! (하는데 홱 뒤로 고개 꺾인다!)

보면, 대한의 아내가 대한의 머리채 잡고 있다. 머리채 잡힌 채로 닫히는 자동문에 계속 끼어 있는 대한이다. 거의 자동문에 맞고 있는 꼴이고.

대한 아아! 누구야!! 뭐야!! (하는데)
아내 (무시하며 고개 슬쩍 대한 어깨 너머로 빼) 이 새끼 와이픕니다. 이 새끼가 하는 말 다 구랍니다. 실례 많았습니다.
대한 (계속 자동문에 맞으면서) 여보?! 아! 여보! 아! 이거 다 오해야! 아아!
아내 (입) 닫어.

아내, 대한의 머리채 잡은 채로 그대로 사라지고. 다시 어색한 정적이 이는 사무실. 동경, 주저앉아 바닥에 떨어진 음식들 줍기 시작한다. 신호탄처럼 앉아 있던 주익이 몸 돌려 화면 바라보고, 다인, 넷플릭스 끄고 편집창 연다. 정민, 눈치 없이 "대박…" 읊조리고 있는데, 예지, 그런 정민에게 쓱 눈치 주고 자리로 돌아간다. 정민, 얼른 몸 사리며 자기 자리로 돌아가고. 음식 다 주운 동경, 터덜터덜 자리로 돌아가는데. 털썩, 책상 위에 놓이는 비닐봉지. 다들 그 소리에 괜히 움찔하고. 차마 숨소리도 못 내고 있다. 그때, 정적을 깨는 타이핑 소리. 보면, 정민이다. 정민, 단톡방에 '대박 님들 지금 사무실에 무슨 일이 있었냐면' 하고 조심스럽게 치고 있는데.

예지   (책상 주먹으로 쾅!!)
정민   (흠칫!!)
예지   지금부터 타이핑 소리 들리면 죽는다.

그럼에도 불구하고 다시 타닥타닥 빠르게 들리는 타이핑 소리.

예지   야!! (하고 정민 돌아보면)
정민   (잔뜩 쫄아서) 저 아닌데요??

예지, 뭐야? 하고 둘러보면 동경, 결연한 얼굴로 타이핑하고 있다. 동경, 망설임 없이 인쇄 버튼 누르고. 프린터에서 나오는 종이 한 장, 사직서다! 예지가 말릴 새도 없이 사직서 들고 주익에게 가는 동경인데.

동경   (사직서 내밀며) 퇴사하겠습니다.
예지 다인 정민   !!!
주익   (쓱 사직서 눈으로만 들여다보며) 난 팀장이라 권한 없는데.
동경   지금 대표님 안 계시잖아요. 팀장님이 결재해서 올려주세요.
주익   귀찮은데. (벽에 걸린 디지털시계 흘끔 보며) 아직 근무시간 아니고.
동경   (어이없고…) 대표님 언제 오시는데요 그럼.
주익   (태평하게) 몰라.
동경   네?!
주익   발리 가셨어. 여자친구랑. 화해 기념. (다시 몸 돌려 화면 바라보는데)

동경, 사직서 든 채로 허망하게 서 있다.

S#14. 횡단보도 앞 (밤)

핸드폰에 박대표 페이스북 화면 떠 있다. 여자친구와 발리 리조트에서 찍은 셀카 사진과 **우리 여왕님 기분 풀어드리려 발리^^~ 한 회사를 책임지고 있는 남자… 하지만 오늘만큼은 한 여자를 위한 남자…** 게시글 올라와 있다. 밑으로는 직원들 댓글 달려 있고.

김철우: 대표님 보기 좋습니다!^^

차주익: 대표님 편히 쉬다 오십시오.

조예지: 대표님 오래 쉬다 오십시오.

좋아요 버튼을 누르는 손. 보면, 동경의 핸드폰이다. 화면 끄며 동시에 하… 깊게 한숨 내쉬는 동경. 퇴사도 마음대로 하지 못하는 제 인생이 한심하다. 동경, 고개 들어 보면 낮에 쓰러졌던 바로 그 횡단보도 앞이고. 가만히 신호등 보고 서 있는 동경. 곧이어 신호등 파란불로 바뀌고. 사람들 건너기 시작하는데 어째서인지 동경은 쉽사리 걸음이 떨어지지 않는다. 서서히 굳어가는 동경의 얼굴.

　　　인서트. 1부 S#52

동경 향해 달려오는 화물차. 머리를 감싸며 쓰러지는 자신.

　　　/ 다시 현재

동경의 두 손, 미약하게 떨린다. 그 순간 동경의 손을 탁 잡아채는 누군가의 손! 그대로 동경 끌어 횡단보도 건너기 시작하는데. 동경, 놀라 보면 멸망이다!

84

멸망	(맞잡은 손 들어 보이며) 충전.
동경	(보면)
멸망	(앞만 보며 걸어가며) 왜 길도 못 건너고 있냐.
동경	…무서워서.
멸망	무서우면 부르지.
동경	무슨 수로.
멸망	무슨 수로든.
동경	되게 내 편 같네…
멸망	(피식) 착각이야. 오늘 하루 어땠어?
동경	그런 건 왜 묻는데.
멸망	혹시 모르잖아. 오늘 당장 멸망시키고 싶어질지도. 그럼 일이 쉬워지니까.
동경	(그 말에 보다가) 궁금한 게 있는데.
멸망	(보면)
동경	내가 이 계약을 깨면… 어떻게 되는 거야?
멸망	(살짝 인상 찌푸리며 못 알아듣겠다는 듯이) 깨면?
동경	죽는 날까지 안 아프고 소원도 이뤘는데 멸망시켜달란 말도 없이 그냥 확 죽어버리면.
멸망	(멈춰 서서 무표정하게) 그럴 건가?
동경	!!

횡단보도 중간에 멈춰 선 두 사람을 지나쳐가는 다른 행인들.

멸망	그럼 너 말고 다른 사람이 죽어. 그 순간 니가 가장 사랑하는 사람.
동경	뭐…? 그게 무슨…
멸망	(동경 머리 위 공간에 손 올리고) 여기에 내린 멸망을 옮겨서 (허공으로 손 옮기며) 여기에. 뭐 별거 아냐.

동경   !! 얘기한 거랑 다르잖아!!

멸망   (어깨 으쓱) 얘기한 적 없는데. 어떤 계약이든 위약금은 다 있잖아?
      몰라. 어쨌든 넌 계약을 했어. 다 끝난 문제야.

동경   (당했다 싶고…) 이… 사기꾼…!

동경, 멸망의 손을 탁 뿌리치고 멸망 지나쳐 걸어가는데.

멸망   (동경 뒷모습 보며) 미리 알았으면 뭐가 달라졌을까?

동경   (!! 돌아보면)

멸망   아닐걸.

그대로 화면 전환되는 소리와 함께 순식간에 밤에서 낮으로 전환되는데!

S#15. 횡단보도 (낮)

1부 마지막 신 상황으로 돌아와 있다. 저만치서 달려오고 있는 화물차!
동경, 몸 움직이려 하지만 움직이지 않고. 멸망, 그저 바라만 본다.

멸망   오케이, 공정계약. 다시 선택할 기회를 줄게. 어떡할래 이제.

동경   (매섭게 멸망 노려보는데!!)

멸망   빨리 선택해. 그러다가 죽겠다.

동경   야!!

멸망   얻은 게 있으면 잃는 게 있는 법이야. 잘 생각해봐. 살면서 니가 얻
      은 건 전부 니가 잃은 것들로 이룬 거니까.

동경   왜…

멸망   (보면)

동경	왜 난데… 도대체 왜… 왜 하필 나냐고!
멸망	(!! 눈빛 잠시 흔들린다. 그러다 건조하게) 운명.
동경	(허… 헛웃음 나고) 가혹하네.
멸망	(보다가) 운명은… 누구에게나 가혹하지.

화물차, 아슬아슬하게 동경 코앞까지 다가오는데! 화물차, 끼익— 브레이크
소리와 함께 물웅덩이 지나고! 촤악 튀어오르는 물들! 그 순간,

동경	그만!! 그만해!!

S#16. 현재. 횡단보도 (밤)

화면 바뀌면 밤의 횡단보도로 돌아와 있다. 주변 신호등 모두 꺼져 있고 차
한 대 지나가지 않는다. 동경, 창백한 얼굴로 겨우 서 있고.

멸망	거봐.

하는 순간, 동경 저도 모르게 다가와 멸망의 뺨 내려치는데!!

동경	개새끼…
멸망	(맞은 뺨 슬쩍 만지고는 다시 고개 돌려 웃고) 그런 말 워낙 많이 들어서.
동경	나 가지고 장난치니까 재밌어?
멸망	그니까. 니 편 아니랬잖아 아까.
동경	!!
멸망	니가 선택한 거야. 물론 난 니 선택을 언제나 존중하고.
동경	!!

멸망   거기 서 있을래 계속? 그럼 그렇게 해. 난 건너갈 거니까. 지루하네
         좀.

멸망, 미련 없이 반대편으로 걸어가버리고. 동경, 홀로 횡단보도에 우두커니
남아 서 있는데.

S#17. 동경의 집 / 거실 (밤)

동경, 가만히 달력 바라보고 있다. 멸망이 동그라미 쳐놓은 자신의 죽을 날짜
를 멍하니 보고 있는데 초인종 소리 울린다. 띵동 한번 울리고. 이어서 띵동
띵동. 또 이어서 띵동띵동띵동 빠르게 울리는 벨소리. 동경, 멸망이구나 싶어
거칠게 현관 향해 가는데. 문 열면 생각지도 못한 사람이 서 있다.

선경   누나!!
동경   !!
선경   (양손 가득 쇼핑백 들어 보이며) 누나가 좋아하는 오메기떡!! 봐봐 개
         많이 사왔음~

환히 웃는 선경 보자 마음 복잡해져오는 동경인데.

/ 멸망   그럼 너 말고 다른 사람이 죽어. 그 순간 니가 가장 사랑하는 사람.
동경   (미치겠다… 금방이라도 울 것만 같은데)
선경   (눈치 보며) 왜애. 아 그 보험 일은 내가 잘 처리했어. 와 알고 보니
         까 렌트카 사장님이 (눈 굴려 생각하며) 내 동창의 형님의? 아는 이모
         의 사촌…의…? 암튼 아는 분이어가지고 잘 처리했어. 진짜야. (하
         는데)

동경	(선경 와락 끌어안고)
선경	(?! 쇼핑백 하늘 향해 든 채로 안겨서) 누나 왜 그래. 누나 술 마셨어? 나 조지는 방법을 바꾼 거야 누나? …누나?

S#18. 멸망의 집 / 창가 (밤)

탁, 탁. 지포라이터 여닫는 소리 반복해서 울린다. 멸망, 홀로 창가 의자에 앉아 지포라이터로 손장난하며 상념에 잠겨 있다.

/ 동경	왜 난데… 도대체 왜. … 왜 하필 나냐고!
/ 멸망	왜 나야.

멸망, 생각을 떨쳐내려는 듯 라이터 뚜껑 탁! 닫고.

S#19. 지하철 안 (다음 날 아침)

꽉 찬 출근 지하철 안에 버티고 서 있는 동경. 다른 사람들처럼 무료한 표정이다. 지상을 달리던 지하철, 터널 안으로 들어가고. 순식간에 지하철 안 어둑해지는데. 무심하게 있던 동경, 혹시나 싶어 눈 반짝해 고개 돌려본다. 그러나 사람들 사이에 멸망은 없다. 다시 가라앉는 동경의 얼굴이고.

S#20. 지하철 역사 안 / 가판대 (낮)

가판대 지나가는 동경. 그러다 문득 뒷걸음쳐 가판대 앞에 서는데. 뒤돌아 뭔가 하고 있는 남자직원. 혹시 싫어 유심히 살피는데 돌아서서 손님에게 김밥 전해주는 사람, 다른 사람이다.

동경   열 받네… 진짜…
지조킹   (E) 하여간에 애를 태우는 게 중요하다니까? 밀당이지 밀당.

S#21. 라이프스토리 / 미팅룸 (낮)

동경, 지루한 얼굴로 앉아 있다. 동경 앞에 앉아 있는 삼십대 중반의 남자 작가(지조킹), 다리 꼰 채로 한껏 등 기대앉아 있다. 동경이 가져온 오메기떡 먹으며 거들먹거리는 중이다.

지조킹   그래야 독자들도 다음 편, 다음 편 이러고 침 흘리면서 따라와. 무
            슨 말인지 알겠지 탁주임. 치맛자락처럼. 보일락 말락.
동경   (불편하고) …치맛자락이요…?
지조킹   (아랑곳 않고) 근데 그 이현 작가? 그 작가는 사무실 잘 안 나와?
동경   네?
지조킹   그 작가가 그렇게 이쁘다매? 탁주임이랑 친하다면서 얼굴 한번 보
            여주라. 또 알어? 글 쓰는 사람끼리는 원래 통한다고 눈 맞고 마음
            맞고 그러다가 어? (윙크하며) 알지? (하는데)
동경   (더는 못 참겠다… 책상 위에 파일 내팽개치듯 탁 던져놓고)
지조킹   (화들짝)
동경   진짜 주제도 모르네요.
지조킹   …뭐?
동경   (인쇄된 소설 탁, 탁 성의 없게 넘기고는 빨간 표시 해둔 부분 가리키며) 얘
            요. 다 늙어빠진 남자가 지 주제도 모르고 중학생한테 그러는 얘.

작가님 일부러 그러신 거죠? 나중에 애 죽나요?

지조킹   (멍해 있다가 정신 차리고 크흠…) 아니 그거는~! 사회적 시선이랑은 상관없는 아주 순수한 사랑을 강조하기 위한 설정이고… (하는데)

동경   그런 놈이 유부남인 거 속이고 멀쩡한 미혼여성 꼬시고 그러는 거지.

지조킹   뭐…?

동경   사랑에 사회적 시선이 왜 상관이 없겠어요. 사회적 시선을 벗어난 사랑은 범죄지. 아~ 애 범죄자예요?

지조킹   (발끈하고) 탁주임. 아니 말을 왜 그렇게 해?

동경   왜요? 작가님이 너무 리얼하게 쓰셔서 감탄하는 건데?

지조킹   안 그러던 사람이 진짜?! 사람 갑자기 변하면 죽어! 내가 뭐 그 이현 작가 얘기해서 그래?

동경   아니요? 그냥 죽을 때 돼서 그러는 건데요? 안 그래도 지금인가, 지금인가 하고 있거든요. (하고 일어서는데)

지조킹   뭐야. 말하다 말고 어디 가?

동경   그 이쁜 이현 작가 만나러요.

S#22. 길거리 (낮)

지나, 머리부터 발끝까지 풀 세팅한 모습으로 걸어가고 있다. 비켜가는 사람들마다 휘둥그레진 눈으로 지나 돌아보며 속삭이고. "와 봤어?" "진짜 예쁘다…" "연예인인가?" 지나, 그런 시선 익숙하다는 듯 걷다 어느 건물 안으로 들어가는데.

S#23. 점집 (낮)

화려한 신당 앞에서 숟가락 세운 채 방울 흔들고 있는 점쟁이. 지나, 긴장한 듯 꿀꺽 침 삼키고. 방울 소리 멈추자 서 있던 숟가락 딱 쓰러지는데.

점쟁이   남자 때문이야.

지나   남자요? 뭔 남자요? 저 남자라고는 개미새끼 한 마리 없는데요?

점쟁이   자알 생각해봐. 물이랑 아주 친한 놈이야.

지나   (헉!! 설마!!)

점쟁이   고놈이 아주 니 앞길을 막고 있구나. 쯧쯧. 물귀신이 씌었네 물귀신이 씌었어.

S#24. 닭갈빗집 (낮)

동경   아니 그렇다고 이제 와서 필명을 바꿔? (편의점 비닐봉투 건네고)

동경과 지나, 닭갈비 철판 가운데 두고 마주 앉아 있다.

지나   (비닐봉투 받아서 한쪽에 두며) 점쟁이가 그놈이랑 관련된 거 다 버리라잖아. 고맙다. 잘 먹을게. 아 왜 그놈 이름을 필명으로 해가지고!! 그놈은 왜 하필 수영을 해가지고!!

동경   근데 진짜 소름이다. 물 그거는 어떻게 맞췄지. 언니… 거기 어디야?

지나   왜. 뭐 안 풀리는 일 있냐.

동경   (괜히 시선 피하며 닭갈비 먹고) 뭐… 그냥… 일도 그렇고…

지나   회사 옮기게? 야 그래. 맘에 안 들면 갈아타. 거기 말고도 출판사

많다.

동경 아니 옮긴다기보다는… (하는데)

지나 탁…

동경 (? 해서 보면)

지나 나… 작가 관둘까?

동경 !! 언니, (하는데)

알바생 밥 볶아 드릴게요.

두 사람, 멈칫하고. 알바생, 현란하게 밥 볶기 시작한다. 동경과 지나, 약속이라도 한 듯 아무 말 없이 홀린 듯 그 모습 구경하고 있다.

알바생 치즈 다 녹으면 드셔도 돼요. (가고)

동경 (한 템포 쉬어 침착해진 모습이다) 언니. 언니는 백 일 후에 죽는다고
     하면 뭐 하고 싶어?

지나 어? (주걱으로 치즈 잘 녹게 꾹꾹 누르면서) 왜. 너 죽어?

동경 (!! 애써 침착하게) 그냥 궁금해서.

지나 일단 케이크 5단짜리 사서 막 퍼먹고 싶어.

동경 또?

지나 뭐… 여행 가고…

동경 또?

지나 또? (생각하다가) 모르겠다. 생각해본 적이 없어가지고.

동경 나는 방금 밥 볶을 때 생각해봤는데. 일단 언니 대박 나는 거 보고
     죽으려고.

지나 (울컥하고… 괜히 주걱으로 뒤적뒤적)

동경 그래서 하는 말이야.

지나 (보면)

동경 좀 충격적일 거지만 너무 충격 먹진 마. (마치 자기 병 얘기할 것처럼

망설이다가) 연재 접자.

지나　　!!

동경　　바로는 아니고 이번 달 내로. 조금 일찍 완결낸다고 생각하고.

지나　　…이게 다 그놈 때문이야… 이현규 이 물귀신…

동경　　그리고 뭐 이건 별거 아니긴 한데…

지나　　(보면)

동경　　내 남친… 알고 보니까 유부남이었어.

지나　　(주걱 패대기치며) 뭐?! 이 미친놈이!!

S#25. 현규 카페 (낮)

각자 커피 놓고 자못 심각한 분위기로 앉아 있는 주익, 예지, 다인, 정민이다.

예지　　다 보셨잖아요. 머리들 있으니까 상황 판단 하셨을 거고.

정민 다인　(선불리 말 못 하는데)

예지　　(주익에게) 팀장님은 어떻게 생각하세요?

주익　　(커피 쭉 빨며) 아무 생각 없는데.

예지　　네 그럼 계속 그렇게 아무 생각 없는 걸로. 정민씨는?

정민　　(주저하다가) 근데.. 사정이 어찌됐든 (속닥) 불륜은 팩트잖아요.

예지　　(열 받아서!) 걔가 그럴 애야?

정민　　사람 일은 모르는 거죠. 보니까 그 남자 돈도 많아 보이던데…

다인　　(혼잣말 하듯) 돈 많으면 다 좋은가봐. 그럼 자기나 대표님 꼬셔서 만나지.

정민　　(확 다인 노려보고) 무슨 뜻이에요?

다인　　아니, 부자남자 만나는 거 부러워하는 거 같길래.

정민　　(기막혀 보는데)

주익	비위 좋다. 그런 말도 하고.
다인	아 갑자기 속 안 좋아졌다.
주익	(손목시계 보고) 합의 대충 끝난 거 같은데 가지? 퇴근은 글렀고 야근이라도 빨리 끝내고 싶으면?
정민	저는 아직 합의가… (하는데)
주익	(위압적으로) 안 끝났나?
정민	(깨갱. 냉큼) 끝났습니다.
예지	(그 꼴 보고 만족의 미소 짓고)

트레이에 다 마신 잔들 약속한 듯이 각자 올리며,

예지	근데 그거 알아요? (작게) 저기 카페 사장님이 여기 건물주 아들이래요.
다인 정민	대박…

동시에 카운터 바라보는데. 해사하게 웃고 있는 현규의 모습 보인다.

주익	(그저 묵묵. 고개조차 돌리지 않고)
정민	(속닥) 그럼 여기 펜트하우스 살겠네요? 건물주 아들이 여기 살면서 관리한다던데.
다인	(조용히) 지하주차장에 맨날 서 있는 빨간 스포츠카도 저 사람 거겠네. 건물주 아들 거라던데.
주익	(묵묵히 트레이 들고 일어서는데)

주익, 걸어가 무표정으로 현규에게 트레이 건네고.

현규	(환히 웃으며) 감사합니다. 또 오세요.

현규의 가슴팍에 선명하게 붙어 있는 '이현규' 명찰 보인다.

S#26. 라이프스토리 / 사무실 (밤)

예지, 다인, 정민 사무실 들어오다가 멈칫한다. 보면, 동경 언제 온 건지 사무실 들어와 편집하고 있다. 직원들 대부분 퇴근하고 편집팀만 남아 야근 중인 상황이다.

동경   (인기척에 뒤돌아보지도 않고 일하며) 오셨어요?

뒤늦게 들어오는 주익, 멈칫한 팀원들 사이 지나가며,

주익   퇴사한다며. (자리로 가 앉고)

예지   (주익 확 째리며 가 앉고)

동경   (화면 보며 손 움직이고) 안 된다면서요.

정민 다인 (슬금 자기 자리로 가 앉고)

각자 화면만 보며 대화 나눈다. 손은 계속 일하는 중이다.

주익   퇴근은 왜 안 하는데.

동경   아직 편집할 게 좀 남아서요.

주익   퇴사한다는 사람이 일은 왜 열심히 해.

예지   (이씨! 째려보며)

동경   그럼 팀장님이 대신 하실래요?

주익   열심히 해라.

예지   (조심스럽게) 이현 작가는 뭐래?

동경	그러겠다지 뭐… 반응 안 좋은 건 작가가 제일 잘 아니까…
주익	아까 지조 작가랑은 무슨 말 했냐.
동경	지조 아니고 지조킹이요.
주익	차마 풀 네임으로 부를 수 없어서 그래.
동경	그냥 좀 깠어요.
예지	(오 놀라고) 웬일이래. 그렇게 싫은 소리 안 하더니. 잘했다 야.
주익	담당자 바꿔달래. 예쁜 사람으로.
예지	웩. 얼굴로 편집하냐? 어이없네.
동경	예쁜 정민씨 시켜요.
정민	(휙 돌아보고) 저… 예뻐요?
다인	(건조하게) 웩. 아 죄송. 비위가 약해서.
정민	(이씨… 확 쳐다보고)
주익	내가 한다고 했다. 내가 제일 예뻐서.
일동	(피식)
주익	(아무렇지 않게) 근데 그런 놈은 왜 만났냐.
예지 다인 정민	(멈칫)
동경	카페에서 편집하고 있었는데 누가 지나가다가 노트북에 커피 엎을 뻔했거든요. 거의 다 했었는데. 80회 분량.
예지 다인 정민	(헉! 기함하는데)
동경	근데 갑자기 나타나서 지 몸으로 그 커피를 막아주더라구요.
예지	…인정.
다인	…인정.
정민	…인정.
동경	세탁비 준다고 했다가 커피 한잔하자고 했다가… 뭐… 목격하신대로…
주익	그래. 고생했네.
동경	(픽)

시간 경과.

다들 일에 몰두해 있는 모습이다. 동경, 기지개 쭈욱 켜다가 문득 책상 한편에 놓인 업무 다이어리 집어든다. 펼쳐보면 가득 적혀 있는 미팅, 연재 일정들. 뒤로 넘기면 아직은 아무것도 적히지 않은 다음 달 페이지들 보이고. 생각 많아지는 동경인데.

동경   (세 달 치 페이지 잡아올리며) (NA) 채울 수 있는 페이지는 겨우 이
          정도. 드라마나 영화에서 보면 죽음을 앞둔 사람들은 홀홀 잘도 떠
          나던데…
/ 멸망   아, 그리고. 소원 생각해두고. 탁동경.
동경   (비어 있는 페이지 보며) (NA) 떠날 돈도, 이룰 꿈도, 못다 한 사랑도
          없다. 십 년을 산다면 돈을, 꿈을, 사랑을 원하겠지만 나는 고작 백
          일을 살 뿐.
/ 멸망   그럼 너 말고 다른 사람이 죽어. 그 순간 니가 가장 사랑하는 사람.
동경   (NA) 그렇게 살아남은 세상은 결국 멸망과 다름없다.
/ 멸망   세상 멸망시켜달라며.
동경   (책상에 엎드리며) (NA) 피곤해… (고개 슬쩍 돌려 일하는 예지 보며)
          다들 이렇게 사는 걸까. 삶에게도 죽음에게도 괴롭힘 당하면서,

S#27. 병원 / 복도 (밤)

텅 빈 밤의 병원 복도를 홀로 걸어가고 있는 멸망. 그 위로,

동경   (NA) 산 것도 죽은 것도 아닌 것처럼.

그때 의료진들 멸망 스쳐 지나 뛰어간다. 멸망, 위급한 상황임을 깨닫고 빠른 걸음으로 소녀신의 병실로 향하는데.

S#28. 병원 / 소녀신 병실 (밤)

심정지 온 소녀신. 의사와 간호사들, 소녀신을 둘러싸고 CPR 처치 중이다. 병실로 들어서는 멸망. 조금 떨어져 지켜보고 있다. 분노와 체념 그 중간쯤에 서 있는 듯한 멸망의 얼굴. 잠시 후 힘없이 눈 뜨는 소녀신. 작게 쿨럭, 기침하더니 이내 힘겨워 눈물 흘리는데.

/ Cut to

안정 찾은 소녀신. 병실에 멸망과 단 둘만 남았다. 소녀신, 기대앉은 채로 발치의 멸망 바라보고.

소녀신   (작게 웃으며) 아무래도 이번 생은 스물을 넘지 못하지 싶어.
멸망   도대체가 무슨 신이 맨날 죽도록 아프고 죽도록 슬프고.
소녀신   세상이 존재하려면 누군가는 대가를 치러야 돼.
멸망   그 대가가, 이번엔 심장병이야?
소녀신   (왼쪽 가슴에 손 얹고) 아마도 그들이 여기서 가장 신을 원하니까?
멸망   그래. 그들이 당신을 태어나게 했으니까.
소녀신   아주 많은 인간이 신을 원한 순간 나는 눈을 떴지. 그러니 난 기꺼이 대가를 치를 거야. 그게 인간이 만든 신이 할 일이니까. 그리고, (멸망 보며) 그런 신이 만든 니가 할 일이고.
멸망   (그저 보면)

소녀신   너는 이미 알고 있어. 이 운명은 피할 수 없다는 걸.

멸망, 어떤 기억을 떠올리듯 순간 아득해지고.

S#29. 회상. 멸망의 집 / 방 안 (밤)

창문 하나 없는 어둡고 좁은 방 한구석에 홀로 식물처럼 앉아 있는 멸망. 괴로운 듯 두 귀를 감싸쥔다.

S#30. 현재. 병원 / 소녀신 병실 (밤)

소녀신   그 애는 세상을 체념하지 않을 거야. 니가 그랬듯이.
멸망   내가 체념하게 만들 거야.
소녀신   그래. 그렇게 된다 해도, 그게 가능할까?
멸망   신도 만든 인간인데 멸망쯤이야. 당신도 나도 결국은 인간의 뜻인
          데.
소녀신   그럼 나는 무슨 짓이든 해야겠네. 인간의 뜻이 그것뿐은 아니니까.
멸망   (보면)
소녀신   가봐. 열두 시가 되기 전에.
멸망   (뜻밖의 말에 움찔하고)
소녀신   신은 모르지 않아. 언제나 모르는 척하는 것뿐이지.

멸망, 굳은 얼굴로 돌아서는데.

S#31. 멸망 차 안 (밤)

멸망, 심각한 얼굴로 운전 중이다. 순간, 소녀신의 말 다시 떠오르고.

/ 소녀신   그럼 나는 무슨 짓이든 해야겠네.

멸망, 그대로 핸들 꺾는데.

S#32. 사진관 (밤)

팡 플래시 터진다. 보면, 동경 스튜디오에서 사진 찍고 있다. 환히 웃고 있는
동경의 얼굴, 갑자기 팍 구겨지고.

직원   (카메라 액정만 보며) 아니 아니 활짝 웃어볼게요. (하는데)

동경   죽고 싶나?

직원   (화들짝) 예?

동경   왜 왔어. 뭐 뺨 한 대 더 맞고 싶어서 왔어?

직원, 휙 뒤돌아보면 언제 온 건지 멸망, 뒤에 서 있다.

멸망   미안하다는 말을 평소에 그런 식으로 해?

동경   안 미안해.

직원   (사랑 싸움이구만… 다시 카메라 보고) 예. 다 찍고 싸우실게요. 웃으
세요.

멸망   웃어. 웃으래잖아.

동경   (열 받지만 환히 웃어 보이는데)

다시 팡 터지는 플래시.

/ Cut to

컴퓨터 화면 속에 금방 찍은 동경의 사진 크게 떠 있다. 동경, 보정하는 직원 옆에 앉아서 진지한 얼굴로 참견 중이다.

동경   여기 턱 조금만 더 쳐주시면 안 돼요?

직원   그럼 본인 얼굴이 아니잖아요.

동경   (진지) 그게 중요할까요?

직원   중요하죠. 증명사진은 본인 확인하려고 찍는 건데.

동경   이거 증명사진 아닌데.

직원   (? 해서 보면)

동경   (스튜디오 한쪽에 놓여 있는 노인의 영정사진 가리키며) 저 사이즈로 뽑아주세요. 액자도 끼우고. 보통 까만색으로 하죠?

직원   (! 아 이제야 무슨 소린지 알겠다. 얼굴 진지해지고) …눈도 좀 키울까요?

멸망, 멀거니 그런 동경과 직원 바라보고 섰는데.

S#33. 한강다리 (밤)

어둠이 내린 한강다리, 지나다니는 사람 없이 적막한 가운데 멸망과 동경, 나란히 걸어가고 있다. 동경의 품엔 사진 안겨 있고.

멸망	꼭 이렇게 해야 돼? 편하게 차 타고 가면 되는데.
동경	(앞만 보며 걸어가고) 니 차 안 탄다고. 무슨 일 있을 줄 알고.
멸망	그럼 버스라도 타지.
동경	말 걸지 마라. 나 그냥 걷고 싶으니까.
멸망	시간 참 허투루 쓰네. 지금 일분일초가 아까울 때 아닌가?
동경	(확 노려보면)
멸망	넌 시비를 걸어야 쳐다라도 보는구나.
동경	(!! 다시 휙 고개 돌리고)
멸망	인간들은 참 이상해. 왜 그런 걸 애써 남기려고 하는 거지. 어차피 보지도 못할 거.
동경	나 말고 다른 사람 보라고.
멸망	(보면)
동경	종종 내가 그러거든.
멸망	그럼 죽기로 결정한 거네.
동경	(확 열 받고) 원래 너 같은 것들은 너밖에 모르지?
멸망	(픽) 내가 얼마나 남밖에 모르는 놈인지 넌 몰라.
동경	(뭐야, 해서 보면)
멸망	지금도 봐. 뺨 맞고도 너 살려주겠다고 달려온 거. (손 내미는데)
동경	(보다가)
멸망	시간 간다.
동경	(자존심 상하지만 멸망의 손 붙잡는데)

그 순간, 옆에 서 있던 가로등 불 나가 깜빡거리는데. 손잡은 채로 가만히 고개 올려 가로등 보는 동경이고.

멸망	익숙해져. 나랑 걷고 싶으면.
동경	니가 그런 거야?

멸망	(덤덤하지만 못내 쓰리다) 내가 그런 건 아니지만 나 때문에 그런 거
	니까.

멸망, 동경의 손잡고 그대로 걸어나가는데. 동경, 얼떨결에 손잡힌 채로 따라
걷는다. 그때, 옆으로 쌩하니 달려가는 앰뷸런스 한 대, 사이렌 울리며 지나
쳐가고.

동경	혹시 저것도?
멸망	(앞만 보며) 때때로.

그러다 동경, 어딘가 올려다보며 걸음 늦춘다. '어제 서울지역 교통사고' 전광
판 보인다. '총 18건, 사망 2명, 부상 8명'. 저런 것도 혹시…?

동경	(질문하려는데)
멸망	맞아.
동경	(조금 충격이고) 어떻게 이런 식으로 살지…?
멸망	(픽 웃고) 난 살아 있지 않아. 그냥 존재하는 거지.

인서트. 1부

멸망	(NA) 난 그냥 멸망의 버튼이야… 내 걸음 한번…

/ 멸망, 걸어가는 자리마다 은행잎들이 후두두 떨어진다. (S#16)

멸망	(NA) 내 손짓 한번…

104

/ 멸망, 시동 걸자 쿵쿵쿵 추돌사고 일어나고. (S#18)

멸망   (NA) 내 숨 한번…

/ 멸망, 라이터 켜자 싱크홀 생기고. (S#21)

/ 다시 현재

멸망   내 모든 것이 멸망으로 이어져. 난 그걸 위한 존재야.
동경   …아무것도 안 하면?
멸망   (보면)
동경   니가 아무것도 안 하면…
멸망   (표정 무거워지고)

S#34. 회상. 멸망의 집 / 방 안 (밤)

멸망   (NA) 지옥이 펼쳐지지.

창문 하나 없는 어둡고 좁은 방 한구석에 홀로 식물처럼 앉아 있는 멸망. 그런 멸망의 귓가에 수많은 목소리들 들린다.

앵커   (E) 원인을 알 수 없는 이상기온이 계속 되고 있습니다. 10월임에
       도 불구하고 전국 곳곳에 폭염 및 가뭄이 발생해,
목소리1 (E) 올해 농사는 다 말아먹었죠 뭐.

멸망, 괴로운 듯 두 귀를 감싸쥐는데.

목소리2   (E) 저런 악마 같은 놈은 왜 죽지도 않아… 신이 있으면 저런 놈부
          터 데려가야,
목소리3   (E) 요즘은 정말 세상이 미쳐 돌아가는 거 같다니까요.
목소리4   (E) 이 망할놈의 세상!

S#35. 현재. 한강다리 (밤)

과거의 기억에 가라앉은 표정의 멸망. 동경, 그런 멸망 보다 입 뗀다.

동경   (혼잣말 하듯) 얻은 게 있으면 잃는 게 있다… 살면서 내가 얻은 건
          전부 내가 잃은 것들로 이룬 거다… 그 말 무슨 뜻인지 이제 알겠
          어.
멸망   (보면)
동경   겨울이 있어야 봄이 있고 어둠이 있어야 빛도 있고 죽음이 있어야
          탄생도 있다 뭐 그런 거지? 그러니까 니가 겨울이고 어둠이고 죽음
          이고.
멸망   (담담하고) 그래.
동경   니 말대로 너 정말 남밖에 모르는 놈이었구나. (픽) 왜 하필 지밖에
          모를 때 나한테 와가지고.
멸망   (쿵 뭔지 모르게 마음 흔들리는데)
동경   (아무렇지도 않게) 근데 손 언제까지 잡고 있어야 돼?
멸망   (괜히) 좋아서 계속 잡고 있는 줄 알았는데.
동경   (이씨… 손 탁 놓고 먼저 가는데)

먼저 걸어 나가는 동경의 등 바라보다가 문득 뒤도는 멸망. 가로등 깜빡깜빡, 꺼질 것처럼 느리게 불 들어오더니 다시 환히 불 들어온다. 그 모습 보는 멸망의 얼굴 묘해지는데.

S#36. 동경의 집 / 집 앞 (밤)

멸망과 동경, 조금 떨어져 나란히 걸어가고 있다.

동경   뭘 여기까지 따라와. 부담스럽게. 어쨌든 뭐 고맙다. 이제 가. 나 어디 도망 안 갈 거니까. (가려는데)

멸망   (불쑥) 내일도 볼까?

동경   뭐?

멸망   데리러 갈까?

동경   (보면)

멸망   선택해 니가.

동경   왜 이래? 갑자기.

멸망   아파서 바닥을 기든지 말든지.

동경   (기막혀) 너 약간 기분장애 같은 거 있어? 잘 나가다가 진짜… 야 우리 방금까지 좋았거든? 막 서로를 이해하고 서로의 존재를 탐구하고 어?

멸망   좀 매달려보란 소리잖아.

동경   (멈칫) 뭐. 너한테?

멸망   너한테 온 운명한테.

동경   !!

멸망, 동경을 가만히 바라보다가 그대로 뒤돌아 걸어 나가는데. 동경, 멍하니

107

멸망의 뒷모습 보고 서 있다. 그때,

대한   (E) 탁동경!!
동경   (획 돌아보면!!)

소리와 함께 갑자기 어두운 구석에서 대한 튀어나오는데. 멸망, 가던 걸음 멈춰 뒤돈다. 가로등 빛에 보이는 대한의 얼굴, 잔뜩 인상 써 제법 험악하다. 술에 취해 붉게 달아오른 얼굴로 거침없이 걸어오고!

동경   (본능적으로 한 발짝 물러나며) 뭐, 뭐야…
대한   (다가오며) 탁동경… 나 눈에 뵈는 거 없다 지금.
동경   (움찔하는데!!)
대한   (그대로 무릎 훅 꿇고!!)
동경   ?!!
대한   오빠가 미쳤었어… 동경아… 오빠 그거 다 진심 아니었다?
동경   (실소) 미쳤었어가 아니라 너 지금도 미쳤어… 미쳤네 이게?!
대한   (동경 다리 붙잡고 매달리며) 우리 사랑했잖아… 회사에서 그건 진심
         아니야. 개소리야. 이게 진심이야. 취중진담… 오빠가 많이 불러줬
         잖아 동경아… 기억나지?
동경   (다리 흔들며) 놔!! 안 놔?! 취했으면 집에나 갈 것이지 여길 왜 와?!
대한   (흐느끼며 노래하는) 그래~ 난 취했는지도 몰라~~ 실수인지도 몰라~
         음음음~

멸망, 멀찍이 떨어진 채로 그 모습 구경하고.

동경   (힘껏 발 빼는데!)
대한   (반동으로 나동그라지더니 냉큼 일어나 이번엔 동경의 팔 붙잡고 노래한

다)이젠 고백할게!! 처음부터 너를 사랑해왔다~~고!!

동경   (잡힌 팔 빼려고 실랑이하는데) 놔! 놓으라고!! 꺼지라고!! 내 인생에서!!

상황 재밌게 돌아가네. 멸망, 품에서 담배 한 대 꺼내 입에 물리는데, 그 순간 동경이 안고 있던 액자 놓친다! 액자, 쨍그랑 소리와 함께 바닥에 떨어져 와장창 깨지고. 대한, 액자 따위 안중에도 없고 동경에게 다가오느라 발로 액자 마구 밟는데. 멸망, 어쩔 수 없다는 듯 담배 도로 집어넣고, 그대로 성큼 두 사람에게 다가온다. 멸망, 손으로 대한 멱살 잡아 밀치고 두 사람 사이에 서는데.

대한   야 놔봐. (켁켁)

멸망   그거 소원인가?

동경   (놀라 보고) 뭐?

멸망   꺼지라고. 내 인생에서. 그거.

동경   미쳤어?! 이런 놈한테 내 소원을 쓰게?

대한   놔보라고!!

멸망   그럼 뭐 이렇게 처리할까?

동경   (? 해서 보는데)

멸망   여보.

동경   !? 여보??

멸망   (윙크해 보이며 입모양으로) 서비스.

대한   여보?? 야 탁동경! 이 새끼 뭐야!!

멸망   자기가 말한 그 지긋지긋한 놈이 이놈이구나? 여긴 나한테 맡기고 자기는 얼른 들어가서 밥 먹어. 자기가 좋아하는 오이냉국 해뒀어.

동경   자기…? 오이냉국…?

대한   야 탁동경!! 너 남자 있었냐? 살림 차렸어? (하다가) 그래. 차라리 잘 됐어. 내가 유부남인 거 속인 거랑 너 동거하는 거랑 쌤쌤 치고 우

리 다시 시작… (하는데)

선경   (E) 니네 다 뭐냐…?

세 사람, 동시에 소리 나는 쪽 돌아보면, 선경이다! 슬리퍼에 추리닝 차림으로 삐딱하게 서 있고. 사탕 물고 있는지 한쪽 볼이 볼록 솟아 있다. 선경, 천천히 손 뻗어 쓰레기더미에 놓여 있는 부서진 밀대 같은 거 하나 주워드는데.

선경   뭐냐고. (사탕 불량하게 훅 바닥에 뱉고)
동경   (미치겠다…) 야 그게 아니고…
선경   (밀대 들어 두 명 가리키며) 언놈이 동거고 언놈이 유부남이야. 일단 유부남부터 맞자.
대한   !!

대한, 제 멱살 잡은 멸망의 손 밀치고는 그대로 줄행랑인데! 선경, 밀대 든 채로 "야!!" 소리 지르며 대한 쫓아 뛰어간다! 멀뚱히 남은 동경과 멸망, 잠시 정적이 흐르고. 동경, 스륵 주저앉더니 깨진 유리조각들 맨손으로 치우기 시작한다. 멸망, 가만히 서서 보고 있고.

동경   아.

그때, 동경의 짧은 신음. 보면, 동경의 손가락, 유리에 베여 피가 난다.

동경   (들고 있던 유리 확 집어던지고) 하씨… 진짜…
멸망   (그저 동경의 머리꼭지 쳐다보고)
동경   (짜증이 나다 못해 웃음이 난다) 진짜 웃겨… 어이없어… (웃음 새어나오는데)
멸망   (동경의 앞에 마주 앉더니 손 뻗는데)

동경   됐어. 내가 할게. 도와줘서 고맙… (하는데)

멸망   (그대로 동경의 다친 손가락 붙잡고)

동경   !!

그대로 슥, 동경의 상처난 손가락을 쥐어 어루만지는 멸망. 동경의 피가 멸망의 손가락에 그대로 묻는다. 멸망의 손이 지나가고 나면 동경의 손가락 상처 사라지고 없다.

멸망   안 아프게 해준다고 했으니까.

동경   !!

멸망   (쳐다보지 않고 그대로 유리조각 치우며) 내 생각할 만하네.

동경   (무슨 소리지? 해서 보면)

멸망   도대체 어떤 인간이 하필 그 순간 그런 소원을 비나 했더니.

동경   …그게 왜 니 생각인데.

멸망   (쳐다보지 않고 계속 치우며) 멸망이 곧 나니까.

동경   !!

멸망   같은 시간에 나와 같은 생각을 해준 사람은 너밖에 없었어.

동경   (알 수 없이 마음 일렁이는데)

멸망   (보며) 고맙게 생각해. 여러 의미로.

멸망, 액자 위 유리조각들 다 떨어낸 후 동경에게 건넨다. 얼결에 받아드는 동경. 멸망, 그대로 일어서 걸어나가는데. 동경, 천천히 일어나 뒤돌아 멸망 홀린 듯 바라본다. 멸망, 못 피운 담배 다시 꺼내들어 입에 무는데.

동경   야.

멸망   (담배 문 채로 돌아보면)

동경   안 되겠다.

멸망	(보면)
동경	(단단한 얼굴로) 같이 살자, 우리.
멸망	?!

황당한 듯 슬쩍 벌어지는 멸망의 입술. 물려 있던 담배 대가리가 아래로 툭 꺾인다. 그런 멸망을 곧게 바라보고 있는 동경의 얼굴. 그렇게 마주 본 두 사람의 모습에서…

2부 엔딩!

3부

S#1. 회상. 장례식장 (밤)

1부 S#31에서 이어진다. 웃고 있는 동경모와 동경부의 영정사진 앞으로 향연기 피어오르고.

동경   (NA) 불행은 갑자기 찾아온다. 불청객처럼.

상복 입고 덩그러니 앉아 있는 열 살의 동경과 일곱 살의 선경. 동경이 선경의 손 꼭 잡고 있다. 친척 어른들, 저들끼리 모여 무어라 얘기 나누는 중인데.

친척1   그래도 핏줄인데 집안에서 거둬 키워야지.
친척2   그럼 형님이 키우실 거예요? 남의 애 키우는 게 어디 쉽나.
친척3   (위하는 척) 그래. 쟤들도 괜히 눈칫밥 먹고 클 바에 그냥 어디 시설 에다가, (하는데)
친척1   (눈치 주며 목소리 낮추고) 애들 들어요.

친척들, 괜히 헛기침하며 동경과 선경 눈치 본다. 선경, 알아듣기라도 한 듯 울먹이기 시작하면 동경이 잡고 있던 손 더 꽉 쥐고. 선경, 놀라 동경 올려다 보면 동경, 일부러 선경 향해 배시시 웃어보인다.

친척3   수자는.
친척1   아까 비행기 탔대요. 제주도에서 오니까 암만해도 좀 걸리겠지.
친척2   수자 온다고 뭐 달라져요? 아무리 자매가 서로 좋아 죽어도, 막말 로 처녀가 애 둘 맡아 키울 것도 아니고.
친척3   아휴. 애들 정붙였다 떼는 게 더 힘들지. 애들 장래를 위해서라도 보육원이 최선이라니까. (하는데)
수자   (E) (거칠게) 퍽이나 애들 생각해주네.

동경   (NA) 행운이라고 친절하게 찾아오는 것도 아니다.

친척들, 화들짝 놀라 돌아보면 동경모와 꼭 닮은 얼굴을 한 서른 살의 수자
다. 수자, '강수자' 명찰 달린 카지노 딜러 유니폼 차림이고. 조금 헝클어진 머
리에, 운 탓인지 화장이 번져 있다.

동경   (NA) 때로 불행과 행운의 얼굴은 같고,

수자, 분노와 울음기 역력한 채로 친척들 사이를 거칠게 가로지르고. 친척들,
지레 놀라 뒷걸음질로 수자 가는 길 피해준다. 수자, 그대로 가 앉아 있는 동
경과 선경을 한 품에 와락 껴안는다. 동경과 선경, 그저 수자 품에 파묻힌 듯
안겨 있고. 수자, 눈물 그렁한 채로 노려보듯 영정사진 올려다본다. 수자의
분노한 얼굴과 달리 영정사진 속 동경모의 얼굴엔 은은한 미소 번져 있다.

수자   (영정사진 노려보는 채로 눈물 후두둑. 그러나 눈 떼지 않고) 애들, 내가
           키워요.
친척2   (!!) 아니 시집도 안 간 처녀가 무슨…!
친척1   그래, 수자야. 니 맘은 우리도 알지. 근데, (하는데)
수자   (바락 악 쓰며) 내가 키운다고!!!

그 소리에 놀란 선경, 와앙 눈물 터지고. 동경은 알 수 없는 얼굴로 그저 울고
있는 수자의 옆얼굴을 힐끗 바라본다.

동경   (NA) 나는 여전히 그 둘의 얼굴을 잘 구분하지 못한다.

S#2. 현재. 동경의 집 / 집 앞 (밤)

멸망   같은 시간에 나와 같은 생각을 해준 사람은 너밖에 없었어.

동경   (알 수 없이 마음 일렁이는데)

멸망   (보며) 고맙게 생각해. 여러 의미로.

멸망, 액자 위 유리조각들 다 떨어낸 후 동경에게 건넨다. 얼결에 받아드는 동경. 멸망, 그대로 일어서 걸어가는데. 동경, 천천히 일어나 뒤돌아 멸망 홀린 듯 바라본다. 멸망, 못 피운 담배 다시 꺼내들어 입에 무는데.

동경   야.

멸망   (담배 문 채로 돌아보면)

동경   안 되겠다.

멸망   (? 해서 보면)

동경   (단단한 얼굴로) 같이 살자, 우리.

멸망   ?!

동경   (NA) 너는 내게 어떤 얼굴로 온 건가.

황당한 듯 슬쩍 벌어지는 멸망의 입술. 물려 있던 담배 대가리가 아래로 툭 꺾인다. 그런 멸망을 곧게 바라보고 있는 동경의 얼굴.

동경   (NA) 행운인가? (사이) 불행인가? (사이) 그 무엇도… 아닌가.

멸망   (가만 보다가 픽 웃고 선선히) 그래.

동경   (그제야 정신 퍼뜩 들고) … 어?!

S#3. 동경의 집 / 욕실 (밤)

세숫대야 앞에 웅크려 앉아 찬물로 연거푸 세수하는 동경. 이내 고개 들어 물 뚝뚝 떨어지는 얼굴로 비장하게 한쪽에 올려 둔 탁상거울 바라보는데.

동경   (NA) (확 다른 태도로) 불행이야 뭘 물어.

이내 망했다는 표정으로 벽에 이마를 콩… 콩… 찧는다.

동경   (NA) 거기서 같이 살자 소리가 왜 나와.
동경   (입모양으로만 절규) 왜!! 왜!! (눈 질끈…)

그러다 눈 번쩍 뜨고 벌떡 일어나 수건 확 잡아채 거칠게 얼굴 물기 닦는다. 그대로 결연하게 목에 수건을 턱 걸어 양손으로 잡는데.

동경   취소하자. 쪽팔림은 순간이야.

후, 심호흡하고 욕실 문 열어젖히며,

동경   야 아무래도 내가 아까 아파가지고 잠깐 헛소리를… (하다가 눈 휘둥 그레) 뭐야?

S#4. 멸망의 집 / 거실 (밤)

동경, 눈앞에 멸망의 집 풍경 펼쳐져 있다! 멸망, 소파에 앉아서 동경 거들떠 도 안 보고 책에만 시선 꽂혀 있다. 리처드 도킨스의 《만들어진 신》이다. 동경, 문손잡이 잡은 채로 고개만 빼 욕실 문 바깥 보는데 멸망의 집 욕실 문이고, 다시 몸 빼서 욕실 안쪽 문 보면 동경의 집 욕실 문이다.

멸망　　(책에 시선 꽂은 채로) 같이 살더라도 거기선 못 살겠어서. (책 내리며 흘끗 동경 보고) 근데 뭐, 헛소리를 했다고?

동경　　(뒤도 안 돌아보고 욕실문 쾅 닫으며) 누가? 내가? 아니? 난 태어나서 한 번도 헛소리라는 걸 해본 역사가 없어.

멸망　　(다시 책 들어보며) 뭘 또 역사까지.

동경　　여기서 제일 가까운 역사가 어디니. 여기 무슨 동네야? 몇 호선? …

멸망　　(대답 없이 책만 보고)

동경　　(앞말에 이어서) …은? 뭐 천천히 알아가면 되겠지?

동경, 신나서 이곳저곳 누빈다. 술장 등 장식되어 있는 백자도 들여다보고.

동경　　이 술병 좋다. (휙 돌아보고) 비싸?

멸망　　(한심… 대답 않고 책만 보고)

동경　　(막 돌아다니며 탁자 쓰다듬고) 이 탁자 좋다. 비싸?

멸망　　(대답할 가치가 없군…)

동경　　(소파로 와 멸망 옆자리에 털썩 주저앉아서 방방 뛰어보며) 이 소파 좋다. 비싸?

멸망　　(책 탁 내려놓고) 왜 자꾸 말 걸어. 뭐 읽는 거 안 보여?

동경　　그니까. 너도 시비를 걸어야 쳐다보네.

멸망　　(할 말 없고… 보다가) 너 나한테 반했지.

동경　　!? 뭐?

멸망　　(다시 책 들며) 맞네.

동경　　아니거든?

멸망　　(영혼 없이) 그래.

동경	진짜 아니거든?
멸망	아니면 너 문제 있는 거야. 아무한테나 막 같이 살자고 하고.
동경	아무 아니니까 같이 살자고 했지.
멸망	(보면)
동경	매달려보라며. 운명이라며.

인서트. 2부 S#36

멸망	좀 매달려보란 소리잖아.
동경	(멈칫) 뭐. 너한테?
멸망	너한테 온 운명한테.

/ 다시 현재

동경	니가 뒤돌아서 가는데 갑자기 그 생각이 들더라고. 아 저러다가 나 모르게 휙 사라지면 어떡하지?
멸망	안 그래.
동경	잘해줬잖아. 꼭 사라질 것처럼.
멸망	(보면)
동경	잘해주는 사람들은 꼭 사라져. 난 그랬어.
멸망	슬픈 말을 되게 아무렇지도 않게 하네.
동경	열두 시 땡쳤는데 니가 안 나타나면. 갑자기 소원이 생겼는데 니가 안 나타나면.
멸망	(보면)
동경	그래서 그래.

멸망   알았어.

동경   그래서 그런다니까?

멸망   알았다고.

동경   진짜야!

멸망   …진짜라는 거야 아니라는 거야.

동경   소원 생기면, 아니다. 소원 이루면 내가 너 풀어줄게.

멸망   내가 뭐 인질이야? 누가 할 말을 지금, (하는데)

동경   (벌떡 일어나서 집 휘휘 둘러보며) 밥은 어디서 먹어? 너 잠은 어디서
        자는데? 내 방은 어디? 나 어디서 자면 돼?

멸망   난 뭘 안 먹고, 잠은 안 자고, 니 방은 없고, 고로 잠은 (대강 손짓으로
        바닥) 뭐 이쯤. 아무데나.

동경   (휙 노려보고) 방이 이렇게 많은데.

멸망   방이 이렇게 많아도 니 방은 없어서.

동경   (이씨…) 실례.

하더니, 동경, 그대로 눈앞에 보이는 아무 방문 벌컥 열어젖힌다. 그런데 눈
앞에 나타나는 건 새로운 방이 아니라 거실이다! 문 밖으로, 그리고 뒤로도
보이는 멸망의 모습. 멸망, 소파에 천연덕스럽게 그저 앉아 있고. 이씨! 동경,
다시 다른 방문 열어젖히는데 또 거실이다. 또 다른 문 열면 또 거실.

멸망   니 방은 없다니까.

동경, 열 받아 돌아보는데 그때 어디선가 띵동 초인종 소리 들린다.

선경   (E) 누나!!

동경   (허공 막 둘러보며) 뭐야? 어디서 나는 소리야?

멸망   집 앞에 개 왔네.

동경	개?
멸망	개. 하긴 개 비슷한 거 같기도 하고.
선경	(E) 누나!! 야 탁동경!!
동경	탁선경?! 여길 어떻게 알고?
멸망	걘 너희 집을 찾아왔겠지.
동경	뭔 소리야?
멸망	뭔 소린지는 열어보면 알고. (턱짓으로 현관 가리키고)

동경, 주춤주춤 현관 향해 가는데.

S#5. 동경의 집 / 옥상 (밤)

동경, 문 빼꼼 열어서 바깥 살피는데. 바깥 풍경, 동경의 집 앞 풍경이다!

동경	와씨… 능력치 진짜…

선경, 조금 떨어져서 등 돌려 누군가와 영상통화하고 있다.

선경	어 이모~ 오늘 무슨 일이 있었냐면 누나가~ (하는데)

동경, 집안 보일까 후다닥 나와 문 닫고 선경 뒤에 바짝 붙어 서는데.

동경	(선경 목 뒤에 대고 읊조리듯 빠르게) 헛소리해봐. 용돈 없다.
선경	(자연스럽게) 너어무 잘해줘! 진짜 너무 잘해주고~ 나 진짜 너무 행복하고~ 누나 없으면 못 살고 나는~
동경	수자씨~ 타국의 자연광 아래서 보니 더 아름다우시네~

수자   (익숙하고) 그래. 뭐가 됐든 탁선경 니가 잘못했겠지.

핸드폰 화면 안의 수자, 햇살 들어오는 창가 앞에 앉아 커피 마시며 통화 중이다.

선경   뭘 또 내가 잘못해! 이모는 맨날 누나한테만, (하는데)
수자   돈 보냈다.
선경   (바로) 이모 진짜 사랑합니다. 효도할게요. 효도만을 위해 사는 남자. 내 이름 탁, 선, 경…
수자   이눔시끼야. 니네 누나한테나 효도해. 누나 통장으로 보냈으니까.
선경   뭐? 아 왜! 이거 명백한 차별이야!
동경   (미안하고) 무슨 돈을 보냈어 또… 나도 버는데.
수자   돈 줘야 어른 노릇하지. 잔소리도 하고. 선경이놈 헛짓하면 돈 너 다 가져라.
선경   이모!! 탁동경 수전노야!! 수중에 돈 들어가면 안 내놓는다고!!
동경   수전노? 니가 그런 말도 알아? 대학 보낸 보람 있네.
선경   (우씨!!)
수자   (흐뭇) 어쩌 니네는 하나도 안 컸어?
동경   이모. 얘 군대도 다녀온 시커먼 놈이야.
선경   시커멓기는? 내가 탁동경보다 하얘. 이모. 이거 탄 거야!
수자   (풉 터지고) 너 하는 꼴 보니까 동경이가 너 돈 안 주겠다. 한국은 잘 시간이지? 뽀시래기들 그만 싸우고. 잘 자고.
동경   어어, 이모, 걱정 말고! (이모에게 손 흔들며) 나중에 또 통화해요.
선경   아 이모!! 잠깐만!! 잠깐만!!

동경, 영상통화 종료한다.

선경	(핸드폰 주머니에 넣으며 새치름하게 동경 노려보면)
동경	뭐.
선경	뻔뻔하기가 아주? (박수 빡빡 치며) 이야~ 너는 진짜~
동경	(확) 너느은? 이게 진짜 누나한테!
선경	그 박력 그 새끼한테 좀 쓰지 왜 맨날 혈육한테 쓰실까?
동경	너 개 어떡했어. 설마 개 팼어?
선경	지금 유부남 걱정하냐?
동경	니 걱정한다, 니 걱정! 그런 쓸데없는 놈 건드렸다가 너 전과 생길까봐.
선경	걱정 마. 잘 처리됐어. 하늘이 도우셨다.
동경	(? 하는데)

S#6. 회상. 골목길 (밤)

선경, 험악한 얼굴로 밀대 들고 대한 쫓아간다! 골목길 끝엔 4차선 도로 보이고. 대한, 뒤돌아 선경 위치 확인하면서 가파른 내리막길 막 내달린다!

선경	야 거기 안 서냐!! (하다가, 놀라 멈춰 선다) 어? 어어?

순간, 끼익— 쾅! 하는 소리! 동시에 어이쿠! 하며 찌푸리는 선경의 얼굴만 보인다. 선경, 들고 있던 밀대 버리듯이 투둑 떨어뜨리고는 곧바로 핸드폰 꺼내 들어 틱틱 번호 누르고.

선경	거기 119죠. 교통사고 신고요.

멀리서 앰뷸런스 사이렌 소리 울리고.

S#7. 현재. 동경의 집 / 옥상 (밤)

선경   죽진 않았어. 그 새끼 반응속도가 거의 페이커였음.

동경   (못 알아 들어서 멍…)

선경   개 빨랐단 얘기야. 그래도 전치 8주는 나오겠더라. 한 놈은 처리됐고, 나머지 한 놈 어딨어. (현관문 향해 가려는데)

동경   (동선 탁 가로막으며 진지하게 가라앉아서) 너 왜 안 물어보냐.

선경   (보면)

동경   유부남이랑 왜 만났는지 왜 안 물어보냐고.

선경   아 뭘 물어봐. 뻔하지. 작정하고 속이는 놈을 어떻게 이겨. 걔가 잘해주디? 누나 원래 잘해주는 사람한테 약하잖아.

동경   (찡하기도 하고 미안하기도 하고 창피하기도 하고 마음 복잡하다)

선경   그러게 내가 잘해준다고 다 좋은 사람 아니라고 몇 번을 말해. 모지리 모지리… (말 돌리며) 아 비켜!! 한 놈 어따 숨겨놨냐고! 집에다 숨겼지? 내 이 자식을!

선경, 막무가내로 동경 지나쳐 현관문 향하고. 동경, 뒤늦게 정신 차리고 선경 막으려는데! 선경, 말릴 틈도 없이 현관문 벌컥 연다!

동경   (황급히) 야!! (하는데)

현관문 열리고. 현관문 안, 어느새 동경의 집 풍경으로 돌아와 있는데! 거실엔 다행히 아무도 없다!

동경   (휴…)

S#8. 동경의 집 / 거실 (밤)

선경, 신발 벗고 들어와 한 손에 슬리퍼 하나 주워 쥐고 샅샅이 뒤진다. 욕실
문도 열어 확인하고. 동경, 선경 옷 끄집어 당기며 말려보는데. 선경, 옷 늘어
나든 말든 아랑곳 않고 뒤진다.

선경   야 나와! 나오라고!
동경   아 없다니까!

선경, 동경의 침실 문 열어젖히는데! 우뚝 굳은 선경, 손에 쥔 슬리퍼 툭 떨어
뜨린다. 설마? 동경, 선경 어깨 너머로 얼른 침실 안 살피는데. 멸망, 한 손으
로 머리 받친 채 동경의 침대에 여유롭게 누워 있다.

멸망   안녕, 처남.
동경   누가 처남이야!!
선경   (동경 보며 비아냥) 아주 참 잘 숨겨놨다. 침대 위에 떡하니.
멸망   난 나름 노력했어. 아니 숨을 데가 없더라고. 좀 넓은 데로 이사 가
           는 건 어때 여보.
동경   (미치겠고!!) 야!!

S#9. 동경의 집 / 거실 (밤)

테이블을 사이에 두고 모여 앉아 있는 세 사람. 멸망과 선경은 마주 앉아 있
고 가운데 동경이 앉아 있다. 날 선 눈빛으로 멸망 노려보고 있는 선경. 멸망
은 그저 심드렁하다.

선경	그니까 그게 다 작전이었다? 동거 어쩌고 그게 다?
동경	(냉큼) 어 그렇다니까? 그놈 떼낼려고.
선경	(쳐다도 안 보고) 누난 빠지셔.
	(멸망 살피며) (NA) 묘하게 여유 있네? 저런 건 보통 돈인데.
멸망	(들린다… 피식)
선경	(NA) (미간 꿈틀) …웃어?
동경	(안절부절못하는데)
선경	(대뜸) 술 한잔하시죠.
동경	술? 갑자기 뭔 술.
선경	누난 가만 있어. 남자는 자고로 술을 먹여봐야 진가를 알 수 있는 법이야.
동경	(갈잖고) 술 살 돈은 있고?
선경	(진지한 얼굴로) 그래서 말인데. 누나. 만 원 정도 빌려줄 수 있어?
동경	(한심하고…)
선경	(NA) 얼굴이 지나치게 비현실적이야. 돈도 있고 얼굴도 있는 놈이 왜 암것도 없는 우리 누나를… (하는데)
멸망	동의하는 바야.
선경	(속마음 들킨 양 놀래서) 예?
멸망	술 한잔하자고.

/ Cut to

빈 맥주캔 서너 개 탁자 위에 구겨진 채로 있고. 선경은 이미 거나하게 취했다. 동경, 오징어 씹으면서 그런 선경 한심하게 보고 있고.

| 선경 | 우리 누나는 내가 암 생각도 없이 막 사는 줄 안다니까요. |

동경	맞잖아.
선경	진짜 내가 답답하다 답답해!
	(NA) 나도 계획이란 게 있고 생각이란 게 있는 사람이라고.
멸망	(선경의 마음 다 들리고 피식) 그래. 다 계획도 있고 생각도 있는데 그치?
동경	(뭔 소리야? 하면서 멸망 보고)
선경	(화들짝 놀라서) 맞아요 맞아요! 크흡…
	(맥주 들이켜며) (NA) 진짜 아무것도 모르면서… 내일부터 다 할 건데…
멸망	꼭 하려고 하면 사람들이 언제 할 거냐 어떻게 할 거냐 하면서 기분 초쳐놓고.
선경	와… 뭐 장군 같은 거 모셔요? 사람 진짜 잘 보시네.
	(NA) 내 맘 누가 알겠어… 외롭고 힘들어도 일부러 씩씩한 척 사는 건데…
멸망	(선경 어깨 툭) 외로우면 외로운 척하고, 힘들면 좀 힘든 척하고 그래. 너무 씩씩한 척 말고.
선경	(울컥하다가) …오케이! 합격!
동경	(멸망에게 뭐라고 하려다가 놀라서) 합격?
선경	(멸망 손 덥석) 잘 부탁합니다. 우리 누나.
동경	니가 뭔데 날 부탁해!!
멸망	(그저 웃고 있고) 잘 부탁해. 처남.
동경	야!
선경	(손목시계도 없는 손목 보면서 일어나는) 아이고오 시간이 벌써 이렇게 ~ 난 이만 가봐야겠네~
동경	어딜 가 이 시간에. 자고 가.
선경	아니야. 나도 눈치가 있는 놈이야 누나. (찡긋 윙크하는데)
동경	뭔 눈치. 눈탱이 맞을래?

선경	더 놀다가세요 매형~ 술도 많이 남았는데. (하더니 껄껄 웃으며) 아
	이고 나도 모르게 매형이라고 했네.
동경	야!! 야!! 탁선경!!
멸망	멀리 안 나가네 처남. (손 흔들어주고)

선경, 비틀거리며 후다닥 문 밖으로 나가고. 멍하니 뒷모습 보고 있던 동경, 멸망 째려보면, 멸망, 아무것도 모른다는 듯 빙긋 얄밉게 웃어 보이는데.

S#10. 동경의 집 / 부엌 + 거실 (밤)

동경, 고무장갑 끼고서 설거지 중이다.

동경	(등 돌린 채로 설거지하며 중얼) 지 외롭고 힘든 거 내가 왜 몰라. 너도
	그래. 들린다고 그걸 다 들어? 그런 거 진짜 노매너야.
멸망	(책 보며 심드렁) 들리는 걸 어쩌라고.
동경	안 듣는 노력이라도 해야지. (열 받아서 팩 뒤돌며) 하는 짓은 미국놈
	이면서 어째 매너가, (하는데)

등 뒤의 풍경 완전히 달라져 있다! 입이 떡 벌어지는 동경. 동경의 집과 멸망의 집이 벽 없이 맞닿아 있다. 두 집안의 조명 색조차 다르다. 환한 형광등 조명의 동경의 집과 달리, 멸망의 집은 간접조명과 스탠드 불빛으로 안락하고 어둑하다. 동경이 놀라거나 말거나 멸망은 저만치 자신의 집 거실 소파에 앉아서 담배 하나 문 채로 라이터 켜려는데.

동경	야!!
멸망	(담배 빼며) 왜. 내 집에서 담배도 못 피워?

동경   그니까!! 여긴 내 집인데 거긴 어떻게 왜 니 집이야!

멸망   (담배 탁 내려놓고) 아까 같은 상황 벌어질 수도 있고, 난 담배도 피 워야 되고, 니가 내 집을 마음에 들어하는 것도 마음에 안 들어서?

동경   (허… 기막히지만 물러서기 싫고) 그래. 그렇게 나온다 이거지? 좋네. 집도 훨씬 넓어진 거 같고. (뒤돌아 다시 설거지 우당탕 마무리하며) 아 니 이럴 거면 그냥 같이 살자는 말을 말지.

멸망   같이 살자는 니가 말했는데.

동경   (맞는 말이라 반박을 못하겠다. 아씨… 하는데)

멸망   아까 걔지? 니가 가장 사랑하는 사람.

동경, 설거지 탁 멈춘다. 이어 수도꼭지 내려 잠그고는 비장하게 고무장갑 벗 어 정리하더니 뒤돈다.

동경   걔 아냐.

멸망   (알겠다는 듯) 음~

동경   걔 아니라고 했다?

멸망   (대답 없고)

동경   너 걔 어떻게 할 생각 하기만 해봐?

멸망   걔를 어떻게 할지 생각하는 건 니 몫이지. 내 몫이 아니고.

동경   !

동경과 멸망의 눈빛 팽팽하게 부딪친다.

동경   오냐. 그렇게 나온다 이거지?

동경, 그대로 침실 들어가서 이불 품에 안고 나오더니 소파에 이불 깔기 시작 하는데.

멸망	왜 거기다 이불을 깔아?
동경	나 자는 사이에 니가 우리 집에 무슨 짓 할까봐.
멸망	원하면 해볼게.
동경	(확 쩨려보며) 나 잠귀 밝다.
멸망	자랑하는 타임이야? 난 사람 죽일 수 있어.
동경	(말을 말자 싶다) 됐다. 잠이나 자. (누워서 이불 꼭 덮는데)
멸망	아까도 말했는데 난 먹지도 자지도 않아. 인간이 아니라서.
동경	(발딱 고개 들고) 케이크 먹었잖아.
멸망	그냥 분위기 맞춘 거지.
동경	(한심) 아 그러세요? 분위기 맞춰서 불이나 끄세요, 그럼.
멸망	(책 들어 보이며) 책 봐야 돼서.
동경	(분통 터지고!! 후… 내가 참자 참아… 겨우 화 삼키고 소파 등받이 쪽으로 얼굴 향하게 눕는데)
멸망	(여전히 책 보고 있고)

둘 사이로 잠시간 사락사락 책장 넘기는 소리만 들린다.

동경	(눈 감고) 세상이 꼭 멸망해야 한다고 생각해?
멸망	(책 보며) 딱히.
동경	근데 왜 이렇게까지 하는데.
멸망	절대 존재해야 하지도 않으니까.
동경	너 같은 존재들은 인간들을 가엾게 여기던데. 특히 나 같은 인간을.
멸망	(같잖고. 피식) 어디 친한 존재 있나봐?
동경	내가 본 판타지물에선 대개 그래.
멸망	인간은 어차피 다 시한부야. 그걸 깨닫기 전까지만 영원히 살지. 다 하찮고 다 똑같아.

동경	(많은 생각 들고…)
멸망	다 똑같으니 특별히 누구 하나 가여울 일도 없지.
동경	(잠에 빠져간다. 느릿하게 웅얼) 가여워하는 건 마음이야. 일이 아니라.
멸망	난 인간이 아니라 마음이 없어서.
동경	…거짓말 하네. 나랑 같은 시간에 같은 거 생각했다고 지가 그래놓고.
멸망	(놀라서 보는데)

동경, 그대로 잠든다. 멸망, 동경의 잠든 얼굴 보다가 다시 시선 돌려 책 보는
데. 사락사락 책장 넘어가는 소리, 새근새근 동경의 숨소리가 섞여 들리고.
멸망, 왠지 집중이 안 된다. 고개 틀어 다시 보면 동경, 찌푸린 채다. 하… 결
국 멸망 책 내려놓고 손 뻗어 스탠드 끈다. 그러자 동경의 얼굴 편안해진다.
똑바로 돌아눕는 동경. 멸망, 그런 동경의 얼굴 흘끗 보더니 소파에 드러눕는
다. 마주 본 듯한 느낌으로 소파에 누워 있는 두 존재. 멸망, 어둠 속에서 그저
눈만 깜빡이고 있다. 그 밤이 그런 채로 지나간다.

S#11. 몽타주. 동경의 꿈

아주 오래전 기억이 뿌옇고 왜곡되어서 이리저리 꿈으로 뒤섞여 나타난다.

/ 동경을 향해 환한 얼굴로 손을 뻗는 엄마와 아빠.

/ 계곡 물가에서 어린 동경과 선경에게 수박 먹이는 엄마. 그들에게 물
장난 치는 아빠.

/ 생일 고깔모자 쓴 어린 동경. 엄마와 아빠, 선경과 함께 케이크 촛불 불어 끄는 행복한 한때.

/ 영정 사진 앞에 향 피어오르고 부모의 영정사진을 멍하게 바라보는 어린 동경.

/ 장례식장 안 선경의 손을 잡고 있는 동경의 손.

/ 수자에게 안기는 어린 동경과 선경.

/ 수자의 어깨 너머로 저 멀리 장례식장으로 들어서는 한 남자(멸망), 얼굴은 보이지 않는다.

/ 다른 장례식장 바닥에 무릎을 꿇고 앉아 있는 한 남자(멸망)의 뒷모습.

S#12. 동경의 집 / 거실 (다음 날 아침)

그대로 헉, 눈 뜨는 동경. 익숙한 천장이다. 어색하게 눈 끔뻑끔뻑거리고 있는데.

멸망   잘 잤어?

동경, 또 헉 놀라서 소리나는 쪽 돌아보면 멸망, 벽걸이 달력 앞에서 뒤돌아 무언가 하고 있다.

멸망   좋은 꿈을 꿨나보네.

동경	너 혹시 내 꿈에 들어왔었어?
멸망	(뒤돌아보며) 내가? (다시 돌아서서 달력에 X 표시 하며) 아니? 나 그냥 니 집에 들어와 있는데.
동경	…뭐 하냐.
멸망	(달력 잘 보이게 몸 살짝 옆으로 틀며) 위기감 조성.
동경	(이씨!! 베개 확 던지고!!) 나가!

S#13. 동경의 집 + 멸망의 집 (아침)

동경, 거실 테이블 앞에 앉아 우유에 만 시리얼 먹고 있다. 멸망은 자기 집 소파에 앉아 영자 신문 한 손으로 접어들고 보고 있다. 동경, 한 손으로 시리얼 먹으면서 한 손으로 업무 다이어리 펼치고, 펜 달칵 누른다.

동경	정확하게 정리하자.
멸망	(그러시든가 하는 얼굴로 신문 보고)
동경	그러니까 계약 내용이 (1. 옆에 적으며) 죽기 전에 세상을 멸망시켜 달라고 하기.
멸망	(긍정의 표현으로 대답 없고)
동경	(2. 옆에 적으며) 계약을 한 백 일 동안은 아프지 않을 거고.
멸망	신데렐라 같은 거지. (자기 팔목 톡톡 쳐 보이며) 열두 시 전에 충전.
동경	(후… 뭔지 모르게 화나지만 일단 3. 옆에 적으며) 죽기 전에 멸망시켜 달라 외의 진짜 소원 하나 들어주기.
멸망	요즘 후회가 돼. 그 말만 안 했어도 일이 좀 수월했을 텐데.
동경	(확… 참으며 4. 옆에 적으며) 계약을 어길 시에는… 그 순간 내가 가장 사랑하는 사람이 죽는다…
멸망	넌 애가 왜 그렇게 부정적이냐. 대신 넌 살잖아.

동경	잠깐… 그럼 이러나저러나 걔는 죽는 거잖아. 계약을 깨도 죽고 계약대로 해도 죽고.
멸망	누구. 탁선경? 그래 그럼 걔만 죽이자. 그것도 괜찮고.
동경	(하… 분통 터져서 펜 탁 내려놓고, 다이어리 탁 덮는데)
멸망	멸망을 빌었을 때는 걔 생각 하지도 않아놓고.
동경	(당황해서) 그건 진심이 아니었으니까, (하는데)
멸망	진심이었어.
동경	!!
멸망	진심이 아니면 들릴 리가 없거든.
동경	(뭐라 반박할 수 없고)

동경, 그릇 들고 일어나 싱크대에 탁 넣고는 그대로 다이어리와 가방 챙겨들고 현관문 나선다. 신발 억지로 꿰어 신고 현관문 여는데. 그 뒤로,

멸망	(E) 잘 다녀와.
동경	(멈칫, 돌아보면)
멸망	(빙긋 웃으며) 좋은 하루 보내. 너에게 남은 날들 중 첫번째 날이니까.

동경, 그런 멸망 보다가 집 나서고. 쾅, 문 닫힌다.

S#14. 동경의 집 / 거실 (아침)

빙긋 웃던 멸망의 얼굴 다시 무표정으로 돌아온다. 멸망, 소파 주위에 신문 탁 내려놓고는 일어나 망설임 없이 경계를 넘어 동경의 집 안으로 들어선다. 이리저리 휘휘 둘러보며 구경하는 멸망. 그러다가 어딘가에 아무렇게나 엎어져있는 동경의 액자 발견하고 슬쩍 뒤집어본다. 유리 없이 액자 틀에 대강

끼워진 동경의 영정사진. 멸망, 구깃구깃 얼룩진 사진 속에 환히 웃고 있는 동경의 얼굴을 가만히 바라보다가 이내 미간 살짝 찌푸리며 다시 탁 뒤집어 놓는데.

S#15. 라이프스토리 / 회의실 (낮)

편집팀 회의 중이다. 각자 노트북과 업무 다이어리나 파일 등 펼쳐놓고 있다. 동경, 펜 들고 다이어리 보고 있고. 보면, 계약 내용 옆에 새로 적힌 '소원, 멸망, 가장 사랑하는 사람' 보며 생각에 잠겨 있다. '가장 사랑하는 사람'에 천천히 여러 번 동그라미 치는 동경.

정민	크 귀공자 작가님은 역시…
예지	업데이트 하자마자 조회 수가 단번에 이천을 찍데.
다인	94화도 재밌겠죠?
정민	무슨 그런 당연한 소리를!
주익	지조킹 작가는 절대 수정 안 하신대고.
예지	역시 편집자가 예뻐도 소용이 없구나.
주익	내가 또 그렇게까진 예쁘지 않나봐?
정민	(잘 보이려 환히 웃으며) 무슨 그런 말씀을. 충분히 예쁘신데요.
다인	(왜 저래…)
주익	어 너 보라고 예쁜 거 아니야. (바로 다음 안건 넘어가며) 시베리아 작가 새 작품 계약건은.

동경, 멍하니 '사랑하는 사람' 아래에 이름 적기 시작한다. '탁선경, 강수자, 나지나'.

136

다인	며칠 전에 회사 오셔서 탁주임님이랑 미팅은 하셨는데요.
동경	(자기 이름 나오자 번쩍 정신 차리고) 일단 연재 중인 것만 두 작품이라 세 개 동시 연재까지는 무리일 듯싶어서 한 작품 끝난 뒤에 계약 진행하기로 했습니다.
주익	연재 속도는.
동경	원래 느린 편 아니시잖아요. 요즘 좀 연락이 안 되긴 하는데 비축 분량은 충분해서 일단은 상황 보고 있습니다.
주익	그래? 안부 겸 조만간 내가 연락해볼게.
예지	저 저 예쁜 사람의 자신감… 자기가 연락하면 받을 거라는 저…
주익	(무시) 회의 이만 끝냅시다.

다들 노트북, 서류 등 챙겨 나서고. 동경도 노트북 챙기려는데 워드 화면에 갑자기 타다닥 글자 쳐진다! **야 너네 집 보일러 돌아간다** 동경, 뭐야… 하다 곧 멸망이 한 짓인 걸 깨닫고 열 받는데.

예지	(E) 뭐야 방금?
동경	(화들짝 놀라서) 어? 뭐가?
예지	방금 저절로 글씨 쳐지지 않았어?
동경	(후다닥 노트북 닫으며) 무스은? 아이고 회의 길었다. 그치?

능글맞게 굴며 회의실 빠르게 빠져나가는 동경. 문 벗어나며 아오씨… 인상 쓰는데.

S#16. 은행 (낮)

ATM 앞에 서 있는 동경, 선경과 전화 중이다. 수자가 보내준 돈 인출하려고 왔다.

선경   (F) 많이 안 바란다. 나 딱 삼십만.
동경   너 하는 거 봐서.
선경   (F) 하… 그럼 이십만.
동경   (버튼 누르려다가 멈칫… 확) 아… 나 진짜.

보면, ATM 화면에 사기 주의 문구 대신, **가스비 많이 나올 거 같은데** 글자 떠 있다.

선경   (F) (겁먹어서) 그럼 오만 원만…

S#17. 중국집 (낮)

예지, 다인, 테이블에 먼저 와 앉아 있고. 바글대는 식당 안. 뒤늦게 동경, 식당 안으로 들어온다.

예지   (손들어 보이며) 어!
동경   (발견하고 그쪽으로 가 앉고)
예지   (메뉴판 펼치며) 나 밥 먹으려고 회사 오잖아. 아 어제부터 중식 완전 땡겨.
다인   (메뉴 보지도 않고) 전 해장해야 돼서. 짬뽕이요.
동경   (메뉴판 펼치며) 오늘은 뭘~ 먹나~

하는데, 메뉴판 열면, 멸망의 메시지 적혀 있다. **내가 꺼줄까 해서 눌러봤는데 막 화면에 숫자가 올라가네. 내가 이런 걸 해본 적이 있어야지.**

동경   (분하다!! 메뉴판 확 닫으며) 점심시간 얼마나 남았지?

예지   왜. (핸드폰 시계 보더니) 40분?

동경   미안. 둘이 먹어. (휙 일어나 가는데)

예지   야 어디 가!!

S#18. 동경의 집 / 옥상 (낮)

동경, 씩씩대며 옥탑방 올라와 문 벌컥 여는데.

동경   야!!

집 안은 아무도 없이 휑하다.

동경   (멍하고…)

집 안으로 들어가서 보일러 보면, 보일러 온도 제대로 내려가 있고. 보일러 컨트롤러 옆에 포스트잇 붙어 있다. **대충 해보니까 시스템을 알겠더라. 나한테 감사 해라.**

동경   (우씨!!!!) 이게 진짜!!

하는데, 핸드폰 울린다. 보면, **차주익 팀장님**한테서 온 전화고.

동경   (받으며) 네 팀장님. 안 그래도 지금 바로 가려구요. (하는데)

주익   (F) 어 바로 가. 장례식장으로.

동경   네?

S#19. 라이프스토리 / 미팅룸 (낮)

주익, 전화 끊고 미팅룸으로 돌아온다. 미팅룸에 지조킹 앉아 있다.

주익   죄송합니다. 급한 전화 때문에.

지조킹   아니 이거보다 더 급한 게 어딨어. 내 순위가 밀렸잖아 내 순위가!

주익   네. 그러네요.

지조킹   상하이박? 듣도 보도 못한 놈이 어떻게 이렇게 갑자기 치고 올라 오냐고.

주익   워낙 치열한 세계니까요.

지조킹   차팀장이 담당하는 작가들 다 탑텐 찍는다던데. 무슨 비법 있어?

주익   글쎄요. 작가님들이 워낙 열심히 하시니까?

지조킹   아 거 서운하게 그러지 말고.

주익   돈 내시면 알려드릴게요.

지조킹   (파하 웃으며) 이 사람 농담이 지나치네.

주익   (진지한 얼굴로) 농담 아닌데.

지조킹   (당황해서 보면)

주익   계약하실래요? 저랑. 따로. 일대일. 제가 하는 말에 절대 수긍, 절 대 복종. 탑텐 안에 들 시 인센티브 지급.

지조킹   …뭐야. 진짜야?

주익   (씩 웃으며) 농담이죠. 설마요.

현규   (E) 동창회?

S#20. 현규 카페 / 카운터 (낮)

현규, 한 손으로 대강 카운터 주변 정리하면서 통화하고 있다.

현규	갑자기 무슨 동창회.
친구	(F) 갑자기는 무슨. 너 빼고 우리는 구 년째거든? 애들 난리다. 니 얼굴 보고 싶다고.
현규	나 아직 일본에서 안 돌아왔다고 해.
친구	(F) 말이 되냐? 너 그… 뭐였지? 수영부 왕자님?
현규	(픽) 다~ 추억이다.
친구	(F) 여자애들이 너 수영부 왕자님이라고 부르면서 그에게서는 늘 비누냄새가 난다 어쩌고 난리도 아니었잖아. 나지나가 그 문구로 현수막 만들어서 왔었을 때 진짜 골 때렸는데.
현규	(지나 이름에 손 멈칫하고) 누구누구 오는데.
친구	(F) 다영이랑 은비랑 정화랑… (옆에서 누군가 떠드는 소리) 어? 진짜? 나지나도 온다고?
현규	(!! 얼굴 확 굳는데)

그때, 카페 문 종소리 들리고 손님 들어서는데.

현규	야 나 바빠. 끊어.
친구	(F) 올 거야 안 올 거야!! 그것만 말해.
현규	알았어. 갈게. 갈게.
친구	(F) 오~케이.
현규	(끊고) 주문하시겠어요? (방금 표정과 달리 해사하게 웃어 보이는데)

S#21. 병원 / 진료실 (낮)

의사가운 입고 앉아 있는 멸망. 앞에 환자 한명이 금방이라도 울 것 같은 얼굴로 앉아 있다.

멸망	교모세포종입니다. 다발성 종양으로 보여요. 자세한 건 조직검사를 해야 알 것 같은데.
환자	(간절하고) 할게요. 뭐든 다 할게요. 저 좀 살려주세요.
멸망	수술하면 일 년 정도, 안 하면 삼 개월 정도 살 수 있습니다. 수술해도 편마비, 언어장애, 인지장애가 있을 수 있고, (하는데)
환자	(눈물 뚝뚝 흘리며) 수술할게요. 할게요, 당장. 저 살려주세요. 살려주세요, 선생님.
멸망	(심드렁) 그래. 이래야 정상인데.
환자	(울다가) 네…?
멸망	그쪽이(동경이가) 나한테 매달려야 되는 게 맞잖아. 걔 진짜 이상하네.
환자	(눈물 멈추고 영문 몰라 보는데) 네??
멸망	아. (귀찮다는 듯 환자 눈앞에 핑거스냅 딱 하면)
환자	(순간 멍해졌다가 또렷하게 눈빛 돌아오고) 어…? 뭐야. 저 왜 울어요?
멸망	글쎄요? 길을 잃어서? 이비인후과는 나가서 오른쪽입니다.

S#22. 병원 / 소녀신 병실 (낮)

멸망, 의사가운 주머니에 손 집어넣고 가벼운 걸음으로 걸어와 소녀신 병실 문 여는데. 병실 안, 텅 비어 있다. 침대 위에 잘 정리되어 있는 이불과 병원복. 그때 차트 들고 지나가던 간호사, 멸망 보고.

간호사	외출 나갔어요. 302호 환자.
멸망	(!! 본능적으로 불안하고)

S#23. 장례식장 (밤)

장례음식들 간소하게 차려진 테이블에 마주 앉아 있는 두 사람. 동경과 시베리아(삼십대 초반 남자)다. 시베리아, 검은 정장에 줄 없는 완장 차고 있다.

시베리아 할아버지가 좋아하셨어요. 작가라고.

동경 (뭐라 위로할까 싶어 가만히 듣고 있는데)

시베리아 맨날 뭐 쓰냐고 물어보셨는데 말할 수가 없었거든요. 창피해서…

동경 할아버지께서도 좋아하셨을 거예요. 저도 좋아하거든요. 작가님 작품.

시베리아 네? 《친구라고 생각한 적 없어》를요? 할아버지가요?

자막 **친구라고 생각한 적 없어**
   장르 : BL

동경 아니 《마계의 정복자인 내가 이 세계에선 평범한 회사원이라고?》 그거요.

자막 **마계의 정복자인 내가 이 세계에선 평범한 회사원이라고?**
   장르 : 현대판타지

시베리아 아… 그거보다는 전 사실 《아포칼립스에서 사랑을 외치다》를 좋아하는데.

자막 **아포칼립스에서 사랑을 외치다**
   장르 : 로맨스

동경	하… 그니까 작가님이 그게 문제시라는 거예요. 좋아하시는 장르
	랑 잘하시는 장르랑 다르다는 게…
시베리아	(시무룩해지고)
동경	(화들짝) 죄송합니다. 이런 데 와서 할 얘기는 아니었는데.
시베리아	아니에요. 일 얘긴데요 뭐… 저번 미팅 때도 제가 못 갔고…
동경	(그 말에 번뜩 멸망 떠오르고)

인서트. 1부 S#49

멸망	시베리아 걔는 잠깐 어디 좀 헤매고 있어. 시간이 필요해서.

/ 다시 현재

동경	혹시 그때 뭐 어디를 헤맸다거나…
시베리아	거의 사경을 헤맸죠.
동경	(사경?!)
시베리아	무슨 잠을 그렇게 잤는지 모르겠어요. 일어나니까 하루가 꼬박 지
	났더라구요.
동경	(멸망이 이놈 자식…)
시베리아	와주셔서 감사해요. 저 때문에 힘드실 텐데… 늘 폐만 끼치네요…
동경	(손사래) 아니에요. 힘들긴요. 당분간 연재는 신경쓰지 마세요. 저
	희가 알아서 처리하겠습니다. 마음부터 추스르세요.
시베리아	감사합니다…
동경	(맘 쓰여 웃어 보이는데)

S#24. 장례식장 (밤)

동경, 장례식장 나가며 다른 장례식장 풍경 눈에 들어온다. 북적거리거나 한산하거나… 그중 자신과 나이가 비슷해 보이는 여자의 영정사진 눈에 띈다. 잠시 걸음 멈추는 동경. 슬퍼하는 가족들과 친구들 모습 지켜본다. 꼭 자신의 미래 같다. 마음이 복잡해지고. 이내 다시 걸음 옮기는 순간, 스치는 누군가 (소녀신) 고의적으로 동경의 어깨 탁 부딪히고 지나간다.

동경   아 죄송… (하는데)

그 순간 팟 하고 떠오르는 기억!

/ S#11에 이어… 동경의 꿈 끝자락. 장례식장에 들어서는 한 남자. 흐릿했던 얼굴이 점점 선명해진다! 멸망의 얼굴이다!

동경   !!!

S#25. 버스정류장 (밤)

동경, 버스정류장에 멍하니 앉아 있다. 제 과거 기억 속에 나타난 멸망에 혼란스러운데. 그때, 옆자리에 누군가 앉는다. 사복차림의 소녀신이다. 동경, 멍하니 가는 버스만 보고 있고.

소녀신   언니 여기서 명동 가려면 몇 번 버스 타야 돼요?
동경   (누가 왔는지도 몰랐다. 놀라며 가는 버스에 대고 손짓) 이거… (버스 가고) 이거 타야 되는데… 가네…

소녀신   아 그거 타야 되는구나.

동경   (시선 돌려 소녀신 보고)

소녀신   (동경 보며 샐쭉 웃는데)

그때, 소녀신이 바라보는 방향, 동경의 시야 반대 방향으로 들어서는 멸망의 차. 저만치에서 끼익— 차 서더니 멸망, 차에서 내려 둘 향해 굳은 얼굴로 걸어오는데. 동경, 소녀신의 시선 따라 자기도 고개 돌리려던 그때,

소녀신   우와. 언니 팔찌 예쁘다. 어디서 산 거예요? (하고 동경의 팔찌 만지려는데)

멸망   (팔찌 만지려는 소녀신의 모습에 놀라) 탁동경!!

동경   (멸망의 목소리에 놀라 돌아보고) 어?

소녀신   (손 거두고선 알 수 없는 얼굴로 두 사람 보고 있고)

동경   (자리에서 일어나며) 야 너 나 여깄는 거 어떻게 알았어? 안 그래도 물어볼 거 있었는데.

멸망   가자. 일단 가서 얘기해.

동경   아니, (말 하려는데)

멸망   (동경 가방 끈 잡아끌며) 집에 가서 얘기하자고.

동경   (반사적으로 가방끈 반대로 잡아끌며) 얘가 왜 이래.

멸망   (우씨하며 가방끈 다시 제 쪽으로 가져오는데)

동경   (기습적으로) 나 너 본 적 있더라?

멸망   (멈칫) 뭐?

동경   (이때다 싶어 가방 확 뺏어오며) 나 봤어 너. 옛날에 장례식장에서.

멸망   !!

소녀신   (흥미로운 얼굴로 지켜보고)

동경   너 울고 있었잖아.

멸망   !!

S#26. 회상. 장례식장 (밤)

장례식장 안으로 걸어 들어와 동경 부모의 맞은편 장례식장 안으로 들어서는
멸망. 낯선 중년 여성의 영정사진 앞에 털썩 무릎을 꿇더니 고개를 푹 숙인
채 조용히 눈물만 뚝뚝 흘리는데. 식장을 지키던 상주 외 가족들 의아한 얼굴
로 그런 멸망 보고 있다.

동경   (E) 기억났어.

S#27. 현재. 버스정류장 (밤)

동경   자기는 먹지도 자지도 않네, 마음이 없네, 누구 하나 가여울 일 없
         네 그러더니 순 거짓말. 그런데 그렇게 뚝뚝 우냐?
멸망   (당황) 뭐래. 나 아니거든?
소녀신   (미소 지으며 조용히 놀리듯) 어른도 우는구나…
멸망   (이씨!! 확 노려보면)
소녀신   (모르는 척 시선 돌리며) 어, 버스 왔다.

소녀신, 오는 버스에 냉큼 올라탄다. 창가에 앉은 소녀신 아웅다웅하고 있는
동경과 멸망의 모습 알 수 없는 미소로 바라보고.

동경   너 맞잖아.
멸망   아니라고, 나.
동경   맞거든?

S#28. 동경의 집 + 멸망의 집 (밤)

멸망, 얼굴에 팔 올린 채로 자기 집 소파에 누워 있다. 동경, 자기 집에서 그런
멸망 흘끗 내다본다.

동경   야. 너 원래 안 잔다며. 왜 갑자기 자는 척하는데.

멸망   (팔 올린 채로 대답 없고)

동경   자는 건 그렇다 쳐. 방도 많은데 왜 거기서 자냐고.

멸망   (팔 올린 채로) 너 어떻게 될까봐.

동경   나 어떻게 될까봐? 니네 집 내가 어떻게 할까봐 아니고?

멸망   (소파에 벌떡 일어나 앉고는 심각하게) 야. 너 회사 그만둬라.

동경   갑자기?

멸망   그만두고 집에만 있어.

동경   살 날 얼마 안 남았어도 밥은 먹고 살아야지. 집세, 밥값, 그리고
        (강조해서) 가스비, 각종 생활비는 어쩌라고.

멸망   소원 빌어. 돈 달라고. 달라는 대로 다 줄게.

동경   그렇게는 못 하지. 나 그런 걸로 소원 날리고 싶지 않거든.

멸망   너 너무 경계심이 없는 거 아니냐? 그 팔찌 아무나 보여주고 그러
        지 마. 그게 니 약점이 될 수도 있는데.

동경   아까부터 왜 이래. 설마… (가슴에 손 X자) 너 나 좋아하니?

멸망   (눈빛으로 한심하다 대답)

동경   아니면 말지 왜 눈으로 대답해? 사람 무안하게.

멸망   난 사람 아니라서 사람 무안한 게 뭔지 모르거든.

멸망, 다시 소파 위에 팩 눕고는 얼굴 위에 팔 올리는데.

동경   너 지금 되게 이상해. 알지?

멸망	(말할 수도 없고… 팔로 가린 채로) 무슨 일 생겨도 난 모른다. 난 말했다 분명히.
동경	어휴. 무서워라. 무서워서 (강조) 눈물 나올라 그런다.
멸망	(팔로 얼굴 가린 채로) 아니라고.
동경	(궁금한 척 혼잣말하듯이) 아니 근데 사람도 아니면서 울었냐는 말엔 왜 발끈하지? 발끈하는 것도 감정인데.
멸망	(반응 없는데)
동경	(시계 보고) 어 곧 열두 시 되겠다. 손.
멸망	(얼굴 가린 채로 다른 손 슥 내밀고)

동경, 픽 웃고 멸망의 집으로 넘어가서 소파 앞에 쪼그려 앉아 멸망이 내민 손 잡는다.

동경	(손잡은 채로) 근데 넌 나 기억 안 나?
멸망	(손잡은 채로 아무 말 없고)
동경	바로 맞은편이었는데. 나 얼굴 그대로 예쁘게 잘 큰 편이거든.
멸망	(여전히 얼굴 가린 채 아무 말 없고)
동경	자네, 자. 먹지도 자지도 않네 마음이 없네 그러더니만. 자요, 자.

동경, 미동 없는 멸망 조금 가까이 들여다보는데. 코앞까지 가까워진 순간, 멸망 팔 슥 내리더니 동경과 눈 맞추는데!

동경	!! (얼어붙어 눈만 끔벅)
멸망	안 자, 나는. 니가 잠든 내내 단 한순간도.
동경	!!
멸망	니가 무방비한 순간에 나는 늘 깨어 있단 얘기야.
동경	!!

멸망	여러모로, 위험하지. (웃어 보이는데)
동경	!!

동경, 그제야 정신차린 듯 멸망에게서 훅 떨어지며 일어선다! 그대로 삐걱거리며 자기 집으로 돌아가는 동경. 이겼다. 멸망, 그런 동경 보며 픽 웃는데.

동경	(자기 집으로 가서 휙 돌아보고) 근데.
멸망	(보면)
동경	그날 왜 그렇게 운 거야? 누구를 잃었길래?
멸망	(가만히 보다가) …어머니.
동경	(놀라서) 어머니?
멸망	뭐 대충 비슷한 거. (귀찮다는 듯 눈 감고 다시 팔 올리는데)

동경, 괜히 마음 무거워지고. 궁금한 게 많지만 더 묻지 못한다.

동경	…운 건 맞네.
멸망	(확!) 아니라고!

S#29. 아침 전경 (다음 날 아침)

S#30. 멸망 차 안 (낮)

멸망, 차에 올라타 시동 걸려는데 아무도 없는 줄 알았던 뒷좌석에서 소녀신이 불쑥 고개 내밀며 나타난다.

소녀신	나 죽어서 슬펐니?
멸망	(놀라지도 않은 말투로) 요즘 불쑥 나타나는 게 취미야?
소녀신	그렇게 차가운 척을 하더니. 울 줄도 아는 구나.
멸망	(무시) 걔한텐 왜 접근한 거야.
소녀신	내가 무슨 짓이라도 하겠다고 했잖아.
멸망	가만 둬. 어차피 얼마 후에 죽을 애야.
소녀신	(픽 웃으며) 내가 할 말인데, 그건.
멸망	난 적어도 해는 안 끼쳐.
소녀신	(가만히 미소 지으며) 많이 친해졌나봐.
멸망	적당히 친해졌어.
소녀신	잘됐네. 인간이 널 기억하고 있는 거, 처음이지?
멸망	!!
소녀신	하긴. 그렇게 울고 있었는데 기억 못 할 사람이 어딨겠어. 그치?
멸망	(확!!) 그게 아니라!!
소녀신	어? 나 회진이네. 간다. (문 열고 나가려다 말고) 나 없다고 또 울지 말고.
멸망	야!!
소녀신	(잡을 틈도 없이 문 열고 탁 사라지고)
멸망	(짜증) 아씨. 진짜. 탁동경!

S#31. 병원 / 소녀신 병실 (낮)

오전 회진 중이다. 중년의 여자 의사 뒤로 간호사와 레지던트 의사들 서 있고.

의사	오늘 혈압과 맥박도 아주 좋네. 최근 상태도 많이 호전됐고. 계속 이대로라면 금방 퇴원도 할 수 있겠는데?

소녀신   그래요? (웃어 보이는데)

의사들, 소녀신에게 직업적으로 웃어 보이곤 병실에서 나가고.

소녀신   (웃고 있던 입꼬리 내려와 서글픈 얼굴로 피식) 거짓말…

소녀신, 일어나 창가로 다가가 흙만 있는 화분 내려다본다.

소녀신   너도 상태가 많이 호전됐네. 이대로라면 금방 꽃도 피우겠는데?

아직 잠잠한 화분 속 흙.

S#32. 라이프스토리 / 사무실 (낮)

동경의 자리에 원고지 산더미처럼 높게 쌓여 있다. 동경, 황당하게 내려다보
고 있고.

동경   이거… 뭐야?
예지   이번에 계약한 작가님이 나이가 좀 있으신데 원고지에만 글을…
         쓰신다네?
동경   근데…?
예지   니… 담당이라네?
동경   누구 마음대로…?
주익   (탁 끼어들며) 대표님 마음대로.
동경   (놀라) 대표님 오셨어요?
주익   오셨어. 안타깝게도.

예지 (동경 가까이 조심스럽게 속닥) 아니 근데 오랜만에 봐서 그런가? 느
       낌이 약간 달라.

동경, 하… 한숨 쉬며 대표실 바라보는데 순간 눈 휘둥그레진다. 보면, 멸망
이 박대표 의자에 떡하니 등 기대고 앉아 있다! 놀리듯 책상 위에 두 다리 꼬
아 올리고서는 동경에게 여유롭게 손 흔드는데.

동경 저게… 대표님이라고? 저게??
예지 (?) 아니 뭐 그 정도로 다르진 않은데.
동경 미치겠네…

S#33. 라이프스토리 / 대표실 (낮)

돌아앉아 있는 멸망. 동경, 원고지 안고 대표실 들어오더니 책상 위에 쾅 하
고 원고지 내려놓는다. 멸망, 의자 빙글 돌려 앞 향하고. 그새 동경은 일사불
란하게 문 닫고 블라인드 내린다. 멸망, 책상 위에 원고지들 대수롭잖게 엄지
로 쓸어 올려보고. 동경, 후다닥 책상 앞에 와 선다.

동경 (밖에 들릴까 목소리 낮춰서) 너 미쳤어?
멸망 아니? 제정신.
동경 너 내가 너 울었다고 놀려서 그래?
멸망 설마.
동경 (하…) 그거 맞네.
멸망 난 그냥 니가 나랑 같이 사는 거 좋아하길래 같이 일하는 것도 좋아
       하나 해서.
동경 너 진짜 남의 회사 와서 이럴래? 회사가 뭐 노는 덴 줄 알어?

멸망	남의 회사라니. 내가 대푠데.
동경	(말 안 듣는 애 등짝 때리듯이 손 치켜들고) 이게 진짜!!

하는데, 문 열리고 주익 들어온다. 동경, 얼른 손 내리고.

주익	(서류 보면서 들어오고) 대표님, 웹소설 컨퍼런스 날짜 나왔습니다. (하다 분위기 읽고 멈칫) 뭐 중요한 얘기 중이셨는지… (서류, 책상 어디 놓을지 보다가 원고지 위에 슬쩍 걸쳐 올려두고)
동경	(이 악 깨물고 멸망 노려보며) 예, 아주 중요한 얘기 중이었습니다.
멸망	(그저 빙긋 웃어 보이고)
주익	그래요. 그럼 계속 얘기들… (하고 나가다가 멈칫 뒤돌아보며) 근데 탁 주임 이현 작가 미팅 갈 시간 아니야?
동경	(멸망만 바라보며 바로) 팀장님이 좀 가세요.
주익	(잘못 들었나?) 어?
동경	저 (손으로 원고지 더미들 가리키며) 보시다시피 매우 바쁘니까 팀장님이 좀 가시라구요.
주익	(박력에 밀려 저도 모르게) 어어… 그래… (나가고)

S#34. 라이프스토리 / 대표실 앞 (낮)

대표실 문 밖으로 떠밀리듯 나온 주익.

주익	(생각해보니 황당해서 갸웃) 애가 이상해… 변했어… (절레절레하며 걸어나가고)

S#35. 라이프스토리 / 대표실 (낮)

멸망   (문 흘깃 보고) 너 쟤 좋아해?

동경   뭐? 왜, (하다 놀라서) 설마 저 인간 나 좋아해?

멸망   아니 좋아하면 포기하라고. 쟤 속으로 너 욕하더라. 난 적어도 겉
으로 해.

동경   (이씨!!)

S#36. 외부 카페 (낮)

지나, 카페에 음료 시켜놓고 혼자 앉아 있다. 핸드폰 꺼내서 시간 보는데 그
위로 뜨는 문자 알림. 들어가보면 **동창회 올 거지? 현규도 온대** 적혀 있고. 지나,
현규라는 글자에 불에 덴 듯한 얼굴로 보다가 인터넷 열어 검색창에 **이현규**
검색해본다. 동명이인 인물정보들 주르륵 나열되어 있지만 그 이현규는 없
다. 이미지 탭 눌러서 스크롤 내려보는 지나. 그러다 어느 순간 딱 멈춘다. 목
에 메달 걸고 환하게 웃고 있는 고등학생 현규 사진 떠 있다. 클릭해서 들어
가면 어느 오래된 블로그 게시글이고. 사진 아래에 '2008년 제89회 전국체육
대회 고등부 자유형 200m 동메달 이현규' 설명 첨부되어 있다.

지나   (중얼) 기왕이면 금메달을 따든가…

그때 또 울리는 문자 알림. 보면, **현규 걔는 수영한다고 유학 가더니 뭐 다 흐지부지
구 한국 들어와서 카페 차렸다더라.** 와 있고. 지나, 화들짝 놀라서 주변 막 살피고.

지나   설마 여긴 아니겠…

하다가, 자기 바로 뒷자리에 등 대고 앉아 있는 남자(주익) 발견한다. 남자, 핸드폰으로 웹소설 보고 있고. 조심스럽게 보면, 자기 소설이다. 화면에 선명히 적힌 '이현' 이라는 닉네임.

주익   더럽게 재미없네.

지나   (보다가) …차주익 팀장님?

주익   (스크롤 내리던 손 멈칫, 천천히 뒤돌아보는데)

지나   (주익의 얼굴을 본 순간, 헉!!)

흔들리는 지나의 동공. 지나의 머릿속으로 강렬한 기억 스쳐지나간다!!

      인서트. 7부 S#25

구 년 전, 지나의 우산 속으로 고개 숙여 훅 들어오는 주익, 그대로 입 맞추고! 지나, 손에 든 우산 떨어뜨리고, 비 맞으며 키스하는 두 사람의 모습. 아주 짧게, 흔들리는 컷으로 빠르게 보이는데.

      / Cut to

지나와 주익, 음료 시켜놓고 테이블에 마주 앉아 있다. 지나는 주익이 자신을 기억하는지 못 하는지 몰라 좌불안석이고, 주익은 속을 알 수 없이 편안해 보인다.

주익   탁주임이 일이 바빠서요. 연재 종료 건으로 전달드릴 게 있어서. 새 연재 건 피드백도 있구요. 먼저 새 연재 건부터.

지나	(목이 타 음료 빨며) 아… 네… (기억 못 하나 보네 싶고)
주익	작가님은… (하다가 말 고르며) 아 어떻게 말씀을 드려야 할지 모르겠는데…
지나	괜찮아요. 편하게 말씀하세요.
주익	네. 안 편해도 말해야 되니까요. 저희 일은.
지나	(쿨럭) 아… 네…
주익	작가님은 사건이 터질 때마다 회피하는 남주가 매력 있다고 생각하십니까?
지나	네?
주익	작가님 작품마다 남자주인공들이 다 이런 식의 패턴이거든요. 좋아한다고 말하면 도망치고, 거부하고. 일 터지면 휙 혼자 사라졌다가.
지나	(확 예민해지고) 갈등이 있어야 남녀주가 붙으니까요.
주익	그러니까 그 갈등이 매력이 있냐고 묻는 건데요.
지나	저는 매력이 있으니까 그렇게 쓰는 거 아닐까요?
주익	이현 작가님.
지나	(지지 않고) 네.
주익	그니까 필명 말고 본명이 (힘겹게 떠올리듯) 나… 지나?
지나	네. 나지나요.
주익	이현은 걔 이름 딴 거예요? 이현규.
지나	!!
주익	맞네. 그래서 이 모양이구나. 걔가 모델이라서.
지나	!!

주익, 다 기억하고 있었고. 지나, 어찌할 바 모르고 주익 보는데.

S#37. 라이프스토리 / 대표실 (낮)

대표실 책상에 앉아서 한글 파일에 원고지 내용 옮겨 타자 치고 있는 동경.
멸망, 그 옆에 조금 떨어져 앉아 있고.

멸망   너 이래도 돼? 대표실에 너무 오래 있으면 사람들이 너 오해해.

동경   (화면 보며 타자 치고) 오해하라 그래. 어차피 나 죽으면 다 끝이야.
넘겨.

멸망   (귀찮은 표정으로 원고지 성의 없이 넘기며) 그니까. 어차피 죽으면 다
끝날 거 뭐 하려고 이렇게 열심히 일해.

동경   (휙 노려보고) 대표님이 시킨 일인데 그럼. 열심히 해야지, 내가. 고
통도 함께 하자? 운명공동체?

멸망   누가 그래. 우리 운명공동체라고.

동경   (다시 타자 치며) 같은 시간에 같은 걸 생각했으면 거의 뭐.

멸망   (원고지 탁 쳐내고) 아 안 해. (하다가 화나서) 야 그냥 좀 고분고분 빌
순 없어? 없던 일로 해줘, 이러면 끝나잖아. 넌 애가 왜 이렇게 매달
리는 법이 없냐?

동경   (휙 노려보며) 이거 니가 다 할래?

멸망   (회피) 난 타자 못 쳐. 난 먹지도, 자지도, 울지도, 타자를 치지도…
(하는데)

동경   (한심) 내 노트북에 타자는 어떻게 쳤대.

멸망   따지자면 그건 쳤다기보다 그냥 보여준 거에 가까운데.

동경   (휙!!) 하여간에 말이나 못하면. 아 그러면 먹지도, 자지도, 말하지
도 못하게 되는 건가? 우는 건 가능하니까?

멸망   (열 받아서!!) 기억이라는 거 그거, 왜곡되기 엄청 쉬운 거다?

동경   그니까 말이야. 그걸 어떻게 잊었지? 니가 되게 흔한 얼굴은 아니
잖아.

멸망	그건 그렇지. (하다가 아차) 되게 흔해. 이런 얼굴 생각보다 완전 흔해.
동경	(아랑곳 않고 생각에 빠져서) 진짜 신기해. 아예 생각도 안 나다가 갑자기 누가 탁, 나를 치고 가는데… 생각이 와르르 나더라니까?
멸망	(!! 뭔가 불안하고) 뭐?
동경	(기억을 더듬듯) 이렇게 걸어나가는데, 장례식장에서… 누가 탁, (제 어깨를 한 손으로 치다가) 어?!
멸망	(보면)
동경	걔다.

S#38. 회상. 장례식장 (밤)

동경의 어깨 치고 지나가는 사람, 걸어가다가 뒤돌아보는데. 보면, 소녀신이다.

동경	(E) 버스정류장, 걔.

S#39. 라이프스토리 / 대표실 (낮)

멸망	!!
/ 소녀신	그럼 난 무슨 짓이든 해야겠네.
/ 소녀신	내가 무슨 짓이라도 하겠다고 했잖아.

멸망, 이제야 모든 게 꿰어지는 듯하고. 한순간에 심각해지는 멸망의 얼굴. 그대로 일어나 대표실 나서는데.

동경   (나가는 뒷모습 보며) 야! 야! 어디 가!!

S#40. 병원 / 복도 (밤)

분노에 찬 얼굴로 뚜벅뚜벅 걸어가고 있는 멸망인데. 거칠게 소녀신 병실문 여는데 텅 비어 있다.

S#41. 병원 / 옥상 (밤)

멸망, 옥상 문 거칠게 열면 난간 앞에 환자복 입은 채로 멀리 바라보며 서 있는 소녀신 보인다. 멸망의 등장에도 미동 없이 평온한 얼굴로 시선 멀리 던지고 있는 소녀신. 멸망, 소녀신 앞으로 그대로 걸어가며,

멸망   하겠다는 무슨 짓이 이런 거였어?!
소녀신   (그제야 돌아보고) 왔네.
멸망   하겠다는 무슨 짓이 이런 거였냐고!
소녀신   내가 뭘? 난 있던 일을 있게 해줬을 뿐이지. 친해진 건 너잖아.
멸망   !!
소녀신   연민을 갖는다는 게 어떤 건지 깨달았니?
멸망   (꾹꾹 감정 누르며) 그딴 거, 난 몰라.
소녀신   모르지 않아. 모르기로 한 거지, 넌.
멸망   !!
소녀신   자주 웃음이 나고, 때로 가여워지지. 갈수록 더 할 거야.
멸망   절대. (그럴 리 없어)
소녀신   그 애를 그냥 죽게 둘 수 있겠어?

160

멸망	처음부터 죽을 운명이었어.
소녀신	그 애 운명은, 니가 바꿀 수 있지 않아?
멸망	내가 누굴 걱정해! 내가 누굴 가여워 해!
소녀신	넌 언제나 니가 제일 불쌍하고 니가 제일 가엽지.
멸망	당신이야말로 알아? 연민이 뭔지?
소녀신	(진심으로) 나도 니가 계약을 깨서, 그 애 대신 죽을 누군가가 가여워.
멸망	!!

멸망, 뭐라 대꾸하지 못하고 굳은 얼굴로 서 있다가 그대로 뒤돌아 나가는데!

S#42. 동경의 집 / 옥상 (밤)

동경, 철제 계단 올라 옥상으로 올라오면, 멸망이 굳은 얼굴로 멀리 어딘가 보며 난간 앞에 서 있다. 동경, 열쇠 찾느라 가방 뒤적거리며 멸망 앞으로 다가오는데.

동경	야 내가 진짜 너 때문에 제 명에 못 산다. 일 벌려놓고 갑자기 튀면 다야?
멸망	(뒤돌아서 동경 조용히 바라보고)
동경	(아예 가방 속 들여다보며) 아니 이놈 열쇠가 어디 간 거야. 도어락으로 바꾸든가 해야지. (하다 꽉 신경질) 아 너 때문에 오늘도 야근했잖아!
멸망	(가만히 동경만 보는데)
동경	(그제야 조금 이상해서) 뭘… 봐아? 자꾸?
멸망	너 나 기억한다고 했지.
동경	어? 어.

멸망   나도 기억해, 너.

동경   !!

멸망   다들 우는데 웃고 있었어, 어린애가.

S#43. 회상. 장례식장 (밤)

수자에게 안겨 있는 어린 동경, 울음 번진 수자의 얼굴을 고사리 같은 손으로
쓰다듬더니 희미하게 웃어 보인다. 다들 눈물 훔치고 있는 사람들 틈에서 어
린 동경만 희미하게 웃고 있는 모습이다.

멸망   (E) 그래서 기억나. 슬퍼서.

S#44. 동경의 집 / 옥상 (밤)

동경   …슬펐다고?

멸망   어디서부터 어떻게 계획된 건지 모르겠어.

동경   (이게 다 뭔 소린가 싶고 어지럽다) 갑자기 그게 무슨, (하는데)

멸망   근데 다 상관없어. (서늘) 난 널 웃게 할 생각 없으니까.

동경   (본능적으로 낯설고 두렵다. 괜히 장난으로 넘겨보려 애쓰며) 왜 그래…
         너 내가 울었다고 놀려서 그래? 기분 나빴다면 미안… (하는데)

멸망   곧 열두 시가 돼. 그래도 난, 니 손을 잡지 않아.

동경   (!!) 그게 무슨, (하는데)

멸망   내가 쓸데없이 너무 친절했지.

동경   !!

하는데 동경, 고통이 서서히 밀려오기 시작한다! 동경, 결국 악! 단말마의 비명 내지르고 바닥에 툭 꺾이듯 주저앉는데! 멸망, 무표정하게 그런 동경 지켜보고 있다.

동경   (무릎 꺾인 채로 손 힘들게 뻗으며) 손… 손 좀…
멸망   (차갑게) 소원이야?

멸망, 손만 뻗으면 닿을 것 같은 자리에 그저 서서 동경 지켜보고 있다.

동경   (거의 소리 지르듯이) 손!! 손 좀!!
멸망   소원이냐고 묻잖아.
동경   (뻗은 손마저 툭 꺾이고 고개 숙인 채로 양손으로 바닥 짚어 겨우 버티고
        있는데)
멸망   (한 걸음 다가와 숙여 앉아 그런 동경 지켜보고)
동경   (멸망의 발치 보며 겨우 목소리 쥐어짜) 제발…
멸망   소원.
동경   (대답 대신 고개 치켜든다! 눈가 시뻘게져 멸망을 그저 노려볼 뿐인데)

하. 멸망, 짧게 탄식하고 가볍게 동경의 손등 위로 손 얹는다. 천천히 동경의 얼굴 평온해지는데.

멸망   (일어나며) 너무 경계심 없는 거 아니냐고 했잖아. 그 팔찌는 니 약
        점이 될 수도 있다고.
동경   (헉헉… 숨 몰아쉬는데)
멸망   나는 인간이 아니야. 먹지도 자지도 울지도 않아. 연민도 사랑도
        없어. 그런 마음 같은 건 없어. 내가… 그렇게 정했어. 아주 예전에.
동경   (바닥에 주저앉은 채로 올려다보며 분노에 차서) 불쌍하다 너.

멸망   (하! 누가 누구한테) 불쌍한 건 너지. 넌 나 때문에 울게 될 거야. 그
       래서 세상을 멸망시키고 싶어질 거야. 그래야만 날 죽일 수 있으니
       까.

동경   그게⋯ 겨우 니 계획이야?

멸망   (보는데)

동경, 일어나더니 순식간에 옥상 난간 위에 올라선다!! 그대로 멸망과 마주하
는 동경!!

멸망   !!

동경   그럼 내 계획은 이거야.

그대로 떨어지려는 동경!! 그 찰나에 멸망이 다가와 동경의 팔목 낚아채 잡는
다! 동경, 멸망의 손에 잡힌 채로 흔들림 없이 멸망 바라보는데!! 둘, 난간 위
에 서서 위태롭게 서로 바라본다.

멸망   미쳤어?!

동경   이럴 줄 알았어.

멸망   !!

동경   니가 잡아줄 줄 알았다고.

멸망   !!

동경   넌 나한테 다 들켰어.

멸망   !!

동경   먹지도 자지도 울지도, 연민도 사랑도 마음도 없어? 인간이 아니라
       서? 난 있어. 난 인간이니까. 그래서 말인데.

멸망   (보면)

동경   너를 사랑해볼까 해.

멸망   !!

동경, 다이어리에 적혀 있는 '멸망' '사랑하는 사람' 사이에 선을 탁 그어 잇는데!

/ 다시 현재

동경   그럼 나는 아무것도 잃지 않고 살 수 있을 테니까.
멸망   !!

멸망의 얼굴 이내 차갑고 매섭게 변하더니 남은 손으로 동경의 허리 확 끌어당겨 가까이 안는데!! 거의 맞닿을 듯한 둘의 얼굴이고!!

멸망   그럼 제대로 하자.
동경   !!
멸망   날 위해 세상을 멸망시키고 싶어질 만큼.

위태로운 둘, 로맨틱한 스킨십과 달리 날카롭게 얽히는 시선. 그렇게 마주 보는 둘에서…

3부 엔딩!

4부

S#1. 동경의 집 / 옥상 (밤)

동경   너를 사랑해볼까 해.

멸망   !!

동경   그럼 나는 아무것도 잃지 않고 살 수 있을 테니까.

멸망   !!

멸망의 얼굴 이내 차갑고 매섭게 변하더니 남은 손으로 동경의 허리 확 끌어 당겨 가까이 안는데!! 거의 맞닿을 듯한 둘의 얼굴이고!!

멸망   그럼 제대로 하자.

동경   !!

멸망   날 위해 세상을 멸망시키고 싶어질 만큼.

위태로운 둘, 로맨틱한 스킨십과 달리 날카롭게 얽히는 시선. 그렇게 마주 보는 둘.

멸망   (비웃듯) 어떻게, 키스라도 할까?

동경   (신경질적으로 탁 밀치고)

멸망   (부러 가볍게 밀려나주는데)

동경, 별말 없이 난간에서 툭 내려가 현관문 향해 걸어간다. 가는 내내 가방에 손 넣어 뒤적뒤적 열쇠 찾는데. 좀 전의 일이 무색하게, 무섭도록 차분하다. 멸망, 난간에서 툭 내려와 서고.

멸망   (괜히 건드려보고 싶어) 죽을 작정하고 덤비던 애는 어디 갔냐.

동경   (멈칫, 멈춰 서고) 안 잊을게.

멸망	(말없이 보고)
동경	(뒤돌아 똑바로 바라보며) 안 잊는다고. 오늘 일. 안 잊고, 꼭 돌려줄게. 너한테.
멸망	뭐. 죽이려던 거. 아니면 살리려던 거.
동경	둘 다.
멸망	(동경 똑바로 바라보고)
동경	(지지 않고 보며 가방에서 열쇠 꺼내드는데) 열쇠가 여기 있었네. (그대로 문 열고 뒤돌아보며) 들어와.
멸망	!!
동경	아님 도망가든지.

동경, 먼저 휙 들어가버린다. 멸망, 약간 화난 얼굴로 따라 들어가는데.

S#2. 동경의 집 / 욕실 (밤)

동경, 욕실에 쪼그려 앉아 무서운 얼굴로 세수한다. 세수하는 와중 문득, 좀 전의 상황 떠오르고.

/ 멸망	(차갑게) 소원이야?

기억 씻어내려는 듯 다시 어푸어푸 거칠게 얼굴에 물 끼얹는데.

S#3. 동경의 집 + 멸망의 집 (밤)

멸망, 자신의 소파에 다리 꼰 채로 앉아 있다. 좀 전의 동경의 말 떠올리는데.

/ 동경   너를 사랑해볼까 해.

그때, 동경이 욕실 문 거칠게 열어젖히고 나온다. 멸망, 별 미동 없이 동경 보고. 동경, 멸망 쪽에 시선도 주지 않고 이불더미 가져와 멸망의 집과 동경의 집 경계선에 이불 펴는데.

멸망   (그 꼴 가만히 지켜보며) 뭐 하냐.

동경   (이불 열심히 펼치고)

멸망   뭐 하냐고.

동경   (이불 펴며) 이불 깔잖아.

멸망   그걸 왜 거기다, (하는데)

동경   (휙 바라보고 덤덤하게) 같이 자자.

멸망   (말없이 보고)

동경   아. 안 잔다고 했나? 그럼 그냥 같이 좀 붙어 있자. 베개 갖고 와.

멸망   …아까부터 진짜 까부네.

동경   왜. 겁나? 내가 무슨 짓 할까봐?

멸망   겁나야 되는 건 너지. 내가 무슨 짓 할까봐.

동경   난 겁 안 나.

멸망   넌 나 사랑 못 해. 어떤 인간도 그런 적 없어.

동경   할 수 있어.

멸망   모두 날 원망하거나 원하지, 사랑하지 않아.

동경   난 할 거야. 해야 되니까.

멸망, 그런 동경 보다가 일어서 동경 쪽으로 다가오는데. 동경, 살짝 긴장해 그런 멸망 쳐다보고. 멸망, 동경 쪽으로 오는 듯하다가 그대로 스쳐 지나 어느 방 문 앞에 서는데.

멸망   이리 와, 그럼.

멸망, 문 열면 문 안쪽으로 넓은 침실 나타난다. 먼저 방으로 들어가 손잡이 잡은 채로 뒤돌아 묘한 얼굴로 동경 바라보는데. 오라면 누가 못 갈 줄 알고? 동경, 발끈해서 일어서는데. 그대로 열린 문으로 들어서는 동경이고!

S#4. 멸망의 집 / 침실 (밤—새벽)

불을 켜지 않아 어둑한 멸망의 침실. 동경이 들어서자마자 멸망, 동경의 등 뒤로 손 뻗어 문 밀어 닫는다! 동경, 문과 멸망 사이에 꼭 갇혀버린 꼴이고.

동경   !!
멸망   (내려다보며) 니 발로 들어왔어. (좀더 가까이 얼굴 다가가며) 후회하
        지 마.

동경, 잠시간 보다가 고개 숙여 멸망의 팔 아래로 쏙 빠져나간다. 그대로 침대로 가 모로 누우며,

동경   후회 좀 하면 어때. 어차피 죽을 거.

멸망, 어이없어 보는데.

시간 경과.

멸망과 동경, 등만 맞댄 채로 모로 누워 있다. 각자 생각에 잠긴 듯 눈만 깜빡인다.

동경	야.
멸망	(대답 않고)
동경	야. 자냐.
멸망	안 자.
동경	무슨 생각 하는데.
멸망	건방진 인간. 하찮은 인간. 죽어가는 미물이 어디서, 하는 생각.
동경	(열 받고… 대답 않고)
멸망	너는.
동경	미친년… 아까 진짜 그러다가 죽었으면 어쩔 뻔했나 하는 생각.
멸망	…
동경	그때 나 보던 니 눈, 엄청 차갑고 무서웠지 하는 생각.
멸망	(마음 복잡한데)
동경	(눈 감으며) …이 와중에도 등은 따뜻하네 하는 생각.
멸망	!!

동경, 어느새 잠들었는지 등이 숨으로 고르게 오르락내리락 한다. 고스란히 제 등으로 느껴지는 동경의 숨 느끼며 생각에 잠긴 멸망의 얼굴. 그렇게 그 밤이 지나가고.

시간 경과.

새벽, 여명이 푸르게 밝아온다. 어느새 둘 마주 보고 누워 있다. 동경, 잠든 채고 멸망, 잠든 동경의 얼굴 가만히 바라본다. 그때, 동경의 머리카락 흘러내려 동경의 속눈썹께를 간질이는데. 동경, 불편한지 인상 찌푸리고. 멸망, 저도 모르게 치워주려 손 가져가다가 멈칫, 멈추는데.

/ 소녀신   연민을 갖는다는 게 어떤 건지 깨달았니?
/ 소녀신   자주 웃음이 나고, 때로 가여워지지. 갈수록 더 할 거야.

/ 다시 현재

순간적으로 확 미간 찌푸리는 멸망. 침대에서 확 일어나더니 순식간에 사라지는데.

S#5. 길거리 (다음 날 아침)

출근 시간대 바삐 움직이는 행인들. 홀로 재게 걷거나 여럿이서 걸어가는 풍경. 멸망, 그들 사이를 헤치며 느릿하게 걸어가고 있다. 예민하게 스쳐 지나가는 사람들의 마음을 듣는데.

행인1   (NA) (핸드폰 속 메신저 대화 훑으며) 드럽게 잘난 척이네. 콱 시험 떨어져라 그냥.

행인2   (NA) 아 짜증나. 짜증나. 짜증나. 회사 가기 싫어. 짜증나.

행인3   (NA) (핸드폰 속 메신저 대화 훑으며) 조별과제? 몰라. 지들이 알아서 하겠지.

멸망   (하. 니네가 그럼 그렇지. 기분 좋은 비웃음 터지는데)

행인4   (NA) (지나가며 멸망 스윽 보고) 미친놈인가?

멸망   (보면)

행인4   (NA) 뭘 처다봐? (가고)

멸망   (걸음 툭 멈추고 여전히 비웃으며 작게 읊조리는) 연민은 무슨.

그때 멸망에게 탁 내밀어지는 종이. 보면, 2부 S#11과 동일한 사이비 포교 전단지다. 동일한 인물이 포교 중이다.

사이비   우리는 그날을 준비해야 합니다. 멸망이 코앞입니다. (하는데)
멸망   (종이 가만히 내려다보다가) 진심이야?
사이비   네?
멸망   진심으로 세상이 끝났으면 좋겠어?
사이비   세상의 끝은 우리가 원해서 오는 게 아니라 우리의 죄로 인해… (어버버하는데)

말과는 다른 사이비의 마음의 소리 들린다.

사이비   (NA) 끝나야지. 이번 세상이 끝나야 선택받은 내가, 선택받은 나만이 다음 세상에서 행복할 수 있으니까.
멸망   (픽 웃음 터지고) 누가 그래? 니가 선택 받았다고?
사이비   !!
멸망   그래. 차라리 그랬으면 일이 좀 쉬웠겠네. 너였어야지. 니가 더 간절했어야지.
사이비   지금 무슨 소리를…
멸망   비밀 하나 알려줄까? (고개 살짝 숙여 소근) 다음 세상은 없어. 지금이 다야.
사이비   아닙니다! 신께서는 다 다음을 준비해두시고!! (하는데)
멸망   관리하는 것들이 사라지면 관리자는 어떻게 될 거 같아? 사라지지 않을까?
사이비   !!

멸망   난 거기에 걸었거든.

굳어 선 사이비 옆 비켜 지나가며 멸망, 소녀신이 한 말을 다시 떠올린다.

/ 소녀신   연민을 갖는다는 게 어떤 건지 깨달았니?

동시에 멸망의 시선에 빌딩 전광판 들어오고. 전광판에는 살인마의 공판 소식이 떠 있다. **'구신동 살인사건' 결심 공판…검찰 구형 예정**

멸망   (대답하듯 피식 비웃는데) (NA) 아니. 절대.

그대로 인파 속으로 걸어가는 멸망. 곧 인파 흩어지면 멸망, 없었던 듯이 사라져 있다.

S#6. 멸망의 집 / 침실 (낮)

아침 햇살이 창 안으로 비껴 들어와 동경의 얼굴 위로 머무른다. 동경, 자연스럽게 잠에서 깨어나는데. 일어나보면 낯선 장소, 낯선 침대에 저 혼자 덩그러니 남아 있다. 아… 여기 멸망의 침실이었지. 천천히 몸 일으켜 앉은 동경. 이유 모를 감정에 빈자리 보며 눈만 느리게 끔뻑이는데.

S#7. 라이프스토리 / 사무실 (낮)

동경, 심각한 얼굴로 인터넷 커뮤니티에 **사랑에 빠지는 방법, 사랑하는 법, 사랑에 빠질 때** 등 검색해보고 있다. 별 다른 글 나오지 않자 에휴… 포기하고 도르륵 게시판 무심히 훑는데. '[사랑] 한순간에 심쿵한 썰 풀어보자' 게시글 제목이 눈에 들어오고. 홀린 듯이 게시글 클릭해보는데. 댓글로 설레는 상황들 주르륵 달려 있다.

나 고딩 체육시간에 아파서 스탠드에 앉아 있었는데 갑자기 어디서 공이 날아옴. 근데 반에서 조용하던 애가 일어나더니 공 탁 막아줌. 그러고 "괜찮아?" 물어보는데 처음으로 걔가 남자로 보였음…
ㄴ헐 개설렌다
ㄴ대박

도서관, 창가, 햇살, 깨끗한 셔츠, 아는 선배. 끝났지 뭐 지금 남친임
ㄴ이거다
ㄴ더 주세요

불변의 클래식 후진 딱
ㄴ받고 주차권
ㄴ22 주차권

동경   (작게 중얼) 애들이 참 쉽네 쉬워… (고개 절레절레)

동경, 쓸데없는 데 시간 버린 기분이다. 다시 편집하려 한글 파일 여는데. 화면에 뜨는 소설, 지나의 소설이다. '사랑에 빠지는 101가지 방법─이현' 불현 듯 뭔가 깨달은 동경, 핸드폰 들어 지나에게 전화 거는데.

동경   작가님 어디세요?

S#8. 공원 / 산책로 (낮)

지나   사랑하고 싶다고?!

예상외의 말에 놀란 지나, 멈춰 선다. 보면, 지나 추리닝 차림으로 산책 중이고. 동경도 함께다. 동경, 멈춰선 지나 내버려두고 그저 천천히 계속 걸어나간다. 지나, 얼른 따라잡아 다시 걸으며,

지나   이름.

동경   이름?

지나   그 새끼 이름 뭐냐고. (핸드폰 꺼내 들고) 빨리.

동경   이름은 왜.

지나   뭐 이름점이라도 보려고 묻겠냐? 당연히 신상 털려고 묻지.

동경   이름… 안 물어봤네. 생각해보니까.

지나   뭐어? 이름도 모르는 사람을 사랑하게 된 거야?

동경   사랑하게 된 게 아니라 사랑하고 싶다니까.

지나   그게 그거지! 어디서 만났는데.

동경   어디라고 해야 되지… 어… 병원?

지나   병원? 의사야?

동경   아닐걸.

지나   환자야?!

동경   아, 따지고 보면 장례식장이 제일 처음인가.

지나   (기겁) 장례식장?! 살아는… 있는 거지?

동경   (픽) 빨리 가르쳐주기나 해. 사랑에 빠지는 101가지 방법.

지나   (에휴) 작정하고 되면 그게 사랑이냐. 그렇게 쉽지가 않아요, 또.

동경   언니는 어떻게 사랑에 빠졌는데.

지나   나? 나 그냥 뭐…

S#9. 회상. 고등학교 / 복도 (낮)

지나   (NA) 한순간이었지 뭐.

교복 셔츠 차림의 현규. 살짝 덜 마른 머리칼, 어깨에 커다란 스포츠 가방 메고 친구들과 웃으며 걸어오고 있다. 현규의 등장에 여학생들, 복도로 튀어나오고 교실 창문에 매달려 웅성거린다. 그때 지나, 복도 반대편에서 친구들과 시끌벅적 떠들며 걸어온다. 떠드느라 시선 계속해서 친구들에게 머물러 있는 상태다. 현규와 지나, 그대로 한 뼘 차이로 스치는데! 순간, 선명하게 느껴지는 현규의 비누 냄새! 지나, 홀로 멈칫해서 돌아보는데.

지나   비누 냄새…

현규 역시 문득 걸음 멈춰 뒤돌아본다. 지나와 눈 딱 마주치는데!

현규   (지나 향해 씩 웃어 보이는데)
지나   !!
현규   (다시 발길 돌려 걸어가고)
지나   (멍하니 현규 뒷모습에서 눈을 떼지 못하는데)

S#10. 현재. 공원 / 산책로 (낮)

동경과 지나, 어느새 공원 벤치에 앉아서 음료수 마시고 있다.

동경   언니도 진짜…
지나   (? 해서 보면)

동경	쉽네…
지나	(발끈) 야!! 그런 얼굴, 그런 몸, 그런 미소, 그런 순간을 만나는 거 엄청 어렵거든?! 안 쉬워! 희한하게 그 땀내 나는 무리 속에서 걔한 테만 비누 냄새가 빡! 났었다니까!
동경	걔만 씻었나보지…
지나	(쩝… 할 말 없고)
동경	(곱씹듯이) 음… 한순간이라 이거지? 그 한순간을 기다려야 되는 거 야? 만들 수는 없나? 나 진짜 시간 없는데.
지나	그럼 고백부터 해.
동경	다짜고짜?
지나	감정이라는 게 원래 입 밖으로 내뱉고 나면 걷잡을 수 없이 부풀어 지는 거야.
동경	(놀리듯이) 아아~ 언니는 그래?
지나	(포기…) 그래. 나는 그랬다… 돌아올 수 없는 강을 건넜지… 니 공 이 컸다.
동경	거기다 갑자기 왜 날 끌어들이실까?
지나	너 그때 기억나? 우리 처음 만난 날.
동경	언니 제주도로 수학여행 온 날.
지나	어.

S#11. 회상. 제주도 호텔 앞 (밤)

동경	(NA) 첫만남, 강렬했지. 담 넘어서 나 만나러 온 여잔 언니가 처음 이었잖아.

쭈그려 앉아 운동화 끈 질끈 묶는 검은 실루엣. 고등학생 지나다. 뒤에서 친

구들 창문으로 그런 지나 보고 있고. 입모양으로 '화이팅, 화이팅!' 외치고
있다.

지나   언니만 믿어라 얘들아.

지나, 우다다 달려나가서 숙련된 몸짓으로 담벼락 넘어 탁 착지까지 성공하
는데. 그 앞을 지키고 선 누군가!! 고등학생 동경이다. 후드티 모자 꽉 조여
쓴 채 제 몸만 한 배낭을 앞으로 메고 있다.

지나   어우씨 깜짝이야.

동경   (무심한 얼굴로 빤히 보고 있고)

지나   우리 학교 애는 아닌 거 같고. 너 여기 사는 애야?

동경   (말없이 끄덕)

지나   잘됐다. 여기 근처에 슈퍼 어딨는지 알아?

동경   (어딘가 손가락질 하며) 삼십 분.

지나   고맙다. (하고 그 방향으로 가려는데)

동경   차로.

지나   (멈칫 다시 뒤돌고) 아씨. 망했네. (하다가 손 입가에 대고 거래하듯 소
           근) 이 근처에 술 파는 데 없어?

동경   (비장하게 가방 지퍼 쩍 열더니 소주 팩 하나 꺼내든다)

지나   (감격)

동경   (반응 보더니 캔 맥주도 슬쩍 보여주는)

지나   대박… 얼만데.

동경   (손가락 하나 펴 보이고)

지나   천 원…?

동경   (인상 팍 쓰고 손가락 하나 더 펴 보이는)

지나   뭐?! 이거 순 날강도, (하는데)

동경   (또 하나 펴려는데)

지나   (얼른 손 붙들며) 콜!!

S#12. 회상. 제주도 호텔 / 복도 (밤)

술에 취해 발갛게 얼굴 달아오른 지나. 고래고래 소리지르며 복도 가로지른다.

지나   이현규 나와!!

지나의 소란에 저마다 문 열리며 학생들, 고개 내밀어 구경하고. 그들 사이로 현규도 어정쩡하게 방에서 나오는데. 지나, 현규 발견하자 성큼성큼 걸어가 앞에 딱 서고!

지나   야! 나 너 좋아한다! 나랑 사귀자!!

학생들, 환호성 지르며 난리 났고. 현규는 그런 지나가 당황스러우면서도 귀여운지 픽 웃는데.

S#13. 현재. 공원 (낮)

공원 한쪽에 놓인 운동기구로 삐걱삐걱 운동하고 있는 동경과 지나다.

동경   직진 여주… 이제 도망 남주만 나오면 언니 소설이네.

지나   (!! 시무룩해져서) 니가 보기에도 그래?

182

동경	왜. 차팀장이 그 소리 해?
지나	(뜨끔해서) 아니 이 뭐 그냥…
동경	그렇게 끝내주는 첫사랑을 했는데 어떻게 잊어? 인생에 그런 흔적 남는 게 당연하지. 신경 쓰지 마. 차팀장 그 인간이 뭘 알아.
지나	맞아… 그 인간이 뭘 알아. 맨날 걔가 꿈에 나오고 난리도 아니었는데 진짜… (하다가 번뜩) 그래, 꿈!! 꿈을 꿔라!!
동경	꿈?
지나	자기 전에 걔 생각 엄~청하고, 사진 있어? SNS 염탐해서 사진 보고 자고 그래! 꿈에 나오면 원래 게임 끝이야.
동경	(솔깃하고) 그래…?
지나	그렇다니까?
동경	(고심하다가) 오케이. 언니가 사람 목숨 하나 살렸다.
지나	와 목숨이래… 아주 목숨 걸고 사랑할 건가봐? 어? 도대체 어떤 놈이길래 우리 탁이 이렇게 욕망에 불타가지고? 어? (하는데)
동경	세 달. 딱 세 달 후에 다 얘기해줄게.
지나	세 달?
동경	어 딱 세 달만 기다려. 세 달 후에 내가 꼭 직접 말할 거야 언니한테. 완전 멀쩡하게.
지나	멀쩌엉? 이게이게! 사랑을 엉망진창으로 할 생각은 못 하고!
동경	(농치며) 아유 제가 아무리 엉망진창으로 사랑해봤자 언니만 하겠어요?
지나	그럼 뭐 하냐. 걔랑 키스도 한번 못 해봤는데…
동경	원래 첫사랑의 마침표는 아쉬움이래…
지나	그래서 하는 말인데…
동경	(? 해서 보면)
지나	나 얼마 전에 첫 키스한 남자 만났다.
동경	대박! 그 이름도 모른다는 남자? 어디서! 언제! 어떻게! 왜!

지나	그게… 너무 놀라진 말고…
동경	뭔데.
지나	차주익.
동경	…어?
지나	그 남자 이름 차주익이라고. 차팀장. 니 사수.
동경	뭐어어어?!!

S#14. 라이프스토리 / 사무실 (밤)

사무실엔 야근 중인 동경과 주익만이 남아 있다. 저 인간이 그 인간이라고…?
동경, 화면만 바라보고 있는 주익을 흘끔거리는데.

주익	(그런 동경의 시선 느끼고 슬쩍 고개 돌려 동경 보면)
동경	(얼른 시선 거두고 일하는 척)
주익	(아닌가? 다시 화면으로 시선 돌리는데)
동경	(바로 다시 흘끔거리고)
주익	(바로 다시 돌아보면)
동경	(다시 고개 돌려서 괜히 일하는 척 마우스질 하고)
주익	(다시 고개 돌리는 척하다가 불시에 휙 일어나 탕비실 쪽으로 향하는데)
동경	(고개 돌려 휙 보다가)
주익	(가는 척하다가 바로 휙 자기 자리로 돌아온다! 그대로 동경 시선 딱 마주치고!)
동경	(헉!!)
주익	(심드렁) 뭐. 왜.
동경	아닌데요?!
주익	'뭐 왜'에 '아닌데요?'는 좀 부적절한 대답 아니냐?

동경   (끙…)

주익   할 말 뭔데.

동경   네?

주익   미팅 갔다 오고 나서부터 계속 나 쳐다보잖아.

동경   (!!) 아니에요!

주익   (후…)

동경   진짜 아니에요!

주익   (보다가) 아님 됐고. (하고 자리에 앉으려는데)

동경   팀장님.

주익   (앉다말고 멈칫) 왜.

동경   …아니에요. (고개 돌리고)

주익   (빠직… 자리에 앉아 다시 화면 보는데)

동경   있잖아요, 팀장님.

주익   (바로) 어 없어.

동경   (하… 썰렁하고 유치한 말장난에 뭐라 대꾸도 하기 싫다)…

주익   (약간 머쓱해서) …뭐.

동경   팀장님은… 싫어했던 사람을 사랑하게 된 적 있으세요?

주익   없어. 싫어했던 사람한테 키스한 적은 있어도.

동경, 순간적으로 놀라 주익 바라보고. 주익은 아무렇지 않은 듯 화면만 보고
있다.

동경   왜요?

주익   싫은 이유가 불쌍해서였는데, 불쌍하니까 하게 되더라. 키스.

동경   (아… 지나의 말과 멸망까지 떠올라 복잡한 마음인데)

주익   답이 됐어?

동경   (뭔가 들킨 것 같아 당황스럽고) 네? 뭐가요?

주익	뭐든.
동경	(곰곰이 생각하다가 결심한 듯) 네. 됐어요.
주익	다행이네. (다시 몸 돌려 일하는데)
동경	(몸 돌리며 자기도 모르게 혼잣말) 그렇다고 어떻게 키스를 하지…?
주익	(확!) 다 들려. 작게 말해.
동경	(좀 작게) 그렇다고 어떻게 키스를 하지…?
주익	더 작게 말해.
동경	(더 작게) 그렇다고 어떻게… (하는데)
주익	(확!) 그만 말해.
동경	네…
주익	퇴근하고.
동경	(기다렸다는 듯) 넵. (가방 들고 일어서며) 들어가보겠습니다.
주익	(쳐다도 안 보고) 어.

동경, 나가다가 보면 주익, 컴퓨터로 기본 카드 게임하고 있다. 뭘 저리 열심히 하나 했더니만… 동경, 절레절레하고는 사무실 나가는데. 주익, 동경까지 나가자 기다렸다는 듯 기계처럼 컴퓨터 끄고 자리에서 일어선다.

S#15. 라이프스토리 / 복도 (밤)

주익, 엘리베이터 상향 버튼(위로 올라가는) 누르고 선다. 곧이어 엘리베이터 열리고 보면, 안에 현규가 먼저 타 서 있다. 두 사람, 눈 마주쳤지만 아무런 반응 없고. 주익, 조용히 현규 옆에 선다. 엘리베이터 문 닫히고.

S#16. 엘리베이터 안 (밤)

정적이 흐르는 엘리베이터 안. 두 사람, 아무 말 없이 층수 표시판만 보고 있는데. 띵, PH층에 멈추는 엘리베이터. 문 열리고 현규가 먼저 엘리베이터 밖 나서는데.

현규   (나가다 말고) 오늘 저녁 뭐야?

주익   그걸 왜 나한테 물어. 오늘 니가 당번이면서. (뒤이어 나가는데)

현규   까비… 자연스러웠는데. (가고)

주익   (저걸 확… 따라가는데)

S#17. 주익의 집 / 부엌 (밤)

식사가 끝난 후다. 현규, 설거지하고 있고 주익, 식탁에 앉아 그런 현규 보면서 책(《로맨틱 에고이스트》) 보고 있다.

주익   (책에 시선 꽂은 채로) 너 내 차 몰고 다니냐?

현규   (설거지하던 손 미끌) 어? 아닌데?

주익   (책 보며 덤덤) 죽는다.

현규   …형, 말이 나와서 말인데. (비장하게 돌아 주익 바라보고)

주익   (책 보던 시선 거둬 현규 보면)

현규   나 다음 주에 동창횐데 차 좀 빌려주라.

주익   꺼져. (다시 책으로 시선)

현규   아니 동창들 오랜만에 보는 거라서 그래!! 아 제발 형!

주익   (묵묵히 책 넘기고) 동창들 오랜만에 보는데 내 차가 왜 필요해? 너 그 허세 좀 버리라고 했지 내가.

현규	내가 뭐 허세 부리고 싶어서 부려? (불쌍한 척) 수능 전날 형이 준 떡만 안 먹었어도 내 인생이 이렇게 꼬이진 않았을 텐데… 후… 아니다. 나는 쪽팔려서 동창회고 뭐고 못 가겠… (하는데)
주익	(질린다) 아 가져가.
현규	(얼른) 땡큐. 알라뷰. (다시 설거지하며 노래 부른다) 스승의 은혜는 하늘 같아서~
주익	(진절머리) 내 인생에 어쩌다가 저런 게 껴들어가지고…
현규	형이 그때 우리 아빠한테 받아먹은 과외비 이렇게 갚는다고 생각해.
주익	내가 꽁으로 받아먹었냐? 돌대가리 너 가르치느라고 내가 아주, (하는데)
현규	그럼 뭐 해. 나 대학 못 갔잖아. 형 때문에.
주익	(아오씨… 말을 말자 싶고) 왜. 동창회에 니 첫사랑 온대? 어떻게 생겼는지 기억은 나냐?
현규	(설거지 끝내고 고무장갑 벗으며) 기억 안 나. 어떻게 기억해. 완전 옛날인데.

그때, 카톡 소리 울린다. 현규, 얼른 주머니에서 핸드폰 꺼내들고.

현규	오! 나 카페에서 번호 따인 여자한테 연락 왔다.
주익	(한심하고)
현규	내가 원래 일하는 데랑 연애하는 데는 딱 구별을 두는 스타일인데 그러기엔 얼굴이 너~무 내 스타일인 거지… (카톡 프로필 사진 띄워서 보여주며) 봐봐. 예쁘지.

그 순간 주익의 머릿속으로 지나의 얼굴이 짧게 스쳐지나간다. 카톡 속 모르는 여자의 모습, 너무 지나랑 닮은꼴이다.

주익   (이 새끼 알고 이러는 건지 모르고 이러는 건지…)

그때 현규 핸드폰 전화벨 울리고,

현규   엇 전화. (전화 받으며 거실로) 어, 동창회? 어, 가야지. 어디라고 했지?

주익, 그런 현규 보며 절레절레, 다시 시선 책 향하고. 그때 주익의 눈에 문구 하나 들어온다. '내 마음에 드는 여자들은 모두 프랑수아즈, 너의 표절들이다.'

주익   기억 안 나기는.

S#18. 지하철 (밤)

피로한 얼굴로 한쪽에 끼어 겨우 서 있는 동경, 퇴근 지옥철 안이다. 이윽고 지하철 정차하고, 내리려는 사람들 마구잡이로 동경 떠미는데. 동경, 근처에 있는 손잡이 잡으려 손 뻗지만 간발의 차이로 잡지 못하고 그대로 떠밀려 나가는데!

동경   !!

누군가 탁, 동경의 손을 단단히 붙잡아 당긴다. 그 반동에 동경의 손목에 걸린 빨간 실팔찌 흔들리고. 사람들이 우르르 내리고 보면, 멸망이 동경의 손을 잡고 있다! 사람들이 떠난 자리에 서로 마주보며 손잡고 있는 동경과 멸망이고.

동경   …뭔데 너.

멸망   나? (가식적으로 싱긋 웃으며 잡은 손 들어 보이고) 손잡이.

닫히는 지하철 문. 움직이기 시작하는 지하철 창문 안으로, 굳어 멸망을 바라
보는 동경과 밝게 웃으며 아무렇지도 않게 창 밖 보는 멸망의 얼굴 대조적으
로 보인다.

S#19. 골목길 (밤)

동경의 집 향하는 골목길이다. 동경, 멸망과 약간 떨어진 채로 걸어 올라오고
있다. 숨이 조금 차는지 올라가는 걸음이 힘겨운 동경인데.

멸망   (불쑥) 힘들면 손잡아줄까?

동경   (! 기가 찬다. 탁 멈춰 서고) 왜 이래?

멸망   (아무것도 모르는 척) 뭐가?

동경   왜 갑자기 친절한 척이냐고.

멸망   (또 아무것도 모르는 척 빙글) 내가?

동경   (열 받는다. 다시 힘차게 걸으며 중얼) 하여간 지 멋대로. 갑자기 사라
       져놓고 갑자기 또 나타나선.

멸망   내가 어디 갔다 왔는지 궁금해?

동경   (앞만 보며 걷고) 안 궁금해.

멸망   (그러거나 말거나) 오늘 내가 나가서 사람들이 속으로 무슨 생각 하
       나 좀 들어봤거든.

동경   (확 돌아보며!) 너 그거 노매너라고 내가! (하는데)

멸망   여전하더라.

동경   (! 보는데)

멸망	여전히 다들 지만 잘났고 지만 불쌍하고.
동경	!!
멸망	알고 있었는데 다시 한번 확인하고 나니까 확실해져서.
동경	뭐가.
멸망	(판정하듯) 역시 과분하다. 너희들한텐. (하다가) 그래서.
동경	뭐가 그래선데.
멸망	니가 걸어오는 싸움, 안 피한다고 나도. 니가 나한테 미쳐서 다 버리는 꼴, 보고 싶어졌거든.
동경	!!

멸망, 동경에게 빙글 웃어 보인다. 좋아… 그렇게 나온다 이거지? 동경, 비장한 얼굴로 변하는데.

S#20. 동경의 집 + 멸망의 집 (밤)

동경, 소파 위에 다리 모아 쪼그려 앉은 채로 어딘가 응시하고 있다. 꼭 누구하나 죽일 것 같은 눈이다. 시선 따라가보면, TV 화면이고. 드라마 〈구미호뎐〉 나오고 있다. 멸망, 지루하고 시답잖은 얼굴로 화면과 동경 번갈아 보고.

멸망	뭐 하냐.
동경	(TV에 시선 떼지 않고) 노력.
멸망	무슨 노력.
동경	특별한 존재랑 사랑에 빠지려면 어떻게 해야 하는지.
멸망	그래서 답은 찾았고?
동경	어.
멸망	뭔데.

동경	얼굴. 하여튼 잘생기고 봐야 돼. (멸망 얼굴 슥 보더니 절레절레)
멸망	(발끈) 무슨 뜻이냐, 방금.
동경	뭐… 별로 좋은 뜻은 아니야. (고개 휙 다시 TV 보고)
멸망	너 나한테 한 첫마디가 뭔지 까먹었나본데, (하는데)
동경	어 까먹었는데?
멸망	난 안 까먹었거든.
동경	시끄럽고, (TV 리모컨으로 탁 끄더니) 너 오늘 밤도 나랑 좀 같이 있어야겠는데.
멸망	원하시는 대로. 내가 넘어가? 아님 니가 넘어올래.
동경	니가 넘어와. (사이) 내 꿈으로.
멸망	(보는데)

S#21. 동경의 꿈

/ 1. 제주도 바닷가 (밤)

밤하늘에 커다란 달 떠 있다. 달빛, 바다에 길처럼 길게 늘어져 있고. 그 모습 바라보며 나란히 서 있는 둘. 둘 사이, 파도 소리만 공허하게 울린다.

동경	꿈에 나오면 게임 끝이랬거든. 나 아는 언니가. (바다 풍경 보며) 확실히 꿈이네.
멸망	여길 되게 좋아하나봐.
동경	(?) 니가 데려온 거잖아.
멸망	니 무의식이 고른 건데.
동경	(픽) 그래? 나 되게 힘든가보네.

192

멸망   (무슨 소리지? 싶어 보는데)

동경   (박수 짝) 자, 2차 가자.

멸망   2차? 어디로.

동경   일단 학교.

/ 2. 고등학교 운동장 (낮)

순식간에 장면 전환된다. 체육시간, 운동장에 축구하는 남학생들 무리, 여자애들은 삼삼오오 모여서 응원하고 있고. 동경, 홀로 앉아 한껏 여린 척 괜히 콜록대고 이마에 땀도 없으면서 닦는 척하고 있다.

동경   (NA) 난 그 뭐야 학교 다닐 때 되게 막 신비롭고 몸 약하고 그런 애들 있지. 얼굴 하얘가지고. 그런 역할이야.

그 순간, 남자애들이 뻥 찬 축구공 동경 향해 날아오는데! 헉! 놀라 움츠러든 동경. 그때, 누군가 동경 앞에 나타나 팔로 공 탁 쳐낸다!

멸망   괜찮아?

그대로 동경 돌아보면, 교복 입은 멸망이다! 동경, 울렁이는 눈빛으로 보는 것 같았는데⋯ 순식간에 식어버리는 눈.

동경   (손사래) 다음.

멸망   (확⋯)

/ 3. 대학교 도서관 (낮)

도서관 창가로 햇빛 쏟아져 들어온다.

멸망   (NA) 이번엔 뭔데.

캔커피 들고 도서관 안 천천히 걷고 있는 동경.

동경   (NA) 세계관 연결. 그 고등학생 여자애가 어느새 커서 좋아하는
         선배를 따라 같은 대학에 들어온 거지. 참고로 교회에서 만났어.
         선배는 성가대 반주자 출신.
멸망   (NA) 아 교회오빠 느낌?

쏟아지는 햇빛 따라 시선 옮겨 보면, 청바지에 하얀 셔츠차림, 안경 쓴 남자
앉아 있다. 부서지는 햇빛에 얼굴 잘 보이지 않는다. 걷어 올린 소매 아래로
드러난 팔목 근사하고. 사각사각 영어로 무언가 적어내리고 있는데. 동경, 홀
린 듯 걸어가,

동경   (커피 놓으며) 선배… 이거 드시고 하세…

동경을 향해 고개 드는 남자, 멸망이다!

멸망   (보고 화사하게 웃으며) 고마워.
동경   (순식간에 차가워지는 얼굴) 다음.

/ 4. 스포츠카 안 (낮)

오픈카 운전석에 앉아 있는 멸망. 수트 차림에 머리 올리고 선글라스 걸치고 있다. 조수석에는 동경 앉아 있고.

멸망 이번엔 뭐.

동경 후진.

멸망 오케이. (고개 뒤돌려 멋있게 후진하는데)

동경 스탑!

멸망 (끽 세우고 보면)

동경 이게 빠졌어. (하더니, 주차권 입에 물려주는)

멸망 (더는 못 참겠다. 주차권 문 채로 인상 팍! 주차권 퉤 뱉고) 못 해먹겠네 진짜.

동경 (심각하게 끄덕) 나도.

/ 5. 제주도 바닷가 (밤)

배경 순식간에 바뀌고, 다시 밤바다 앞에 서 있는 멸망과 동경.

동경 (표정 심각하고) 안 되겠다.

멸망 그럼 오늘은 여기서 끝? (하고 뒤돌아 가려는데)

동경 니 얘기를 좀 해봐.

멸망 (예상치 못한 말에 돌아보고)

동경 한 사람을 사랑하려면 자고로 그 사람의 세계를 알아야지. 보여줘, 니 세상을.

멸망 내 세상?

동경   내 무의식의 세상이 (바닷가 흘긋 바라보며) 여기인 것처럼 니 무의
       식의 세상도 있을 거 아냐.

멸망   (가만히 보다가) 또 말해두겠지만 난 사람이 아니야. 내 세상도 니가
       생각하는 그런 건 아닐 거고.

동경   (생각지도 못했다) 아…

멸망   근데 뭐. 원하시는 대로.

그러자 순간, 둘 사이로 머리카락이 휘날릴 만한 바람이 일고. 동경, 이는 바
람에 얼굴 찌푸리다 못해 절로 눈 감기는데.

/ 6. 멸망의 정원 (밤)

바람 잔잔해져 동경의 머리카락 차분히 내려온다. 동경, 감았던 눈 가만히 떠
보는데. 어느새 배경 바뀌어 멸망의 집 앞 정원에 둘, 서 있다. 어느새 저만치
홀로 서 있는 멸망. 맨발인 채로 잔디 위에 서 있다. 커다랗고 밝은 달 아래 마
구잡이로 솟아난 풀들, 퍽 싱그러워 보인다.

멸망   이게 내 세상이야.

멸망, 등 돌려 천천히 걷기 시작하면 멸망의 발 닿는 곳들이 시들어 색을 잃
는다! 달조차 점점 이지러지고. 멸망이 지나갈 때마다, 손짓할 때마다, 숨을
내쉴 때마다 모든 것들이 시들고 저물어 색과 빛을 잃는다. 동경, 숨 죽여 그
모습 지켜보고. 멸망, 문득 걸음 멈춰 동경 돌아본다. 메마르고 공허한 멸망
의 눈.

동경   (NA) 사라지는 모든 것들의 이유. 사라지는 모든 것들의 신.

그런 멸망이 두렵고, 경이로운, 그러나 한편으론 안쓰러운 동경의 눈. 동경, 저도 모르게 멸망을 향해 한발 내딛는데.

동경   (NA) 닿으면 시라지는 것들을 사랑하게 되는 일이란 쓸쓸하겠지. 절대 사랑하고 싶어지지 않을 만큼.

동경, 멸망을 향해 나아가기 시작하는데. 동경의 걸음 뒤로 생기를 잃은 풀들이 마법처럼 다시 푸르게 일어서기 시작한다! 동경, 아무것도 모른 채로 그저 멸망을 향해 걸어가는데.

멸망   !!

이게 무슨… 니가 어떻게… 멸망, 이 광경을 믿을 수 없다.

동경   (NA) 이제 조금 알 것 같다. 니가 무엇으로부터 도망치는 건지.

동경, 그대로 망설임 없이 헤치고 다가와 멸망의 손을 붙잡는데! 그 순간, 모든 풍경이 전부 색을 되찾는다!

멸망   !!

멸망, 순간적으로 동경의 손을 확 뿌리치는데!

S#22. 동경의 집 / 거실 (다음 날 아침)

그대로 눈 번쩍 뜨는 동경인데. 자기 집 소파 위에 누운 채다.

S#23. 동경의 집 + 멸망의 집 (낮)

동경, TV 보면서 거실 테이블 앞에 앉아 우유에 시리얼 말아 먹고 있다. 멸망, 자기 집 소파에 앉아 괜히 신문 보는 척하고 있고.

멸망   (신문 보면서) 회사 안 가냐.
동경   (TV 보면서) 오늘 주말이야.
멸망   (할 말 없고) 그래.

멸망은 신문 보고 동경은 TV 보며 시리얼 씹는 채로 잠시간 정적 흐르고. 그러다 문득,

멸망   어제 그 꿈은, (하는데)
동경   (시리얼 씹으며 담담히) 나 일단 너 용서 하려고.
멸망   …뭐?
동경   용서한다고 너.
멸망   (신문 탁 접고) 니가 뭔데.
동경   너를 사랑하려는 사람.
멸망   !!
동경   사랑은 원래 용서하는 거에서 시작하는 거니까.

S#24. 아파트 단지 앞 (낮)

인부들 몇이 텅 빈 담벼락에 벽화 그리고 있다. 건너편 벤치에 나란히 앉아 조금씩 색이 입혀지는 담벼락을 보고 있는 소녀신과 멸망. 사복 차림의 소녀신, 컵 아이스크림 먹고 있고. 멸망, 지루하게 도색 작업 바라보고 있는데.

멸망	같지도 않아. 인간 주제에 용서는.
소녀신	(심드렁하게 아이스크림 먹으며) 그러게. 그리고 사랑은 원래 미워하는 거에서 시작하는 건데.
멸망	(? 해서 보면)
소녀신	(컵 박박 긁어먹으며) 하긴 뭐, 미워해야 용서도 하는 법이니까.
멸망	(보다가) 난 당신 용서 안 해. 오늘은 그냥, 휴전 같은 거야.
소녀신	(대답 않고 그저 담벼락 보며 흥얼) 알아. 너 얘기할 데 없는 거. 나도 마찬가지니까.
멸망	갈수록 거슬려. 탁동경.
소녀신	(담벼락 보며 피식) 예쁘다. 칠하니까.

나란히 벤치에 앉아 있는 둘의 모습과 점점 색 입어가는 담벼락 모습 함께 담기고.

S#25. 동경의 집 + 멸망의 집 (낮)

동경, 한쪽에 수북하게 쌓아둔 빨랫감들 천천히 개고 있다. 정리된 옷, 수건들 네댓 개 정도 옆에 놓여 있고. 순간, 옷 개던 손 멈칫. 머릿속에 어젯밤 꿈 속 황폐한 정원에서의 멸망의 공허한 얼굴 스친다.

동경	(멸망의 슬픈 얼굴에 동화된 듯 시무룩한 얼굴 하다가 다시 옷 개며) 역시 나지나… (저도 모르게 은은히 미소 띠는데)

띵동! 그때, 동경의 집 벨소리 들린다.

S#26. 동경의 집 앞 (낮)

동경   (문 열며) 누구… (하는데)

보면, 집 앞에 선경 서 있다.

동경   괜히 쫄았네. (문 열고 나오며) 뭐.

선경   쫄았어? 왜. 누나 뭐 잘못했나? 형님이랑 싸웠어?

동경   형님 같은 소리 하네. 올 거면 연락을 하고 오지.

선경   왜. 형님 오기로 했어?

동경   이게 진짜 확 그냥.

선경   (겁먹은 척) 아 누나 원래 주말에 어디 안 가잖아. 그래서 그냥 왔지. (눈치 보며) 있잖아… 나 돈 좀 꿔주라.

동경   (열 받고) 왜. 또 뭔 사고 쳤는데.

선경   아니 사고 아니고!! 나 학원 다니려고!!

동경   학원?

선경   (들어주니까 신나서) 어! 나 자격증 따려고. 퍼스널 컬러리스트. 그거 요즘 대세래.

동경   탁선경. 니 전공이 뭐지?

선경   (해맑게) 레저스포츠. 근데 나 재능 있어. 나 어렸을 때부터 옷 입을 때 색감 되게 예민했던 거 누나 알지.

동경   쓸데없는 소리 하지 말고 가. 누나 피곤하다. 내가 주말까지 이딴 얘기 들어야겠냐?

선경   이딴 얘기?

동경   컴퓨터학원 보냈더니 게임에 빠지고. 요리학원 보냈더니 살찐다고 그만두고. 주짓수 배운다더니 맞으면 아프다고 포기한 놈이야 너. 너 진짜… 나 죽어서도 이러고 살래?

선경	안 빌려줄 거면 말지 무슨 죽네 사네 하는 말까지 나와. 하, 아니다. 말한 내 잘못이지. 누나가 뭘 알겠어. 꿈도 없는데.
동경	뭐?
선경	가께. 쉬어라. (돌아서 가려는데)
동경	(울컥) 그게 누구 때문인데…
선경	(가다가 보고) 나 때문이라는 거야?
동경	그럼 내가 누구 때문에 이렇게 꿈도 없이 꾸역꾸역 사는 거 같은데?
선경	아니 싫으면 회사 관둬! 관두면 되잖아! 왜 내 핑계대고 난리야.
동경	관두면 니 뒷수습은 무슨 돈으로 하고?!
선경	누가 내 뒷수습 해달래? 내가 알아서 한다고!! 솔직히 지가 좋아서 한 거면서.
동경	뭐…?
선경	내 탓 하지 마. 막말로 누나만 고아냐? 나도 고아거든? 근데 난 꿈 있잖아. 하고 싶은 거 있잖아. 하… 됐다. 말해 뭐해. 어떻게 이해하 겠냐. 나도 누나 이해 못 하겠는데. 됐어. 내가 알아서 할게. 난 죽 어도 누나처럼 살기 싫으니까. (휙 가려는데)
동경	(거칠게 잡아채며) 너 지금 뭐라 그랬어.
선경	(뿌리치려 실랑이하며) 아! 놔! 가라매! (하다 중심 잃어 휘청 넘어지는데)
동경	!!
선경	(보면 팔 까져 피 나고) 아씨…
동경	야… 괜찮아? (다가가 부축하려는데)
선경	(탁 잡으려는 쪽 팔 빼며) 아 됐어.

선경, 일어나 가버리고. 동경, 처참한 마음으로 그런 선경의 뒷모습 보고 서 있는데.

멸망	(E) 사랑 참 별거 아니네.
동경	!!

돌아보면 언제부터 와 있었는지 멸망, 저만치 뒤쪽 난간에 걸터앉아 이쪽 바라보고 있다.

멸망	쟤 구구절절 진심이더라. (자기 귀 톡톡 쳐 보이고)
동경	나 지금 너 상대할 기분 아니야. (집으로 들어가려는데)
멸망	너무하잖아. 너는 쟤 살리겠다고 이렇게 아등바등인데.
동경	니가 상관할 바 아니거든?
멸망	왜. 또 용서하게?
동경	(보면)
멸망	착각하는 거 아냐? 용서하는 쪽이 더 착한 거라고. 착한 게 이기는 거라고.
동경	그 말이 거슬렸나보네. 미안. 됐지? (참고 집으로 들어가려고 문고리 잡는데)
멸망	그래. 거슬려 너. 자꾸 그래.
동경	(꾹꾹 참으며) 알았어. 오늘은 그만하자 제발. (문 여는데)
멸망	내가 지금 쟤를 죽이면 어떻게 될까?
동경	(놀라 돌아보고!!)
멸망	방법은 많아. 저기 어디 굴러다니는 멸망 하나 가져다가 씌우지 뭐. 그렇게 해도 용서해줄 거야? (놀리듯) 사랑할 수 있을까?
동경	(문 쾅 닫고!!) 방금 한 말 취소해.
멸망	왜 화내. 그냥 궁금해서 그러는데.
동경	(저벅저벅 다가와 멸망 코앞에서 노려보고) 취소하라고.
멸망	(순식간에 차가워진 얼굴로 고개 숙여 동경 눈 들여다보며 위협하듯) 별이 일 초에 몇 개씩 사라지는 줄 알아? 칠십구억 개씩 사라져. 넌 뭔데.

니가 그 별보다 나은 게 있어? 대답해봐. 니가 왜 살아야 되는데?

동경   (분해 노려보는데)

멸망   (동경에게 말하지만 자기 자신에게 말하는 거기도 하고) 넌 그냥 그런 거
야. 내가 잔잔한 호숫가에 돌 하나를 던지고 싶은데, 마침 가장 가
까이에 있던 돌. 아주 손쉬운 우연.

동경   (들리지 않을 정도로 중얼) …죽었으면 좋겠어.

멸망   (보면)

동경   (제대로 꾹꾹 눌러 담아) 니가… 죽었으면 좋겠어. 죽어봤으면! 그럼
내 마음 알 테니까!

멸망   그래?

두 사람 사이로 거센 바람 인다. 바람에 휘날리는 동경의 머리카락으로 동경
의 시야 잠시 가려지는데,

S#27. 숲 속 (낮)

시야 드러나면, 어느새 어딘지 알 수 없는 숲 속 한가운데 서 있는 동경과 멸
망. 멸망의 손엔 권총 한 자루 쥐어져 있다.

멸망   그게 소원이라면.

멸망, 총 들어 장전한 후 동경에게 내미는데. 동경, 망설이며 바라보기만 한
다. 멸망, 억지로 동경의 손에 총 쥐여주고.

동경   (총 든 채로 멸망 노려보는데)

멸망   이뤄봐. 니 소원.

동경   (부들부들 떨리는 손)

지켜보던 멸망, 동경의 손에서 총 뺏더니 자기 턱 아래에 갖다 댄다! 그대로
방아쇠 당기는데!

동경   !!

총알은 나가지 않고 달칵달칵 방아쇠 당기는 소리만 울린다!

멸망   들어줄 수가 없는 소원이네. (어깨 으쓱)

그러더니 곧바로 하늘 향해 탕, 쏜다! 숲을 울리는 선명한 총소리! 새들 파드
득 날아가고.

동경   !!
멸망   (탄창 열어서 총알 바닥에 와르르 쏟으며) 죽을 수 있었으면 진작에 죽
          었어.
동경   (분해 보다가) 널 죽일 수 없으면…
멸망   (보면)
동경   불행하게라도 만들 거야.
멸망   !!
동경   불행한 채로 영원히 살도록.
멸망   해봐. 할 수 있으면. (뒤돌아 가다가 잊었던 거 생각난 듯) 아.

돌아와 선심 쓰듯 동경의 손 잡았다가 놓는데.

멸망   내가 손 한 번만 안 잡아줘도 금세 불행한 주제에. (그대로 돌아가버

204

리는데)

동경   야!!!

동경, 따라가려 걸음 떼는 순간 휙 장소 바뀌고!

S#28. 동경의 집 / 거실 (밤)

어느새 자신의 집 안에 홀로 서 있는 동경이다. 그새 멸망의 집은 사라졌다.
동경 하… 비참함과 서글픔에 서 있다가 곧 바닥에 주저앉아 개던 빨래 다시
집어든다. 꾸역꾸역 빨래 개던 동경. 문득 들고 있던 빨래 내팽개치더니 정리
돼 있던 빨래들마저 마구잡이로 내던지는데!! 잠시 씩씩대며 앉았다가 차분
해지자 이내 결국 다시 손 뻗어 엉망이 된 빨래 집어들어 개기 시작한다.

동경   (NA) 내가 저지르고 내가 수습해야 하는 삶. 누구도 나를 책임져
          주지 않는 삶. 저지르지 않는다. 시도하지 않는다. 가만히… 그저
          가만히 있는다. 내 삶은… '가만히'의 연속이었다. (꾹꾹 울음 참듯이
          수건 눌러 개며) 시도하지 말았어야 했다. 연민도, 사랑도.

S#29. 법원 / 입구 + 복도 (다음 날 낮)

멸망, 신경질적인 걸음으로 법원 향해 걷고 있다. 내딛는 걸음마다 크고 작은
사건 터진다.

멸망   (NA) 인간은 하찮다.

멸망이 휙 지나가자 뒤로 소화전 터져 물기둥 솟구치고! 지나가던 사람들 웅성댄다.

멸망   (NA) (아랑곳 않고 걸어가며) 너라고 다를 바 없다.

멸망, 거침없이 길 건너는데 달려오던 차, 부딪치기 직전에 펑! 타이어 터진다.

멸망   (NA) (아랑곳 않고 걸으며 다짐하듯) 다를 바, 없다.

법원으로 들어선 멸망. 지나가자 복도 음료 자판기 쾅! 하고 터지더니 출구로 우수수 음료 캔들 쏟아지고. 걸려 있던 액자들 위험하게 삐걱삐걱 비틀어지는데. 멸망, 그대로 재판장 안으로 들어서고.

S#30. 법원 / 재판장 안 (낮)

검사   이에 본 검사는 피고인에게 무기징역을 선고해주시길 바라는 바입니다. 이상입니다.

살인마의 재판 현장이다. 수의 입은 채 피고인 측에 앉아 있는 살인마. 방청석 자리엔 듬성듬성 빈자리 많고. 그를 방청석에서 지켜보고 있는 남자, 멸망이다.

살인마   (미치겠고) 차라리 사형시켜!

방청객들 술렁거리고. 교도관들 다가와 살인마 제압하는데.

살인마   (벌떡 일어나) 사형시켜!! 사형시키라고!! 지금 당장 죽이라고!!

멸망, 그 꼴 보고 피식 비웃는데.

멸망   (NA) 내가 맞다. 인간은, 여전히 하찮다.

그때, 살인마의 시선에 멸망 탁 걸린다!

살인마   !!
멸망   (빙긋 웃어주는데)
살인마   (미친 것처럼 방청석으로 향하며) 죽여줘!! 그냥 죽여달라고 제발!! 내
가 잘못했어! 잘못했다고 죽여줘!! 돌려줘!!
판사   피고인!! (하다 안 되겠는지 교도관들에게 눈짓으로 지시하고)

결국 교도관들 살인마 제지하여 끌고 나간다. 살인마, 나가면서도 끝까지 멸
망에게 호소하는데.

멸망   (웃으며 입모양으로 선명히) 싫어.

그 모습에 살인마, 으아악 발악하는데!!

S#31. 동경의 집 / 거실 (낮)

동경, 거실 테이블에 업무 다이어리 펼쳐서 자신이 썼던 메모 보고 있다. '멸
망'과 '사랑하는 사람' 사이에 그어진 선 바라보다가 이내 펜 들고 찍찍 보이지
않게 선 긋는데. 그때, 동경의 핸드폰 울린다. 보면, 선경에게서 온 전화고.

동경	야, 너 (하는데)
간호사	(F) 여기 서울선호병원인데요. 탁선경씨 보호자 되시죠?
동경	!!

S#32. 길거리 (낮)

동경, 거의 미치기 일보 직전인 상태로 도로변에서 택시 잡는데.

동경	택시!! 택시!!
동경	(NA) 그때 생각이 났다.

S#33. 회상. 어린 동경의 집 (밤)

어린 동경	(전화 받고 있고)
누군가	(F) 집에 어른 안 계시니?
어린 동경	엄마 아빠 곧 오신댔어요. 누구세요?
누군가	(F) 탁종원, 강수아씨 집 맞지? 여기 병원인데 사고가 있었어. 연락할 수 있는 어른 없니? …애야?
동경	(NA) 내 인생이 지독해지기 시작한 그 첫 순간.

S#34. 현재. 택시 안 (낮)

동경	아저씨, 빨리요, 제발 빨리요.

택시 기사, 백미러로 동경의 표정 보고 액셀 밟는다.

S#35. 병원 / 응급실 (낮)

간호사   (전화 끊고 돌려주고) 됐죠?

선경   (해맑게) 감사합니다. 선생님~

간호사 나가자 침대에 벌렁 드러눕는 선경. 보면, 넘어졌는지 무릎과 정강이 쓸려 있다.

S#36. 법원 / 복도 (낮)

살인마, 포승줄에 묶인 채 교도관들의 인도하에 걷고 있다.

살인마   (중얼거리며) 다 그 새끼 때문이야… 그 새끼 잡아야 돼… 죽여버려
        야 돼…! (몸부림치며) 놔!! 나 그 새끼 잡으러가야 돼!! 그 새끼 죽여
        버릴 거라고!!

갑작스러운 상황에 교도관들 살인마 제압하려 몸싸움 일어나고.

살인마   놔!! 놔!!!

거칠어지는 몸싸움. 그러다 살인마, 어딘가에 걸려 넘어지며 머리 쾅 부딪히
는데!

교도관1 　어어?

눈 뒤집히며 경련 일으키는 살인마!

교도관2 　(얼른 고개 받쳐 기도 확보하며) 구급차 불러 당장!

S#37. 병원 / 옥상 (낮)

당면, 자판기 커피 담긴 종이컵 들고 옥상으로 걸어나오는데. 저만치 난간에 의사가운 입은 누군가 위태롭게 다리 걸친 채로 앉아 있다.

당면 　(컵 툭 떨구고) 저기요!! 뭐 하시는 겁니까!!

그 소리에 휙 돌아보는 얼굴, 멸망이다. 한 손엔 담배 든 채다.

멸망 　뭐 하냐고? 나무 보고 있어. 저기 저 나무. 보여? 잎 다 졌다.
당면 　(양손 뻗으며 천천히 다가가며) 우리 이러지 말고 얘기를 좀 해봅시다. 같은 의사끼리니까 말도 더 잘 통할 거고… 어디 소속이세요.
멸망 　(멀리 나무만 보는데)
당면 　혹시… 담당하던 환자… 잃었어요? 그래서 이래요? 나도 겪어봤습니다, 그거. 나도 알아요.
멸망 　(픽) 안다고?
당면 　네. 환자 잃은 고통, 저도 알 만큼 알죠. 그니까 저기 일단 내려오셔서 저랑 얘기를…
멸망 　나 때문에 죽고 사라지고 그렇게 죽어 사라질 것들을 나는 계속 이렇게 지켜봐. 너도 그래?

당면	저도 그래요. 요즘도 그래요. 그거 힘들죠. 엄청 살리고 싶죠. 저도 똑같아요.
멸망	(픽. 자조적으로 중얼) 뭐가 똑같아. 난 다 끝내고 싶은데.
당면	내려오세요. 내려와서… (하는데)
멸망	(보더니) 그래. 내려가지 뭐. (담배 구겨 옆에 놓고)
당면	(한숨 놓는데)
멸망	(탁 웃더니 그대로 휙 뛰어내리는데!)
당면	(놀라 뛰어가고!!)

당면, 황급히 난간 아래 살펴보는데 아무런 흔적도 없다!! 남아 있는 건 구겨진 담배뿐. 믿기지 않아 다시 난간 아래 보는데 그때, 저 밑으로 황급히 응급실 방향으로 뛰어가는 동경의 모습 보인다!

당면	!!

S#38. 도로 (낮)

앰블런스, 사이렌 울리며 달려가고.

S#39. 앰블런스 안 (낮)

앰블런스 안, 누워 있는 살인마. 살인마, 눈 감은 채로 때를 기다리는 듯, 사람들 시야 밖에서 검지 톡톡 움직이는데. 살인마의 손 근처에 놓여 있는 의료용 메스. 앰블런스 안 교도관과 의료진 눈치 못 채고.

S#40. 병원 / 응급실 인포 (낮)

동경, 숨 헐떡이며 응급실 안으로 들어선다.

동경   (헐떡이며) 탁선경이요. 탁선경 지금 어디…

S#41. 병원 / 응급실 (낮)

무릎과 정강이에 드레싱하고 거즈 붙인 채로 침대에 기대 앉아 있는 선경. 상근과 전화 중이다.

선경   탁동경 겁나 놀라서 달려올걸? 백퍼. 지 나한테 잘못한 것도 있어서 아주 까무라쳤을 거다. 야, 돈 받자마자 학원 등록하러 가자.

키득대며 통화하던 선경, 어딘가 보고 표정 굳는데. 보면, 동경이다. 동경의 얼굴, 분노하다 못해 실망감으로 짙게 내려앉아 있다.

동경   …
선경   (뭐 됐다 싶고) 누나…

동경, 그대로 아무런 말도 없이 돌아서 응급실 나가버리는데.

선경   누나! 누나!!

선경, 핸드폰이고 뭐고 내팽개치고 동경 쫓아 절뚝이며 나가는데.

S#42. 병원 / 복도 (낮)

선경, 절뚝이며 복도로 나오는데. 이미 동경은 멀어져 그새 코너 돌아 사라지
고 있고.

선경   누나!! (하다가) 탁동경!!!

그때, 동경을 쫓아 다른 쪽에서 응급실 들어서던 당면, 동경을 부르는 소리에
고개 돌린다.

당면   (조심스럽게 다가와) 혹시… 탁동경씨 가족 분이세요?
선경   (?) 네? 아 네. 동생인데요.

S#43. 병원 / 응급실 입구 (낮)

거친 걸음으로 응급실 밖으로 걸어나가는 동경인데. 응급실 밖에서 안으로
들어오려던 멸망과 딱 마주친다!

동경   !!
멸망   !!
동경   (잠시간 보다가) 나 따라다녀?
멸망   그럴 리가. 나 되게 바쁘거든.
동경   (가운 보고) 재밌나봐. 누구 살려주는 척하고 다니는 거.
멸망   재미없진 않아.

그때, 둘의 팽팽한 신경전 사이로 앰뷸런스 급하게 들어온다! 앰뷸런스 멈추

자 살인마, 슬쩍 눈 떠 창 밖 보는데. 차창 너머로 멸망의 얼굴 보인다! 살인마, 그대로 앰뷸런스 안에 있던 의료용 메스 집어들고는 밖으로 뛰쳐나오는데!

살인마   죽어!!

그때 멸망을 감싸 안는 누군가, 동경이다!!! 동경의 옆구리로 쑥 들어오는 살인마의 칼! 주변 사람들 꺅! 소리 지르고!!

멸망   !!

S#44. 병원 / 복도 (낮)

아이처럼 엉엉 울며 절뚝절뚝 걸어오고 있는 선경.

당면   (NA) 지금 상태면 길어야 삼 개월이에요. 당장 치료 받아야 됩니다.

S#45. 병원 / 응급실 입구 (낮)

땅에 툭툭, 그러다가 후두둑 떨어지는 피. 떨어지는 피 따라가보면, 멸망이 동경의 옆구리께에서 맨손으로 메스를 잡아 쥐고 있다. 동경이 놀란 얼굴로 옆구리께 바라보다가 멸망 올려다보는데.

동경   너… 너 손…!
행인   (멀리 떨어져서) 겨, 경찰!! 경호팀!! 아니 뭐든 아무나 신고 좀 해요!!

살인마   이… 이!! (메스 빼려고 안간힘 쓰는데)

멸망   (놔주지 않고)

동경   !! (돌아보려 하자)

멸망   (다른 손으로 동경의 뒤통수 감싸 안으며) 가만히 있어.

동경   !!

멸망   (무시무시한 눈으로 살인마 쳐다보다가 탁, 메스 놓는)

살인마   (그 반동에 칼 놓치며 주저앉는다)

쨍그랑, 바닥에 떨어지는 메스.

살인마   (다시 칼 줍고 달려들려 하는데) 죽어!! 죽으란 말이야!!

멸망   (여전히 살인마 쳐다보며 동경에게) 보지 마. 볼 게 못 되니까.

동경   (두려움에 눈 질끈 감은 채로 멸망에게 기대는데)

멸망   (살인마에게) 돌려줄게. 내가 가져간 거.

살인마   (숨 헉! 하며 그 자리에서 동작 딱 멈추는데) !!!

살인마, 꼭 누군가 억지로 하는 것처럼 삐거덕거리며 메스 제 목에 가져가 댄
다! 그대로 휙 힘주는 순간! 지켜보는 사람들 꺄악 비명 지르고! 그와 동시에
멸망의 얼굴로 살인마의 붉은 피 확 뿌려진다! 툭 쓰러지는 살인마. 피 묻은
얼굴로 무덤덤하게 그 모습 지켜보는 멸망. 멸망에게 안긴 채로 굳은 동경인
데.

멸망   (쓰러진 살인마 보며) 내가 그랬잖아. 날 사랑할 수 없을 거라고.

동경   (!! 아무 말도 못 하고 두려운 눈으로 멸망 바라보는데)

멸망   모두 날 원망하거나 원하지. 혹은… (그제야 동경 내려다보는데)

동경   !!

멸망　　　(왠지 슬픈 얼굴이다) 두려워하거나.

왜 그렇게… 왜 그렇게 너는 계속 슬픈 눈으로… 멸망을 올려다보는 동경의
떨리는 두 눈. 그런 동경을 피 묻은 얼굴로 내려다보는 멸망의 쓸쓸한 눈에
서…

4부 엔딩!

5부

S#1. 병원 / 응급실 입구 (낮)

멸망   내가 그랬잖아. 날 사랑할 수 없을 거라고.

동경   !!

멸망   모두들 날 원망하거나 원하지. 혹은, 두려워하거나.

동경   !!

두려운 눈으로 올려다보는 동경. 멸망, 그런 동경을 피 묻은 채로 내려다보는데, 순간 굳는 멸망의 얼굴! 동경, 가만히 손 올려 멸망의 얼굴에 묻은 피를 닦아주는데!

멸망   !!

멸망, 제 얼굴에 닿은 동경의 손, 상처 난 자신의 손으로 확 잡아채고!

동경   !!

손잡힌 동경의 얼굴 화면 가득 잡히고, 그 상태로 동경의 뒷배경만 탁 바뀐다!

S#2. 병원 일각 (낮)

둘, 어느새 현장과 멀어져 있다! 동경, 잠시 어리둥절했다가 상황 파악하고는 잡힌 손 탁 빼내서 멸망의 손 붙잡는데.

동경   미쳤어!? 너 그걸 왜 맨손으로!

하는데 보면, 손에 상처 이미 아물었다. 핏자국만 남아 있고.

동경 　　…빨리도 아물었네, (하는데)

멸망 　　(손 탁 쳐내고) 너 뭐야. (언뜻 화가 나 보이는 얼굴로 동경 바라보는데)

동경 　　(동요하지 않고 바라보고)

멸망 　　너 뭐냐고!

그 순간, 둘 사이를 가르고 들려오는 비명소리.

행인 　　(E) 꺄아아악!

그 소리에 둘, 저만치 원래 있던 곳 확 돌아보고!

S#3. 병원 / 응급실 입구 (낮)

지켜보고 섰던 행인 하나 비명 지르며 주저앉고! 신호탄처럼 사람들 웅성대며 쓰러진 살인마 주변으로 몰려든다! 뒤늦게 달려드는 구급요원, 교도관들. 그 사이로 의료진들 베드 끌고 들어와 다급하게 살인마 옮기는데. 그 뒤를 따르는 교도관, 구급요원들.

S#4. 병원 / 복도 (낮)

살인마, 베드에 실린 채로 응급실로 들어가는 뒷모습 보이고. 교도관들 베드에 붙어서 먼저 응급실로 들어간다. 한발 늦게 뒤따라가며 간호사와 구급요원 다급하게 얘기 나누는데.

간호사	다친 사람들은요?
구급요원	(어리둥절해서) 다친 사람이요?
간호사	환자가 달려들었던 사람들 있잖아요. 남자랑 여자!
구급요원	남자랑 여자? (아무리 생각해도 안 떠오르고) 누구요?
간호사	뭐가요?
구급요원	네?
간호사	제가 뭐라고 했나요? 방금?

어리둥절한 채로 서로 보는 두 사람이고.

S#5. 병원 일각 (낮)

멸망	내가 죽었으면 좋겠다며.
동경	못 죽는다며.
멸망	(버럭 짜증나서) 그걸 알면서 왜 그랬냐고! 겁도 없이! 찔리게 둘걸 그랬나? 그 편이 교훈도 되고 좋았을까? 주제도 모르고 끼어들면 죽는다, 뭐 그렇게?
동경	못 죽으면 뭐 해! (손목 잡아올리며) 이렇게 피는 철철 나는데!
멸망	!!
동경	맨날 맨날 아파 죽겠는 얼굴을 하고서 왜 그랬냐고 물으면 뭐 왜 어쩌라고! 아플까봐 그랬다! 더 아플까봐! 왜!
멸망	(어이없고) 아픈 건 내가 아니라, (하는데)
동경	그래, 나지! 잘 아네. 그러니까 나한테 소리 그만 질러! 아픈 사람한테 화내는 거 아니야. 내가 지금 너한테 화 안 내듯이!
멸망	이게 지금 화를 안 내는, (거야? 하… 참는데) 됐다. 그만하자. 내가 지금 너랑 무슨 말장난을 하고 있는지 모르겠다. (가려는데)

동경   그냥 그랬어!

멸망   (멈춰 돌아보는데)

동경   그냥 그랬다고.

멸망   그니까 그냥 왜.

동경   나한테 니가 왜 살아야 되냐고 물었잖아. 생각해봤는데, 이유 없
        어. 나 그냥 살고 싶어. 그거랑 똑같아. 이유 없어. 그냥 나도 모르
        게 정신 차리고 보니까 내가 니 앞에 있었어. 맞아. 주제도 모르고
        끼어들었어. 미안.

멸망   알면 됐어. (흔들리는 마음 감추고 다시 걸음 옮기려는데)

동경   근데 나, 후회 안 해.

멸망, 그 말에 걸음 탁 멈춘다.

동경   (똑바로 바라보며) 그러니까 너도 나한테 그냥 고맙다고 해.

그러다 이내 차분해지다 못해 냉정해진 얼굴로 동경 코앞까지 위협적으로 걸
어가 바라보는데.

멸망   (겁주듯) 죽을 거야. 아까 그 사람.

동경   (보면)

멸망   너도 봤잖아. 내가 죽이는 거. 그니까, 니가 '그냥' 그럴 가치 없어, 나.

동경   (보다가) 이유가 있겠지, 반드시. 넌 그런 존재니까.

멸망   (!! 흔들리는 마음 감추려 애써 표정 숨기는데)

알아내려고 하는 동경의 시선과 감추려고 하는 멸망의 시선. 둘, 서로 다른
긴장감으로 마주 보는데.

선경   (E) 누나아아!!!!

그 사이로 선경의 목소리 끼어든다! 소리나는 쪽 보면, 선경이 엉엉 울며 절
뚝절뚝 걸어오고 있고.

동경   (이게 다 무슨 일인가 싶어) 야… 탁선, (경 하는데)

그대로 달려와 동경 부둥켜안고서 엉엉 우는 선경인데.

선경   (엉엉 울며) 누나아아!! 누나아… 흐어어엉…
동경   (? 그저 눈 껌뻑이며 안겨서 뒤로 몸 빼고) 갑자기 뭐야 왜 이래.
멸망   (무표정하게 보다가) 너 죽을 거 알았네. 쟤가.
동경   !!
선경   (울다가 고개 들어 뒤늦게 멸망과 동경에게 튄 핏자국들 보며) 피…! 피
           뭐야… 벌써 그 지경까지 간 거야? 누나!! 흐어어엉 내가 잘못했
           어!! 다 내가 잘못했어…

다시 엉엉 울기 시작하는 선경이고. 동경, 그런 선경 어찌할 바 몰라 대충 안
고 있다. 멸망, 속을 알 수 없는 얼굴로 그 둘 보고 있는데.

S#6. 멸망 차 안 (낮)

멸망, 운전 중이고 동경, 조수석에 앉아 있다. 뒷좌석엔 눈이 팅팅 부은 선경
이 울먹대며 앉아 있고.

동경   어떻게 알았는데.

선경	지금 그게 중요하냐? 그게 중요하냐고!! 누나가 그 막 피칠갑하고 (말하다보니 울컥한다 흐흑) 그 지경인데 지금!!
동경	(어휴…) 내 거 아니라니까. 지나가다가 묻었다니까.
선경	(이미 안 들리고 으흑흑 울고 있는데)
동경	아 그만 좀 울어!!!
선경	어떻게 그만 울어!! 누나가 그… 그거잖아. 근데 어떻게 그만 우냐고!!
동경	누나가 시한부라고?
선경	그렇게 말하지 말라고!! (뒷좌석에 아무렇게나 철푸덕 쓰러져 우는데)
동경	(에휴…) 다리는 어쩌다 그랬어. (멸망 툭 치며) 우회전 우회전.
멸망	알아. (급 우회전하고)
선경	(몸 쏠리는 방향대로 쓰러져서 철푸덕 울다가 번쩍 고개 들고) 내 다리가 중요해 지금? 누나 안 아플 수 있으면 다리 하나 없어져도 나는 괜찮거든?
동경	누나가 갈 땐 가더라도 지금은 니 다리가 중요하지.
멸망	(무심하게) 피 철철 나니까.
동경	(이게 그 말을 맘에 담아뒀네… 멸망 힐끔 보고) 그래. 피 철철 나니까.
선경	갈 땐 가다니!! 어떻게 그런 말을 해!! 지금 당장 입원하자!! (앞으로 몸 쑥 내밀며) 차 돌려!! (안전벨트에 텅 걸려 다시 뒤로 돌아오며) 차 돌려!!!!
멸망	시끄러워서 운전을 못 하겠네. 이러다가 셋 다 죽겠다.
선경	죽는다는 말 하지 마요 형님!!!
동경	(조용히) 쟤 좀 어떻게 할 수 없어?
멸망	어떻게.
동경	기억을 지운다거나… 뭐…
멸망	소원이야?
동경	(어휴…) 됐다. 말을 말자.

선경   내가 죽일놈이야!! 내가 죽일놈!! (화들짝) 아니?! 죽는다는 말 하지
      마!!! 탁선경!!

못 말리겠네. 인간들이란⋯ 절레절레 고개 젓던 멸망. 차 속도 부웅 높이고.

S#7. 골목길 (밤)

선경, 절뚝대며 동경과 팔짱 껴 부축하듯 걸어가고 있다. 멸망, 그 둘 보며 뒤
따라가고 있고.

선경   (뒤돌아보지 않고 걸으며 덤덤하게) 형님은 우리 누나 아픈 거 알았어
      요?
동경   (! 무슨 말 하나 싶어 가만히 있어보는데)
멸망   어.
선경   언제부터?
멸망   처음부터.
선경   (울컥) 우리 누나 이용해 먹으려는 놈인 줄 알았는데. (휙 돌아서 멸
      망 와락 껴안고!) 형님!! 사람이 진짜 진국이구나!!
멸망   (별말 없이 동경 보며 놀리듯 선경 등 토닥토닥하고) 알아줘서 고맙네,
      처남.
동경   (확) 너 자꾸 처남 소리해라?
멸망   어 할게.
동경   (이씨!!)
선경   (휙 빠져나와 동경과 멸망의 손 끌어 겹쳐 잡고) 둘이 같이 살아. 같이
      살아도 돼⋯ 내가⋯ (흡) 허락할게.
동경   (기가 차고. 손 탁 빼며) 니가 뭔데 허락하는데.

선경   나… 탁선경… 진정한 사랑의 응원자…

동경   (허! 웃는데)

선경   난 알아… 누나가 아무리 그렇게 쎈 척해도… (하다가) 아니야. 이
       럴 시간 없어!! 나 갈게. 여기서부턴 형님한테 맡길게요. (뒤돌아 후
       닥닥 뛰어가는데)

동경   (갑자기?) 야!!! 갑자기 어디 가는데!!

선경, 그 말에 휙 뒤돌아서 동경 향해 환히 웃어 보이며 손 마구 흔든다.

선경   (뒷걸음질하며) 누나!! 일단 푹 자!! 걱정하지 말고!! (다시 뒤돌아 뛰
       어가고)

동경, 선경의 뒷모습 보니 괜히 마음 짠해져 코끝 시큰거린다.

동경   걱정은 지가 걱정이지…

멸망   (그런 동경 가만히 보는데)

뒤돌아 가던 선경, 환하던 미소 거둬지고 금세 눈물 뚝뚝 흘리는데.

S#8. 길거리 (밤)

선경, 울면서 누군가와 통화하며 걷고 있다. 길거리 사람들, 그런 선경 흘긋
보며 지나가는데.

선경   (전화하며) 어 상근아… 나 너랑 학원 못 다닐 거 같다… 어어… 별
       일 아니고… (흑흑 울고) 일단 나 돈 벌어야 될 거 같거든… 아니

야… 내가 나중에 (흑) 얘기 (흑) 할게… (끊고) 우리 누나 불쌍해서 어떡하냐… 어떡해… (하다 씩씩하게 눈물 닦고) 아니야… 내가 가장이야… 내가 누나 보호자야 이제…

선경, 결연한 얼굴로 걸어가다가 어딘가 보고 시선 멎는다. 보면, 현규 카페 유리창에 손글씨로 적은 '알바 구함' 공고 붙어 있고.

S#9. 현규 카페 (밤)

현규, 카운터 어딘가에 기대서서 핸드폰으로 게임하고 있다. 그때 딸랑, 문 종소리 들리고.

현규	(핸드폰 앞치마에 넣으며) 어서 오세, (하는데)
선경	(아직 울음기 남은 상태로) 알바생… 구하시나요? (참지 못한 눈물 또르르 한 줄 흘러내리는데)
현규	(저 절실함…) 합격.

S#10. 동경의 집 + 멸망의 집 (밤)

동경의 TV 화면 속, 병원을 배경으로 기자가 브리핑 중이다.

자막	구신동 묻지마 살인사건 피의자 김모씨, 끝내 숨져…
기자	오늘 낮 구신동 살인사건 용의자 김모씨가 서울 한 병원에서 스스로 목숨을 끊었습니다. 병원으로 이송 중이던 김씨는 응급의료센

터 부근에서 자해소동을 일으켰으며 수술실로 옮겨졌으나 과다 출
혈로 인해…

리모컨 들고 있던 동경, 멸망 돌아보는데. 멸망, 별 반응 없이 소파에 앉아 책
보고 있다.

동경   뉴스에 우리 얘기는 한 줄도 안 나오네.
멸망   (대답 않고 책 보고)
동경   너 아까부터 페이지 한 장도 안 넘어간다.
멸망   (그저 책만 보는데)
동경   내 말이 맞네. 이유가 있었을 거라고. 벌준 거야?
멸망   벌? (책 탁 덮고) 착각하지 마. 그런 취미 없어.
동경   그럼 취미가 아니라 숙명?
멸망   너무 거창하네. 그냥 하는 짓이 거슬려서.
동경   (슬쩍 웃으며 혼잣말처럼) 자꾸 거슬린다 그러네.
멸망   (보면)
동경   나한테도 거슬린다고 했잖아. 근데 저놈이랑 나랑 똑같지는 않을
        거고.
멸망   다를 건 뭔데.
동경   (!! 울컥하고) 글쎄? 다를 건 뭘까?

동경, 피 묻은 제 옷 들고 일어나 싱크대로 가 신경질적으로 빡빡 빠는데. 그
모습 바라보고 있는 멸망, 왠지 짜증이 인다. 그 짜증이 저한테 나는 것인지
동경에게 나는 것인지도 헷갈린다.

동경   (빡빡 빨다가 휴 내가 봐주자 싶고. 어색하게) 야. 니 옷도, (돌아보는데)

어느새 멸망이 앉아 있던 자리에 멸망은 없다. 동경, 가라앉은 얼굴로 가만히 빈자리 보며 서 있는데.

/ Cut to

불 꺼져 어두한 동경의 집 안. 동경, 소파에 모로 누워 핸드폰 보고 있다. 수자의 카톡 프로필 사진들 넘겨보는 중이고. 동경, 수자와 케빈의 행복한 일상 사진들 희미하게 웃으며 보다가 창 닫는다. 그러자 수자의 카톡 배경 사진 뜨는데, 선경과 동경이 함께 웃고 있는 사진이다. 상태메시지에는 **내 뽀시래기들** ♥ 쓰여 있고. 동경, 얼굴에 웃음기 사라지고 하… 작게 한숨 쉬다가 건너편 비어 있는 멸망의 집 흘긋 보는데. 모르겠다. 모든 게 너무 골치 아프다. 핸드폰 끄고 그대로 이마 위에 팔 한쪽 올리고 힘겹게 눈 감는데.

S#11. 앰뷸런스 안 (낮)

4부 S#43과 동일한 앰뷸런스 안. 멸망, 한편에 앉아 누워 있는 살인마를 고요히 지켜보고 있다. 앰뷸런스 안 그 누구도 멸망을 신경 쓰지 않는다. 달리던 앰뷸런스, 병원으로 들어서고. 차창 밖으로 보이는 자신과 동경의 모습. 멸망, 차창에서 시선 거둬 살인마 바라보면 살인마 메스 들고 일어선다. 살인마, 앰뷸런스 문 열고 뛰쳐나가는데.

살인마   죽어!!

살인마를 바라보는 동경의 놀란 얼굴. 그 옆, 무덤덤한 자신의 얼굴. 곧이어 동경이 몸을 돌려 자신을 감싸 안는다. 그 모습에서 모든 상황들이 일시정지.

멸망, 앰뷸런스 안에 앉아 열린 문을 프레임 삼아 동경의 얼굴을 예민하게 살펴본다. 그 상태에서 살짝 리와인드. 살인마, 뒤로 조금 물러났다가 좀 전처럼 다시 뛰어들고, 자신의 앞을 다시 막아서는 동경의 모습에서 또 일시정지.

소녀신   (E) 넌 왜 그런 건데?

보면, 언제 어디서 나타난 건지 모를 환자복 차림의 소녀신이 멸망의 옆에 와 앉아 있다.

멸망   왜 왔어.
소녀신   넌 왜 그랬냐고 묻잖아.
멸망   뭘.
소녀신   (멈춰진 장면 속 속을 알 수 없는 멸망의 얼굴 보며) 왜 저 아이를 보호했냐고.
멸망   쟤가 먼저 그랬으니까.
소녀신   언제부터 그런 걸 신경 썼다고.
멸망   (신경질적으로) 그냥. 거기서 걔가 죽으면 세상을 끝낼 수 없으니까.
소녀신   참 좋은 핑계 생겼네.
멸망   (동경의 얼굴 보다가) 알고 싶긴 해.
소녀신   (보면)
멸망   (여전히 시선 동경 보며) 정말로 그냥인지. 아니면 도대체 무슨 생각인지.
소녀신   그럼 물어봐.
멸망   (소녀신 바라보면)
소녀신   물어보라고, 직접. 정말 그냥인지 아닌지. 나도 궁금하네.
멸망   (자못 심각해져 표정 가라앉는데)
소녀신   (NA) 니가 정말 그냥인지 아닌지.

그런 멸망의 얼굴 보며 소녀신 묘한 미소 짓고.

S#12. 동경의 집 / 침실 (낮)

동경의 얼굴 위로 햇빛 어른어른 머문다. 동경, 눈부심에 불편한지 움찔대다가 천천히 눈 뜨면, 멸망, 언제 온 건지 동경 앞에 의자 놓고 앉아 있다.

동경   (놀랐다가 좀 당황해서) 어… 언제 왔… (하는데)

멸망   (다짜고짜) 그냥이 무슨 뜻인데.

동경   (몸 일으키다가) 뭐?

멸망   나 그냥 살렸다며. 그 그냥이 무슨 뜻이냐고.

동경   (어이없고… 일어나 부엌으로 가며) 그냥이 그냥이지 뭔 뜻이 있어.

멸망   (따라가며) 내가 사라지면 니가 죽게 생겼으니까 그런 거지?

동경   (물 따라 마시며 대수롭잖게) 그런가…

멸망   역시.

동경   (뒤돌아 멸망 보며) 넌 어떻게 생각하는데?

멸망   그걸 내가 어떻게 알아. 계약 때문에 니 생각은 안 들리는데.

동경   그럼 한번 노력해볼래?

멸망   (보면) 노력?

동경   지켜보고 생각하기. 쟤는 왜 그럴까…

멸망   그걸 내가 왜 해야 되는데.

동경   나는 자주 하거든. (멸망 보며) 쟤는 도대체 왜 그럴까. 아… 저래서 저러는구나.

멸망   (보면)

동경   사람이라면 반드시 갖춰야 할 능력이랄까? (돌아서며) 아 넌 사람이 아니라서 못 하나?

멸망   (발끈) 어떻게 하는 건데.

S#13. 마트 안 (낮)

동경, 카트 밀고 있고 그 옆에 멸망 함께 걷고 있다.

동경   (눈짓으로 어딘가 가리키며) 저 사람, 왜 저러고 있는 거 같아?

보면, 여자1, 맥주 코너에서 맥주 하나 든 채로 고민 중이다.

멸망   술 먹고 싶어 죽겠나본데. 팔뚝에 생긴 지방종 제거 수술해서 한 2주
       술을 못 마셨대.
동경   (덩달아 심각해져서) 아~ 안 되지. 그래도 염증 생길 수도 있는데 아
       물기 전까지 술은 좀…

여자1, 아쉽게 맥주 내려놓고.

동경   (하다 번뜩 정신 들어서) 아니 이게 아니고 들리는 대로 말하지 말고
       딱 보고, 딱 생각을 해보라니까!
멸망   (동경 빤히 보고)
동경   (갑자기 빤히 보니까 당황해서) 왜.
멸망   보고, 생각해봤어. (동경 가리키며) 정답, 나 때문에 짜증난다.
동경   (한심… 말없이 보면)
멸망   (답이 그게 아닌가?) 아, 나 때문에 빡쳤다?
동경   (말을 말자, 무미건조하게) 잘하네. 잘~한다. (카트 끌고 가버리는데)
멸망   (따라가며) 야 탁동경. 너 그거 무슨 뜻이야. 좋은 뜻은 아니지. 진짜

잘한다는 거 아니지.

동경   (문득 카트 탁 멈추며) 근데 넌 이름이 뭐야?

멸망   이름은 왜.

동경   나도 열 받았을 때 야, 어쩌구, 이러려고. 맨날 지만, (궁시렁하는데)

멸망   이름 같은 거 없어. 그딴 건 사람한테나 필요하지.

동경   오 그럼 사람하자.

멸망   난 사람이 아니라고 도대체 몇 번을 말해야 니가 알아먹을까?

동경   이름 말이야. 이름. 사람하자고. 성은 뭐할까? 대충 김씨해. 김씨가
      제일 많으니까. 김사람. 좋네. 김사람.

멸망   (황당하고) 뭐라는 거야, 진짜.

하는데, 멸망 뒤쪽에서 행인이 한눈팔며 카트 끌고 온다. 금방이라도 멸망과
부딪칠 것 같은데!

동경   (놀라 멸망 확 끌어당기며) 야!! 김사람!!

멸망   (뭐야? 하고 끌려가는데)

동경   (끌어당기다가 오히려 중심 잃고 휘청! 어어어 하며 넘어지려는데)

멸망   (휙 몸의 중심 바꿔서 넘어지려는 동경의 허리 탁 잡아 안고)

동경   !!

카트 주인, 한눈판 채로 카트 끌고 지나가고.

동경   (그런 채로, 당황해서 괜히) …치일 뻔했잖아. 주변 좀 살피고… 그…
      이제 나는 좀 놓고.

멸망   (보며) 진짜 모르겠네.

동경   (뭔 소리야 하고 보면)

멸망   (동경 놓으며) 알았어.

동경   (동경 어색하게 떨어지며) 뭘.

멸망   보고, 생각하라며.

동경   (무슨 소린가 해서 보는데)

멸망   보고, 생각할게. 니가 먼저 그러라고 했다? 분명히.

S#14. 라이프스토리 / 사무실 (다른 날 낮)

정민이 자리에 떡하니 앉아서 다리 꼬고 있는 멸망의 모습.

동경   (기가 차고 어이없는 얼굴로) 그러니까… 이분이… 정민씨…?

예지   (앤 또 뭔 소리야) 그럼 이분이 정민씨지 주익씨겠냐.

동경   (이게 또 미친 짓을… 하…) 아 맞다. 이분이 정민씨였지. 정민씨 맞
네. 맞아. 확실해. 어 정민씨다.

멸망   (뻔뻔한 얼굴로 바라보는데)

예지   (책상 위에 프린트물 내려놓고) 정민씨 이거 회의 자료 인쇄한 거니까
정리해서 회의실에 세팅해줘. (가면)

동경   (속사포로 속닥) 야 너 미쳤어? 니가 여기 왜 있어. 정민이는. 정민이
는 어딨어?

멸망   걱정 마. 살려는 드렸어.

동경   (속닥) 그게 할 말이야? 너 진짜, (하는데)

주익, 옆 회의실에서 문 열고 상체만 빼 벽 똑똑 두드린다. 동경, 반사적으로
뒤 돌면 주익 별말 없이 회의실 안으로 들어오라고 손짓하고 다시 회의실로
들어가는데.

동경   예~ 갑니다~ (하고 얼른 멸망에게 스테이플러 쥐여주며) 할 줄 알지?

멸망	모르는데.
동경	(환멸 난다는 얼굴로 보면)
멸망	농담. (프린트물 가져가서 또각 스테이플러 박고)

동경, 에휴… 하다가 회의실로 쪼르르 달려가는데. 스테이플러 박으며 무심히 그 모습 흘끗 보는 멸망이고.

S#15. 라이프스토리 / 미팅룸 (낮)

주익	(태블릿 PC 넘겨보며) 귀공자 작가 이번에도 문제 일으키면 감당 안 된다. 플랫폼이랑 겨우 딜해서 따낸 큰 이벤트니까 각별히 신경 쓰고.
동경	(업무 다이어리에 체크하며) 네.
주익	(아무렇지도 않은 척) 그리고, (고개 들어 보며) 이현 작가는 만났어?
동경	예?
주익	그 후로 만났냐고.
동경	그 후라고 하심은… 언제를 말씀하시는…
주익	나랑 키스 얘기하고 난 다음에.
동경	아니요?! 안 만났는데요? 그리고 저 그런 얘기 막 하고 다니고 그런 사람 아닌데요?
주익	왜 아니지?
동경	네?!
주익	(아무렇지도 않게) 오늘 내로 이현 작가 첫 작품부터 전 작품까지 기획안이랑 총결산표 정리해서 좀 넘겨줘.
동경	그건 또 왜… (하는데)
주익	이상.

대답할 틈도 안 주고 주익 먼저 일어나는데. 주익, 나가다 말고 뒤돌아서,

주익   근데 정민이랑 사귀어?

동경   (질색) 제가요? 왜요?!

주익   아니지? 그럼 뭐 잘못했어? 정민이한테?

동경   네?

주익   아까부터 너무 쳐다보길래. (들고 있던 태블릿 PC로 가리키고)

동경, 놀라서 돌아보면 멸망, 회의실 유리벽 너머로 의자 끌고 와 앉은 채로 둘 바라보고 있다.

동경   (미치겠고…)

S#16. 라이프스토리 / 사무실 (낮)

동경, 회의실에서 나온다. 멸망의 노골적인 시선 느껴지는데… 애써 무시하고 자리로 가 앉는 동경. 그때 터벅터벅 멸망이 걸어오더니 검지 쑥 내민다.

멸망   피 나는데, 나. 저거 하다가.

동경   아주 대단히 위험한 일 하셨다 진짜. (어휴… 서랍에서 밴드 꺼내 붙여 주며) 넌 손가락이 회의 자료냐? 자. 됐지?

멸망   이건 왜 붙이는데.

동경   피 나니까 붙이지.

멸망   붙이는 사이에 다 나았겠다.

동경   그걸 내가 모르겠니. 이건 그냥 위로 같은 거라고 위로. 아파서 아팠겠다, 해주는 그냥 그런 거라고.

멸망   또 그냥이라고 하네.

동경   (보면)

멸망, 별말 없이 자기 자리로 돌아간다. 동경, 왜 저래… 하면서 일 하려고 컴퓨터 화면 보는데.

멸망   탁동, (하다가) 주임님.

동경   (짜증나고… 이 깨물고 돌아보며) 또 왜. 또 뭐.

멸망   이거 어떻게 하는 겁니까?

동경   이거가 뭔데.

멸망   인쇄.

동경   (어휴 속 터져! 터벅터벅 가서 멸망 감싸 안듯 대신 마우스 잡고) 이런 것
        도 못하면서 무슨, 뭘 하겠다고 회사를 와서…

멸망   (픽) 못 하겠냐.

동경   (! 순간 당황해) 뭐?

멸망   (마우스 잡은 동경 손 위로 자기 손 겹쳐 인쇄 버튼 누르며 대수롭잖게) 그
        냥 그래봤어 나도.

동경, 당황해 손 빼고는 자기 자리로 가려고 휙 돌아서면, 편집팀 전원이 동경과 멸망을 심상치 않은 얼굴로 바라보고 있다!

동경   (헉, 손사래 치며) 아니에요!! 아니에요!! 그런 거 절대 아니에요!!

일동   (계속 가만히 보는…)

S#17. 중국집 (낮)

가게 안으로 들어서는 동경과 멸망, 편집팀원들. 차례대로 자리 잡는데.

동경   (맞은편 가리키며) 팀장님 안쪽으로 앉으세, (하는데)

멸망   (그 자리 탁 앉고)

주익   (바로 그 옆 앉으며) 어 나는 이쪽이 편해.

동경   아니에요. 그럼 이쪽에, (하고 일어서는데)

멸망   (바로 따라 일어서고)

주익   …앉아 그냥.

동경   (어쩔 수 없이 앉으면)

멸망   (다시 앉는다)

동경   (어휴 저걸 진짜… 째려보고)

멸망   (아랑곳 않고 동경만 바라보고)

예지   (메뉴판 보며) 짬뽕이냐 짜장이냐 그것이 문제로다…

다인   저는 해장해야 돼서 짬뽕이요.

주익   이 정도면 짬뽕 먹으려고 술 먹는 건데.

동경   전 볶음밥.

멸망   (동경 계속 보며) 나도.

동경   아니 저 잡채밥 먹을게요.

멸망   나도.

일동   (묘한 기류에 둘 보는데)

동경   (한숨이고…)

S#18. 지하철 안 (밤)

퇴근길 지하철 안. 빽빽한 사람들 사이 동경과 멸망이 서 있다.

동경   무서워서 무슨 말을 할 수나 있겠냐? (말하면서 사람들에게 이리저리
       치이고) 보고 생각하란다고 그런 식으로 보고. 생각하고. 초딩도 안
       그러겠다, 초딩도. 너 설마 내일도 올 거야? (하는데)
멸망   (슥 동경의 팔 끌어와 앉아 있는 누군가 앞에 세우고) 아니. 내일은 안 가.
동경   뭔데.
멸망   (귓가에다) 여기 이 사람. 내려. 이번 역에.
동경   (놀라서) 진짜? (했다가 너무 크게 말했다 싶어 창피해서 입 틀어막고)

그때 안내방송 들려오고 지하철 서서히 멈춰 서는데. 앞에 앉아 있던 사람,
가방 챙겨 일어난다.

동경   (얼른 자리에 앉고. 신나서) 입사 이래 처음 앉아서 퇴근해봐.
멸망   보고. 생각해봤어.
동경   어?
멸망   힘들어 보였고. 그럼 앉고 싶겠구나 생각했고.
동경   (허, 특훈의 효과가 있는 건가 기특하고) 야 감격이다 야. 너 진짜 사람
       다 됐구나? (하다가 멸망이한테 가까이 오라고 손짓)
멸망   (? 해서 가까이 고개 숙이면)
동경   (귓가에다) 다른 데는 없어?
멸망   (뭔 소린가 했네, 다시 상체 일으키고) 있어.
동경   야 그럼 빨리 가서 앉아야지! 뭐해!
멸망   필요 없어.
동경   왜?

멸망	너 봐야 되니까. 여기서.
동경	(아무런 뜻 없이 한 말인 거 알면서도 괜히 마음 울렁인다. 하지만 아닌 척) 실컷 봐라? 나도 봐야 될 거 있으니까. (크흠, 괜히 핸드폰 꺼내드는데)
멸망	어. 실컷 보고 있어.

동경, 애써 시선 피하며 핸드폰으로 회사 소속 작가들 웹소설 모니터링에 집중한다. 관심목록에 '정당면' '시베리아' '이현' '귀공자' '지조킹' '상하이박' 등 라이프스토리 소속 작가들 떠 있고. 곧바로 지나 소설로 들어가 댓글 쓴다. **진짜 재밌네요 건필하세요** 그러다 문득 옆자리 남자 핸드폰 화면 눈에 들어오고. 보면, 남자 핸드폰으로 귀공자 작가의 《눈 떠보니 슈스》 92회 읽고 있다. 동경, 내심 흐뭇한 미소 짓는데.

멸망	왜 웃어?
동경	어? 아니야. 아무것도.
멸망	내용이 안 이어지는 게 웃긴가?
동경	뭔 소리야?
멸망	내용이 안 이어진대. (턱짓으로 옆 사람 가리키고)

동경, 깜짝 놀라서 《눈 떠보니 슈스》 93회 클릭해보면 본문에 선명하게 적혀 있는 《눈 떠보니 슈스》 96화. 제목의 93화와 본문의 96화만 선명하게 강조되어 눈에 들어온다.

동경	(조용히 핸드폰 화면 끄고 주머니에 넣더니 작게 중얼) 나는 못 봤다… 못 들었다… 퇴근했다…
멸망	(진지한 얼굴로) 뭔가 크게 망했나보네.

S#19. 지나의 집 / 거실 (밤)

테이블엔 빈 한글 프로그램 열려 있는 노트북이 덩그러니 놓여 있고. 지나는 소파에 한껏 몸 웅크려 누워 핸드폰 보고 있다. 화면 보면 연재사이트다. 댓글 창에 동경이가 남긴 **티키타카—진짜 재밌네요 건필하세요** 보다가 문득 검색창에 '이현' 검색하는 지나. 세 편의 소설 뜬다. 맨 아래 첫 소설 《그에게서는 늘 비누 냄새가 난다》 두번째 소설 《사랑에 빠지는 101가지 방법》 세번째 소설 《두번째 첫사랑》, 최근 작품일수록 조회수와 추천수 현저히 낮아진다. 지나, 첫 소설 아무거나 클릭해 댓글 창 보는데. 첫 댓글 **사막여우—너무 재밌어요!! 다음 편 기다립니다!!** 두번째 소설 아무거나 클릭해 댓글 창 보고. 첫 댓글 **사막여우—역시 믿고 보는 작가님!! 건필하세요!!** 그리고 가장 최근 회차 클릭해 댓글 창 보는데. 첫 댓글 **사막여우—신선해서 좋아했는데 점점 갈수록 여기 남주도 저기 남주도 다 똑같네. 성의가 없는 듯. 더는 못 봐주겠음. 하차합니다.** 지나, 핸드폰을 소파 바닥에 탁 엎어놓고 한숨 크게 쉬는데.

        인서트. 3부 S#36

주익   그래서 이 모양이구나. 걔가 모델이라서.

        / 다시 현재

지나   (벌떡 일어나) 이현규!!! 복수할 거야!!!

S#20. 주익의 집 / 거실 (밤)

주익, 태블릿 PC로 지나의 소설 《두번째 첫사랑》 보고 있다. 테이블 한쪽엔 과일 몇 개가 접시 위에 놓여 있고. 본문 쭉쭉 내리다가 여주인공의 "복수할 거야."라고 하는 부분에서 탁 멈추는 주익의 손. 마음에 안 드는지 눈썹 살짝 꿈틀한다. 그때, 띠리릭 현관문 열리는 소리 들리고 보면, 현규 들어선다.

현규   (오며) 오~ 오늘은 웬일로 일찍 퇴근?

주익   (태블릿 PC 보며) 직원들 안 마주치려면 방법 두 개 뿐이니까. 일등 퇴근, 아니면 꼴등 퇴근.

현규   (맞은편에 털썩 앉으며) 그냥 말하지? 형이 건물주 아들인 거.

주익   싫어.

현규   왜?

주익   (태블릿 PC 계속 보며) 일하기 싫어서 안 하는 건데 돈 많아서 안 하는 걸로 보일까봐.

현규   (알겠다는 듯) 음~ (테이블에 놓아둔 사과 통째로 들어 와삭 씹고) 형 근데 우리 새 알바생 봤어? 잘생겼지.

주익   (인상 살짝 찌푸리고) 손 씻고 먹어.

현규   나 깨끗해. 이 손 하루에 설거지 수십 번 하는 손이야.

주익   (대답 없이 그냥 쳐다보면)

현규   알았다, 알았어. (사과 내려놓고) 아 알바생 봤냐고!!

주익   (계속 태블릿 PC에 시선) 못 봤다.

현규   (태블릿 PC 확 잡아 내리며) 형… 나한테 관심 없어?

주익   (한심…) 언젠 너한테 관심 있었냐, 내가.

현규   (손 툭 떨어뜨리고 오버스럽게) …변했어…

주익   (아랑곳 않고 다시 태블릿 PC 보는데)

현규   (태블릿 PC 확 뺏어들고) 나 말고 뭐 보는데!!

현규, 주익이 보던 소설 몇 줄 읽어보고. 주익, 그 모습 가만히 두고 보는데.

현규   그는 결국 사랑으로부터, 쪽팔림으로부터 도망치고 말았다. 그의
         이별 방식이었다. 으… (하더니 태블릿 PC 주익에게 던져 건네고) 남자
         이거 쓰레기 아냐.

주익   (그 쓰레기가 넌데요… 한심하게 보는데)

현규   (태블릿 PC 넘겨주며) 이런 걸 뭐 좋다고 잊지도 못하고 찔찔.

주익   (받아들고) 그러게. 뭐가 좋았을까.

현규, 다시 사과 집어들고 일어나 제 방으로 향하고. 주익, 무심히 지나 소설
에 별 다섯 개, 하트, 관심글 추가 버튼 툭툭툭 누르는데.

S#21. 라이프스토리 전경 (다음 날 낮)

박대표   (E) 누구야!!!!

S#22. 라이프스토리 / 회의실 (낮)

테이블 상석에 고이 놓여 있는 노트북. 화면에는 이국적인 배경을 뒤로한 채
하와이안 셔츠 입은 박대표가 인상 잔뜩 쓴 채 소리지르고 있다. 편집팀원들,
양쪽으로 나눠 앉아 사람 대하듯 노트북 앞에 공손히 앉아 있는 꼴이다.

박대표   귀공자 연재 중단한댄다! 걔 연재 중단하면 우린 뭐 먹고 사냐? 우
         리 회사에 탑 작가 몇이나 된다고 그거 하나 관리 못 해? 어? 내가
         자리 좀 비웠다고 회사를 이따위로 돌아가게 해? 누가 그따위로 업

로드 한 거야!? 누구야!!

다인   (책상 아래 손 꼼지락 꼼지락 눈치 보는데)

박대표   이것들이 왜 말을 안 해. 사이좋게 짤리고 싶냐?! 내가 못 할 거 같애?

정민   (저도 모르게 슬쩍 다인 쪽 바라보는데)

박대표   (빠르게 눈치채고) 어어어어? 박정민 너 눈 돌아갔어? 김다인!! 너야?!

다인, 어쩔 수 없다… 손 들고 이실직고 하려는데 동경이 한발 빠르게 손 탁 든다.

동경   아니요. 전데요.

다인   !!

동경   (화면 향해 고개 꾸벅, 무심히) 죄송합니다.

박대표   죄송하면 다야?! 내가 꼭두새벽에 걔네 엄마랑 통화를 어?! 국제전화비도 비싼데 어?! 걔네 엄마 얼마나 무서운지 알아?! 너 책임지고 걔 설득해. 못 하면 사표 내!!

동경   네. (자리에서 바로 일어나는데)

박대표   야!! 어디 가!!

동경   사표 쓰러요.

일동   (놀라서 보면)

박대표   이게 진짜 장난하나!! 당장 귀공자 잡아와 인마!!

S#23. 라이프스토리 / 탕비실 (낮)

동경과 다인, 둘만 있다. 다인, 동경 앞에 서서 죄인처럼 고개 못 들고 있고.

동경	(부러 농담) 아 아깝다. 회사 그만둘 수 있었는데.
다인	죄송합니다. 주임님. 제가 책임지고… (하는데)
동경	니가 책임 어떻게 질 건데.
다인	(보면)
동경	다 내 죄다 내 죄. 에휴… 모른 척하지 말걸.
다인	네?
동경	됐어. 다 실수하면서 뼈에 새기고 그러는 거야. 나도 다 그렇게 배웠다~ 뼈에 새기면서~ (어깨 툭툭하고 쿨하게 나가는데)
다인	(감동이고…)
박영	(E) 안 써요.

S#24. 박영 학교 앞 카페 (낮)

교복 차림의 박영(귀공자), 흰 양말에 삼선슬리퍼 신은 채로 삐딱하게 앉아서 손에 든 핸드폰만 보고 있다. 동경, 그 앞에서 좀 전의 멋지고 듬직한 모습과는 다르게 한껏 공손한 태도로 비굴하게 미소 짓고 있고.

박영	(핸드폰에 계속 시선) 그 얘기 하러 오신 거잖아요. 됐죠? 그 문제 아니어도 어차피 슬슬 그만 써야겠다 했어요. 갈게요. 오늘 급식 돈가스라서. (일어나려는데)
동경	(손 뻗어 잡으며) 작가님!!
박영	(보면)
동경	바쁜 시간 쪼개서 오셨는데 이렇게 가시면 너무 서운해서… 제가…
박영	(잡힌 쪽 탁 처내며) 그니까요. 바쁜 시간 쪼개서 썼는데 이런 식으로 올리시면 너무 서운해서요. 제가. (다시 핸드폰 보는데)

동경   (저 쥐방울만 한 게… 치사하고 더러워도 어쩔 수 없다) 정말 입이 열 개
       라도 할 말이 없습니다. 일단 저랑 식사라도 하시면서 쪼끔만, 진짜
       쪼끔만 얘기하시면 안 될까요?

박영   (핸드폰만 보고 있고)

동경   저 진짜 시간 얼마 안 뺏어요. 진짜! 제가 작가님 맛있는 거 사드
       리려고 (법카 탁 꺼내들고) 짠! 이게 법카라는 건데 법카가 뭐냐면…
       (하는데)

박영   (애 취급에 발끈해서 보며) 저도 알거든요? 법카??

동경   그니까요?? 제가 쓸데없는 소릴 했네요?

박영   (보다가) 비싼 거 먹어도 돼요?

동경   (요놈 보게…) 그럼요. 드시고 싶은 거 말만 하세요, 말만!

박영   그럼 저는,

동경   (꿀꺽… 긴장해 보는데)

박영   (진지하게) 엽떡.

동경   (애는 애구나 싶고…)

S#25. 떡볶이집 (낮)

동경, 떡볶이집 문 열고 먼저 들어서고. 박영, 누구랑 통화하며 뒤따라 들어
온다.

멸망   어서 오세요.

앞치마 차림의 멸망, 앞치마 주머니에 손 꽂은 채로 떡하니 홀에 서 있다. 홀
에는 손님도 알바생도 없고 멸망만 있다.

동경	야!! 너!
멸망	(심드렁하게 보고 있는데)
박영	(통화하다) 네? 저요?
동경	야~ 너!! 무~ 냄새 좋다. 그쵸 작가님?
박영	(뭐야. 싱겁기는. 전화하며 빈 테이블 가 앉는데) 어, 나 밥 먹고 바로 조
	퇴. 어어. 학교 안 들어간다고. (전화 끊고)
동경	(테이블에 앉으며 메뉴판 눈으로 훑고) 여기 떡볶이 하나 주시구요.
	어… (뭘 골라야 하나 고민하는데)
박영	(빠르게) 우동사리, 치즈 두 번 추가, 모둠튀김에 야채튀김 빼고 김
	말이로 바꿔주세요.
동경	(역시 고딩… 빠르다… 보면)
박영	핵매운맛으로요.
멸망	(심드렁 보다가) 어. (하고 돌아서 들어가고)
동경	?!
박영	(믿을 수 없다는 듯) 어…? 지금 '어'라고 했죠 저 사람.
동경	아니요? '네'라고 한 거 같은데?

시간 경과.

박영, 떡볶이 먹고 있고. 동경, 젓가락 들지도 않고 그 앞에 앉아 있다. 멸망, 동경만 보이는 쪽에 앉아서 팔짱 끼고 심기 불편한 듯 이쪽 보고 있고. 동경, 눈짓으로 멸망에게 꺼지라고 자꾸 신호 보내는데 멸망 아랑곳 않는다. 동경, 그래… 알아서 해라… 포기하고.

박영	(동경 쳐다도 안 보고 먹으며) 제가 막 엉망진창으로 엔딩 내면 어쩔
	건데요. 막 지구 폭발하고.
동경	어우 스케일 크고 좋네요.

멸망	(참나…)
박영	갑자기 주인공 죽고.
동경	새드엔딩… 길이길이 남을 엔딩이죠.
박영	알고 보니 다 꿈이고 막.
동경	(단호) 웹소설계의 인셉션.
박영	(할 말 잃고 보는데) …
동경	(아부가 좀 너무 심했나 싶다) …
박영	(심각) 근데요…
동경	(또 뭔 말을 하려고…) 네?
박영	이상하네…
동경	뭐가…
박영	(심각) 여긴 왜 소세지가 별로 없지?
동경	(얼른 소세지 찾아서 박영 접시에 쏙 놔주며) 소세지? 소세지 요 있네~
멸망	(눈썹 꿈틀 심기 불편한데)
박영	(소세지 애처럼 탁 찍어 먹으며 말투만 근엄) 아무튼 그렇게 쉽게 얘기할 문제가 아니에요. 편집자님은 작가가 아니라서 모르시겠지만.
동경	(쥐방울만 한 게 작가병은… 소세지 또 골라 박영 접시에 놔주고) 그럼요. 솔직히 말하면 편집자고 뭐고 다 필요 없고 전 그냥 작가님 소설이 너~무 재밌으니까 더 보고 싶어지구… 개인적 욕심이에요. 어머, 제가 이 말 했다고 대표님한테 절대 말씀하시면 안 돼요?
멸망	(놀고 있다 싶고)
박영	(아부에 기분 좀 좋아졌다) 소세지 더 추가해도 돼요?
동경	아유 그럼요! 다 추가하셔도 돼요! 여기, (하는데)
박영	(휙 멸망 돌아보며) 여기 소세지랑 치즈 좀 추가해주세요.
멸망	(팔짱 끼고 째려보며) 없는데?
동경	(!! 저게 진짜)
박영	어… 그럼 만두 추가해주시고, (하는데)

멸망	(여전히 그런 채로) 없어.
박영	그럼 메추리알 추, (하는데)
멸망	(여전히 그런 채로) 없어.
박영	(욱해서) 아니 뭐 있는 게 없어?! (동경에게) 여기 너무 불친절한 거 같지 않아요?
동경	소세지요? 메추리알 없으면 맥반석이라도 사올게요! 옆에 편의점 있더라구요. 잠시만 기다리세요 작가님? (멸망 째려보며 한껏 미소) 그래도 되죠? 사장님?
멸망	(대답 않고 보기만 하고)

동경, 지갑 챙겨 나가면 멸망, 턱턱 걸어와 시비 걸듯이 의자 끼익 위협적으로 빼 박영 마주 보이는 테이블에 앉는다. 박영 곧바로 쏘아보는 멸망. 박영도 지지 않고 바라보는데.

멸망	야.
박영	(뭐. 눈으로 대답하면)
멸망	넌 어린 게 왜 이렇게 싸가지가 없어. 소세지만 밝히고.
박영	아, 네. 늙어서 좋으시겠어요. 소세지 안 좋아하세요?
멸망	쪼끄만 게 따박따박 말대꾸나 하고.
박영	다 커가지고 여기저기 시비나 털고.
멸망	죽고 싶냐?
박영	(새침하게) 아니요? 안 죽고 싶은데요?

박영 그대로 탁 일어나서, 가방 들고 문 향하며,

박영	계산은 아까 그 누나가 할 거예요. (가면)
멸망	(저게 이씨… 하는데)

잠시 후 동경이 봉투 들고 뛰어 들어온다.

동경 (텅 빈 자리 보고) 뭐야? 작가님 어디 가셨어?

멸망 (모른 척 괜히 빈 테이블 검지로 먼지 슥)

동경 (눈치채고 멸망 확 째려보고)

S#26. 육교 (해 질 녘)

동경, 박영에게 카톡 보내며 걷고 있다. 멸망, 그 옆에서 같이 걸어가고 있고.
**작가님 조심히 들어가셨나요? 제가 시간을 너무 빼앗은 건 아닌지 걱정이 되네요…, 이번
일 진심으로 죄송하구요. 오늘 제가 드린 말씀 한번만 더 재고해주시면 감사하겠습니다…,
그럼 긍정적인 답변 기다리겠습니다 작가님^^** 그 모습 옆에서 걸어가며 흘깃 보는
멸망. 곧 띠링 울리는 알림음. 보면, 박영에게서 온 답장이다. **알겠으니까 그만
보내세요 저 지금 팩 중임**

동경 (저도 모르게 핸드폰 꾹 쥐고) 하… 진짜 어제 태어난 새끼가…

멸망 아까나 좀 그래보지.

동경 니가 사회생활을 알아?

멸망 사회생활 아니고 감옥 생활 같던데. 걔가 간수냐?

동경 비슷해. 깝깝~하지. 근데 너 언제부터 나 따라다닌 거야. 떡볶이집
      에서부터야? 아니면, (하는데)

멸망 너 태어났을 때부터.

동경 (뭔 소리야? 하고 보면)

멸망 난 인간들이 태어났을 때부터 쭉 따라다녀. 니가 이제야 눈치챈 거
      지. 공적인 관찰은 다 했고 사적인 관찰 하러 왔는데, 공교롭게도
      공적인 관찰이었네 또.

동경	공적인 관찰 결과 어떤데. 봤으니까 생각해야지.
멸망	그냥 나한테 소원을 비는 게 어때? 돈 달라고.
동경	그런 결론이면 됐거든. 나 진짜 그거는 되게 되게 좋은 데 쓸 거야. 치사하고 드러워도 어쩌겠냐. 나만 이렇게 사는 것도 아니고.
멸망	다들 그렇게 살아?
동경	다 그래~ 다 저마다의 사연이 있어요.
멸망	너만큼?
동경	(피식) 나만큼은 모르겠고 다 각자의 몫만큼, 각자의 무게만큼. (왠지 무거워 보이는 얼굴인데)
멸망	(그런 동경 가만히 보다가 한 손으로 동경의 눈 가리고)
동경	뭔데?
멸망	너무 무거워 보여서. 니 몫이.

S#27. 제주도 바닷가 (밤)

하고 멸망 손 떼면 어느새 해 질 녘의 제주 바다 앞이다.

동경	!!
멸망	원할 거 같길래.

동경, 멍하니 바다 지켜보다가 저도 모르게 바다 쪽으로 걸어간다. 그러다 발끝에 물 닿는 순간 놀라는데.

동경	(헉) 야! 이거 꿈 아니야?
멸망	진짜야. 안 빠져 죽게 조심해라.
동경	진짜라고?!

동경, 놀라 다시 바다 보다가 울컥한 마음 올라온다. 멸망, 동경의 마음이 가라앉을 때까지 말없이 가만히 지켜봐주고. 동경, 그 자리에 스르르 쪼그려 앉아 팔에 얼굴 기댄 채로 바다 바라본다. 편안해진 얼굴이다.

동경   (피식 웃고) 아… 좀 살 것 같다…
멸망   (동경의 옆에 가만히 와 서고)
동경   (시선 바다 보면서) 나 처음 얘기하는 건데.
멸망   (보면)
동경   (바다 보며) 울고 싶으면 여기 나와서 맨날 이렇게 앉아 있었어. 어렸을 때부터.
멸망   (보고)
동경   엄마 보고 싶을 때도 오고, 아빠 보고 싶을 때도 오고, 선경이가 속 썩여도 오고, 이모한테 미안해도 오고, 그냥 오고…
멸망   왜.
동경   (보면)
멸망   그냥 울면 되잖아. 왜 이러고 앉아서 참았냐고.
동경   (픽 웃고) 그러게. 그냥 싫더라. 나 우는 거 누가 아는 게.
멸망   아무도 안 볼 때 혼자 울면 되잖아. 그러면 아무도 모르는데.
동경   내가 알잖아. (다시 고개 돌려 바다 보는데) 내가 알아. 그게 너무 싫어.

멸망, 쓸쓸해 보이는 동경의 모습에 마음 일렁인다. 저도 모르게 앉아 있는 동경의 머리 위로 손을 얹으려다… 제 손가락에 아직도 붙어 있는 동경이 붙여준 반창고 보고는 이내 손 거둬 꾹 쥔다.

동경   (괜히 신난 척 멸망 올려다보며) 근데 너 왜 갑자기 나한테 잘해주는 거야?
멸망   (보다가) 너 꼬시려고.

동경   !!

멸망   농담. (픽 애처럼 웃는데)

멸망의 웃음에 동경 왠지 모르게 시선 멎는다! 갑자기 시간이 멸망을 중심으
로 느리게 흘러가는 것만 같은 느낌인데. 그러다,

동경   (저도 모르게 툭) 키스할래?

멸망   (멈춰 보다가 바로 키스하려 동경 턱 잡고 허리 숙이는데)

동경   (!! 그제서야 퍼뜩 정신 들어서 훅 뒤로 몸 빼는데!!)

멸망   (잠시 멈춰서 똑바로 보며) 그럼 못 들은 걸로 하고. (미련 없이 다시 몸
         일으키는데)

동경   !!

아무렇지도 않아 보이는 멸망의 얼굴에 동경, 왠지 모르게 서운하기도 하고
아쉽기도 하다. 멸망, 동경이 그러든지 말든지 읽을 수 없는 얼굴로 동경 바
라보다가 손 내밀고.

동경   (멸망 손 보면)

멸망   가자. 춥다.

동경, 어색하게 멸망 손잡고 일어서는데.

S#28. 동경의 집 / 옥상 (밤)

화면 바뀌면. 어느새 둘, 손잡은 채로 동경의 집 옥상 가운데 서 있다. 동경,
정신 차리자마자 어색해서 멸망 손 놓고. 멸망 그런 동경 힐끗 본다.

동경   아, 춥다 춥다. (괜히 호들갑 떨며 집으로 들어가려는데)

멸망   탁동경.

동경   (헉했지만 얼굴 정돈하고 아무렇지 않은 척 돌아보며) …어?

멸망   (빨랫줄에 수건들 가리키며) 안 걷어? 다 말랐는데.

동경, 왠지 모르게 열 받는다. 터벅터벅 걸어와 수건 하나 빼서 멸망 얼굴에 휙 던져버리고!

동경   몰라!! 안 걷어!! (그대로 쿵쾅쿵쾅 집으로 들어가버리고)

멸망, 뭐야… 왜 저래… 보다가 주머니에서 담배 하나 꺼내 입에 무는데.

S#29. 길거리 (다음 날 낮)

지나, 화려한 옷차림으로 거리 걷고 있다. 지나가는 사람들 역시나 힐끗 쳐다보고.

S#30. 미용실 (낮)

지나, 미용실 의자에 앉아서 자기 얼굴 뚫어져라 보며 전투력 올리는 중이다. 디자이너(지나 동창) 오더니 거울 속 지나에게 말 걸고.

디자이너   야. 동창회에 현규 새끼 온다매?

지나   응. 나 예쁘게 해줘. 한 열 배. 아니 한 삼십 배!

디자이너   (머리 살피며) 찌질한 놈. 유학 가서 공부한다고 니 연락도 안 받더

	니 동창회는 오네.
지나	공부는 무슨. 쳐 노느라 안 받았지. SNS에 사진은 잘만 올리더만.
디자이너	내가 너 이별통보 문자로 받은 거 생각만 하면 아직도 열이 받아요.
지나	개××. (삐―처리)
디자이너	눈빛 좋아. 아주 좋은 자세야. 내가 오늘 아주 너 머리 빡세게 해준다. 딱 기다려.

디자이너, 어디론가로 사라지고. 지나, 타오르는 눈빛으로 결의를 다지고 있는데 지나 핸드폰 울린다. 꺼내 보면, 화면에 **차주익 팀장님** 떠 있고. 타오르는 눈빛은 온데간데없다. 순간 당황한 눈빛으로 보다가 아니 내가 왜 피해야 돼? 하며 다시 표정 정돈하고 전화 받는데.

지나	네.
주익	(F) 어디예요?
지나	(갑자기?) 네?!
주익	(F) 좀 보죠. 할 얘기 있는데.
지나	전화 잘못 거신 거 아니, (하는데)
주익	(F) 아니에요. 그러니까 만나요, 지금.
지나	!!

S#31. 라이프스토리 / 사무실 (낮)

동경, 멍하니 편집 화면 보고 있다. 화면 속 소설에서 '키스'만 확대된 것처럼 눈에 들어오고. 수치심에 눈 질끈. 내가 미쳤지… 내가 미쳤어… 고개 푹 숙여 천천히 책상에 머리 콩콩 박는데.

주익   그래서 책상이 부서지냐?

동경, 화들짝 놀라 보면 주익, 나갈 채비한 채로 문 향해 가고 있고.

동경   어디 가세요?!
주익   미팅. (나가고)

S#32. 카페 (낮)

주익   (서류 봉투 쓱 밀며) 검토해보세요. 난 검토 끝났으니까.

보면, 지나 머리 세팅한 채로 주익 앞에 영문도 모르고 앉아 있다.

지나   (얼떨떨하게 봉투 집어들고) 이게 뭔데요?
주익   제안.
지나   (뭘까 싶어 보면)
주익   아이템 잡는 데부터 캐릭터 구성, 자료조사 및 에피소드 구성, 전
        개. 멘탈 관리까지.
지나   (뭔 말인가 감 못 잡고 멍하니 보는데)
주익   탑텐 안에 반드시 들게 해드릴게요. 물론 그렇게 된다면 원고료의
        오프로 저한테 인센티브 지급하셔야 하고.
지나   저 그 회사랑 이미 계약 돼 있는데요?
주익   이건 나랑 계약하는 거예요. 일대일로. 가능성 있다고 판단했거든요,
        제가.
지나   아니 탑텐 그게 말처럼 쉬운 것도 아니고, (하는데)
주익   절대 수긍, 절대 복종할 자신 있어요? 그럼 더 쉬운데.

256

지나	(허. 뭐야 이 인간. 헛웃음 나오는데) 그걸 제가 어떻게 믿고, (하는데)
주익	머리했어요?
지나	(기세에 밀려서 저도 모르게 대답) 네? 네. 동창회가 있어서.
주익	이현규도 오나?
지나	!
주익	(혼잣말처럼) 아, 오겠지. 그러니까 머리를 했겠지.
지나	(약간 짜증나서) 저기…
주익	가지 마요, 동창회.
지나	!
주익	만나지 마요, 걔.
지나	!
주익	근데 이렇게 말해도, (픽) 갈 거죠? 걔 만나러.
지나	(약간 기분 상해서) 그건 그쪽이 상관하실 바 아닌데요.
주익	작가님 글 다 봤는데 필요한 건 딱 한 가지예요.
지나	(보면)
주익	새로운 남주.
지나	!!
주익	그거 도와줄게요, 내가. 그러니까 미련 버려요. 그거, 복수 아니고 미련이야.
지나	!!

뭔 생각인지 읽히지 않는 주익의 얼굴. 지나, 복잡한 얼굴로 그런 주익 보는데.

S#33. 동경의 집 / 옥상 (밤)

동경, 퇴근해서 들어오는 중인데 나가려는 멸망과 딱 마주친다.

동경	!! (괜히 어색해서 굳어 서고) 어디… 가?
멸망	(아무렇지도 않게 지나가며) 일하러.
동경	아… 어… (하고 지나가려다 나가는 멸망 소매 탁 잡고)
멸망	(? 멈춰 돌아보며) 왜.
동경	같이 가.
멸망	(가만히 자기 잡은 동경의 손 보다가 동경의 얼굴 다시 보는데)
마을남자들	(E) 함 사세요~!!

S#34. 시골 마을 (밤)

나이 지긋한 사오십대 남자들, 한 명은 오징어가면 쓰고 함 메고 있고, 나머지들은 청사초롱 들고 "함 사세요~!!" 크게 외치고 있다. 동네 아줌마 아저씨, 할머니, 할아버지 들 웃으며 그 모습 구경하고 있고, 젊은 사람은 한 명도 없다.

함진아비	(바닥에 철푸덕 앉고) 아이고 힘들다. 힘들어서 더는 못 가겠네~
남자1	우리 함진아비가 배가 고픈갑네~ 어쩌나.
아줌마1	(깔깔 웃음기) 아이고 나이 오십에 첫 장가가는 게 자랑이여? 설렁설렁들 해 좀!

한복 곱게 차려입은 아줌마들, 작은 술상 들고 나와 함진아비 앞에 차려주고. 조용한 마을에 작은 잔치라도 벌어진 것 같다. 행복해 보이는 사람들.

S#35. 마을 언덕 (밤)

별이 쏟아질 것처럼 무수히 떠 있는 밤하늘. 그 하늘 아래 동경과 멸망이 나란히 앉아 있다. 마을이 한눈에 다 보이는 언덕 어귀에 앉아 함 파는 모습 가만히 바라보고 있는 둘이고.

동경   나 함 파는 거 처음 봐. 와… 아직도 있구나. TV에서만 봤는데.

멸망   (덤덤히) 멸망해가는 중이야.

동경   (놀라서 보면)

멸망   숨이 붙어 있는 것만 죽는 게 아니니까. 저런 것도 죽어. 매일같이 보던 것들을 어느 날 다신 볼 수 없게 돼. 그걸 지켜보는 것도 내 일이야.

동경   (왠지 그런 말을 하는 멸망이 쓸쓸해 보인다. 멸망을 보며) …예쁘고 슬프네.

멸망   (픽 웃으며 함 파는 모습 보며) 사라지는 것들은 대체로 아름답거든.

동경   (가만히 보다가) 초신성이라고 알아?

멸망   (보면)

동경   (멀리 시선 던지며) 별이 소멸해서 사라지는 순간 엄청 밝게 빛나면서 사라진대. 근데 그건 결국 새로 탄생할 별들의 에너지가 돼. 다시 별이 되는 거야.

멸망   (보면)

동경   그런 거 아닐까. 저것도, (멸망 바라보며) 너도.

멸망   위로하지 마. 위로 안 돼.

동경   …

잠시 둘, 말없이 멀리 하늘의 별 바라보고. 동경, 무슨 말을 할까 싶어 눈치 보는데. 그 정적 사이로 멸망이 툭 먼저 말을 꺼낸다.

멸망   (하늘 보며) 잘못 골랐다고 생각했어.

동경   (놀라서 보면)

멸망	널 아주 잘못 골랐다고. 그래서 이 귀찮은 지경까지 왔다고.
동경	…지금도 그렇게 생각해?
멸망	아니. 아주 잘 고른 것 같아. 그래서 내린 결론인데.
동경	(왠지 긴장되는데)
멸망	(덤덤히) 날 사랑해.
동경	!!
멸망	그럴 수 있으면 그렇게 해.
동경	!!
멸망	그것도 괜찮은 방법이란 생각이 들었어. 그러니까,
동경	(보면)
멸망	(동경 보며) 날 사랑하는 최초의 인간이 돼.
동경	!!!

멸망, 너무도 쓸쓸한 얼굴로 담담히 하는 말이고. 고백이라기엔 슬프고, 아니라기엔 절실하게 모든 걸 멈추고픈 제 진심이다. 무수한 별들이 저마다 외롭게 빛나는 밤하늘 아래, 쓸쓸한 두 존재의 나란한 모습에서…

5부 엔딩!

6부

S#1. 마을 언덕 (밤)

멸망 널 아주 잘못 골랐다고. 그래서 이 귀찮은 지경까지 왔다고.

동경 …지금도 그렇게 생각해?

멸망 아니. 아주 잘 고른 것 같아. 그래서 내린 결론인데.

동경 (왠지 긴장되는데)

멸망 (덤덤히) 날 사랑해.

동경 !!

멸망 그럴 수 있으면 그렇게 해.

동경 !!

멸망 그것도 괜찮은 방법이란 생각이 들었어. 그러니까,

동경 (보면)

멸망 (동경 보며) 날 사랑하는 최초의 인간이 돼.

동경 !!!

동경, 잠시간 멸망 바라보며 올라온 감정을 가다듬는다. 멸망, 그런 동경 무심히 바라보고.

동경 (겨우 감정 삼키며) 그러니까 그게… 무슨 뜻인데?

멸망 나 살린 거, 그냥 그런 거라며. 그러니까 그냥 고맙다고 하라며. 그냥 고맙다는 말 나는 이렇게 하는 건데?

동경 넌 그냥 죽고 싶은 거잖아.

멸망 (당황하지 않고) 널 살리고 싶은 거야.

동경 (픽 자조적으로) 때깔 좋은 소리 하네.

멸망 내 제안이 너한테 나쁠 게 있나?

동경 (확 열 받고) 있어!

멸망 (보면)

동경	기분이! 기분이 나쁘잖아!
멸망	살아남는 것보다 기분이 중요해?
동경	넌 사라지는 걸 보는 니 얼굴이 어떤지 모르지?
멸망	(멈칫해서 보면)
동경	난 요즘 매일 봐서 알거든. 요즘 니가 나를 보는 얼굴을 보면 정말 다 알겠거든.
멸망	…뭘.
동경	니가 좋은 놈인 거.
멸망	(예상치 못한 말에 놀라고, 꼭 제 속을 들킨 것만 같다. 그래도 끝까지 들키고 싶지 않은 심정으로 무심히 보는데)
동경	살고 싶은 게 아니라 행복하게 살고 싶은 거야 나. 그걸 이제 막 깨달았거든? 그래서 내린 결론인데,
멸망	(보면)
동경	나는 너 죽이고도 행복하게 살 자신 없어.
멸망	!!
동경	그니까 까불지 마.

멸망, 예상치 못한 동경의 말에 기가 막히고 어쩐지 웃음이 탁 새어나온다.

S#2. 동경의 집 + 멸망의 집 (밤)

동경, TV 앞에 바짝 붙어 앉아 TV만 뚫어져라 보고 있다. TV 화면에는 모자이크 처리된 한 남자가 법원 출두하는 장면 나오고 있고, 그 아래 자막 **횡령혐의 강한제약 대표 구속** 떠 있다. 멸망, 동경의 집 소파에 기대 앉아 가만히 그런 동경 바라보고 있는데.

동경	(중얼중얼) 사랑할 수 있다… 사랑할 수 있다.
멸망	뭐 하는데.
동경	(쳐다도 안 보고) 신경 꺼. 사랑할 수 있다… 사랑할 수… (하는데)
멸망	신경 쓰이게 하잖아, 니가.
동경	(그 말에 반사적으로 팩 돌아보며) 있다. (화들짝 놀라서) 아니!? 안 돼! (다시 팩 고개 돌리고)
멸망	(픽) 애쓴다.
동경	(확 일어서고) 안 되겠다.

동경, 그대로 소파에 둔 이불 베개 챙겨 드는데. 멸망, 가만히 그 꼴 보고 있고.

동경	(선언하듯) 나 오늘부터 내 방에서 잔다. 혼자.
멸망	왜.
동경	정 떼려고.

동경, 뒤돌아 제 방으로 향하려는데 멸망, 뒤에서 부드럽게 동경의 손목 감싸 잡아당긴다.

동경	(놀라 돌아보면)
멸망	(올려다보며 부드럽게 조르듯) 같이 자자.
동경	!!
멸망	나랑 같이 자자.
동경	(확 얼굴이 달아오르는 거 같다. 흔들리는 마음 감추며) 야!! 너 연기하지 마!!
멸망	(다시 표정 빙글 돌아와) 들켰네.
동경	(이씨… 다시 방으로 가려는데)

멸망   (무심히 소파에 등 기대며) 너 들어가면 이 집 어떻게 해버려야겠다.

동경   (휙 돌며) 야!!

/ Cut to

둘, 평소처럼 각자 소파에 누워 있다. 멸망의 은은한 스탠드 불빛만 켜져 있고, 천장 바라보며 두 눈 끔뻑이고 있는 동경. 어색하리만큼 곧게 누워 있다.

동경   나 진짜 니가 우리 집 어떻게 할까봐 여기서 자는 거야.

멸망   어.

동경   진짜야.

멸망   그래.

동경   (생각하니까 말린 거 같아 열 받는다. 팩 상체 일으켜) 사랑이 뭔지나 알아 니가? 뭘 자꾸 사랑하래 나보고!

멸망   모르니까 아는 니가 하라는 거잖아. 사랑.

동경   말을 말자. (다시 확 소파 등쪽 향해 돌아눕고)

멸망   (날) 사랑해. 대신 죽어줄게.

동경   (아무렇지도 않은 말에 마음 쿵 한다. 잊으려는 듯 애써 눈 꾹 감고)

멸망   (대답 없자) 잘 자.

멸망의 스탠드 탁 꺼진다. 적막하고 어두운 둘의 집 안. 어둠 속에서 살며시 뜬 동경의 눈, 복잡한 눈빛이다. 천장을 바라보는 멸망의 눈, 좀 전과는 다르게 어딘지 결연한 눈빛인데.

S#3. 문방구 앞 (다음 날 낮)

소녀신, 쭈그려 앉아 뽑기 기계 유심히 바라보고 있다. 그 옆에는 멸망 서 있다. 그들 뒤로 등교하는 초등학생들 두셋 무리지어 지나가고.

멸망　　사람도 아닌 거한테 사람이라고 짓다니. 진짜 이상한 애야.

소녀신　(뽑기 기계 고르는 듯 살피며) 너한테 잘 어울리네.

멸망　　이름이?

소녀신　그 애가.

멸망　　(무슨 뜻이지? 보면)

소녀신　(웃으며 멸망 돌아보고) 이상한 애한테 이상한 애가 붙었잖아.

멸망　　지가 만들어놓고 이상하다네, 나한테.

소녀신　(뽑기 기계 다시 돌아보며) 이름은 불러주는 이가 있는 것에만 붙는 거야. 이제 불러주는 이가 생긴 거지.

멸망　　누가 불러달랬나.

소녀신　불러달랬지, 너는. 내내. 애처럼.

멸망　　(마음 복잡하고. 말 없다)

소녀신　(드디어 마음에 드는 기계를 고른 듯 동전 넣으며 아무렇지도 않게) 그래서, 사라질 거니?

멸망　　(동요하지만 감추며) 그게 무슨, (하는데)

소녀신　(동전 이어 넣으며 아무렇지도 않게) 그러려던 거 아니었어? 그 애한테 사랑받아서.

멸망　　(하. 어이없고. 자조적으로) …신은 모르지 않는다. 다만 모르는 척할 뿐.

소녀신　니 계획대로 될까? 그게? (레버 드륵 돌리는데)

멸망　　무슨 뜻인데.

뽑기 기계에서 캡슐 달그락 떨어지고.

소녀신   인간의 사랑은 생각보다 위험해. 한 명을 얻기 위해서 세상을 버릴
             수도 있어.

멸망   (예민하게 보면)

소녀신   (캡슐 꺼내 손에 올려두고 바라보며) 어떤 결과가 나올지 몰라. 나는
             늘 그게 재밌네.

소녀신, 생긋 웃으며 캡슐이 보이지 않게 제 손 안에 꽉 틀어쥐는데. 멸망, 조
금 화난 듯한 얼굴로 그 모습 바라보고.

S#4. 라이프스토리 / 건물 앞 (낮)

동경과 예지, 현규의 카페 가는 중이다. 동경, 뭔가 딴생각에 잠긴 듯 골똘하고.

예지   야 여기 카페 새 알바 온 거 봤어? 새 알바라 그런지 새롭게 잘생겼,
           (하는데)

동경   (대뜸) 나 소개팅 좀 시켜주라.

예지   야! 나도 출근길에 처음 봤어! 그 알바생!

동경   그 알바생 말고. 너 주변에 죽어 마땅한 놈 없어? 그런 놈 있으면 소
           개 좀 시켜줘.

예지   얘 말 무섭게 하네. 그런 사람 소개를 왜 해줘?

동경   그런 사람이니까 소개해줘. (단단한 얼굴로) 내가 처리할게.

예지   니가 처리 어떻게.

동경   잘. 깨끗하게. 아주 깔끔하게 이 세상에서 굿바이.

예지   (한심) 청소부냐? 뭐 박대표라도 다리 놔줘?

동경   (진지) 아 그래. 우리 대표가 있었지.

예지   (화들짝) 얘가 얘가! 스트레스가 극에 달해? 누구 하나 꼭 죽여야겠
        어? 아름다운 거 보고 진정해라.

하며 두 사람 그대로 문 열고 카페 들어가면, 현규는 없고 앞치마 한 선경이
카운터에 서 있다.

선경   어서오… 어 누나!

예지   누나?

동경   (저놈이 왜 여길) …

S#5. 현규 카페 (낮)

동경과 선경, 카페 한쪽에 마주보고 앉아 있다.

선경   일단 회사부터 그만둬.

동경   (동요 없고 차분히 커피 마시며) 왜?

선경   내가 다 알아서 할게.

동경   뭘?

선경   (답답) 돈 버는 거!

동경   (커피잔 탁 내려놓고 부드럽게) 선경아.

선경   (부드러우니까 괜히 더 긴장된다) 왜…

동경   진짜 이상하지. 진짜 재미없었는데, 어떨 땐 진짜 하기 싫었는데 내
        가 관두는 게 아니라 뭐가 못하게 하는 거라고 생각하니까 희한하
        게 하고 싶네, 일을.

선경   (놀라서 보면)

동경	생각해보니까 이게 누나 인생에서 가장 길게 한 일이야.
선경	(뭐라 말도 못 하고 보면)
동경	그니까. 내 육 년, 뺏지 마. 안 그래도 아까워 내 시간.
선경	(보다가 기 죽어서) …미안.
동경	(보면)
선경	누나한테 못된 말 한 거, 누나 속인 거, 누나 시간 뺏으면서 살아온 거 다 미안…
동경	(피식 웃고) 야, 안 어울리게 그러지 마라 좀.
선경	누나나 그러지 마.
동경	(보면)
선경	죽을 날 받아놓은 것처럼 그러지 말라고. 포기하지 말라고. 진짜 짜증나…
동경	(마음 복잡해 말 없는데)
선경	(벌떡 일어서며 괜히 평소처럼) 아 가! 나도 일 해야 되니까! 지만 일하나.
동경	(그 마음 안다. 픽 웃고) 열심히 해.
선경	…누나도.
동경	(뭉클하고) 그래. 누나도 열심히 해볼게. 다.

S#6. 라이프스토리 / 사무실 (낮)

동경	(NA) …라고 했나요 제가?

동경, 떫은 표정으로 주익 애기 듣고 서 있다.

| 주익 | (무심하게) 귀공자, 연락이 안 돼. |

동경	(눈썹 꿈틀) (NA) 취소하겠습니다… 다 개소리였어요…
주익	걔네 엄마도 갑자기 모르쇠네. 자기 아들인데 어딨는지를 모르겠대. 말 돼? 저번에 만났을 때 무슨 얘기 들은 거 없어?
동경	(매가리 없이) 없는데요…
주익	걔 신작 이벤트 들어가는 거 이미 메인에 광고 떠 있다.
동경	(매가리 없이) 알죠… 암요…
주익	(흔들림 없이) 잡아 와. 어떻게든. 그 수밖에 없어. (의자 돌려 화면 바라보는데)
동경	(저도 모르게 속마음) 진짜 짜증난다…
주익	(꿈틀… 슬쩍 뒤돌아보며) 설마 나 말 하는 거 아니지?
동경	(자기 자리로 가며 중얼) 진짜 다 짜증나…
주익	(슬쩍 뒷모습 건너다보며) …아니지?

(E) 깡! 야구공 배트에 맞는 소리.

S#7. 야구연습장 (밤)

동경, 야구연습장에서 거칠게 배트 휘두르고 있다. 배트에 맞아 멀리 날아가는 야구공. 지나, 앉아서 그런 동경 구경하고 있고.

동경	작가것들! (배트 휘두르고 공 깡! 맞는) 아주 배가 불렀어! (깡!) 모아다가 하루 종일 아무 의미도 없이 땅만 파게 해야 돼! (깡!)
지나	(공 칠 때마다 움찔움찔 저도 모르게 움츠러들고)
동경	(휙 돌아보며) 책상에 앉아서 손가락만 굴리면서, 우리가 작가님~ 작가님~ 하니까 지들이 왕인 줄 안다고! 애고 어른이고!! 전부!! 나를 업신여기고요!! (하는데)

지나　…듣는 작가 찔린다 야…

동경　(배트 옆에 확 던져놓고) 아니 어떻게!! 메인 이벤트 일주일 앞두고 잠수를 타냐고!

지나　(기막혀 벌떡) 뭐어? 미친 그럼 그 자리 나 주지!! 와 역시 좀 미쳐야 글을 잘 쓰나? 내가 너무 정상인가?

동경　(터벅 걸어와서 지나 어깨 툭툭) 언닌 참 보기 드물게 제정신인 작가야. 그래서 내가 사랑하잖아.

지나　(그 말에 반사적으로 흐뭇 미소 짓고)

동경　(하다가 또 확 열 올라서) 아님 고 쥐방울을 내가 확 사랑해버려? 아니지… 그러기엔 나이 차이가 너무 좀…

지나　주어와 목적어를 좀 넣어서 얘기해줄래? 주제 너무 바뀌어대서 따라갈 수가 없거든?

동경　(확 진지한 얼굴로) 언니. 언니 주변에 죽이고 싶을 만큼 나쁜 남자 없어?

지나　있으면.

동경　(손 붙들고) 소개해줘!!

지나　이현규 연결해줘?

동경　(진지하게) 내가… 죽여줄까?

지나　야!!

동경　농담이야. 동창회 간대매. 언니 손으로 죽이려는 거 아니었어? (의자에 걸터앉으면)

지나　(따라 나란히 앉고) 어 그러려고 했었는데…

동경　(음료수 마시며) 했었는데?

지나　누가 그러더라. 내가 하려는 거 복수 아니고 미련이라고. (음료수 마시는데)

동경　(아무렇지도 않게) 누가 그래. 차팀장이 그래?

지나　(사레들려서 쿨럭. 닦으며) 야. 너 어떻게 알았어.

동경	언니. 차팀장 말이야.
지나	(무슨 말이 나올까… 걱정 반 기대 반 해서 보면)
동경	그때 언니가 불쌍했대. 그래서 했대. 키스.
지나	(잠깐 사고가 멈춘 듯 멈춰 있다가 급 분노해서) 뭐어?!!

누군가 옆에서 휘두른 배트에 공 깡! 맞는 소리 울려 퍼지고.

S#8. 고급 레스토랑 (밤)

주익, 레스토랑 룸에서 주익부와 마주 앉아 스테이크 썰고 있다.

주익부	(처다도 안 보고 스테이크만 썰며) 일은.
주익	(마찬가지로 처다도 안 보고 스테이크 썰며) 잘하고 있죠.
주익부	(못마땅해서 쯧쯧) 저거저거 말이나 못하면.
주익	(대답 않고 스테이크 썰고)
주익부	1층 카페 장사 잘된다며? 현규 고놈은 내 딱 알아봤어. (얼굴 앞에 손 휘저으며) 장사꾼 기질이 다분하잖아. 아무리 봐도 그 건물에서 니네 회사가 제일 문제야. 그 대표란 놈이 딱 봐도 놈팽이거든. 그래 가지고 세는 내겠어?
주익	따박따박 내잖아요. 제가 따박따박 아버지 건물 잘 관리하는 덕분에.
주익부	니네 회사 얼마 못 가. 내가 세입자 관리한 세월이 기십 년이야. 니놈 이 야근은 안 하고 이렇게 나랑 칼질하고 있는 꼴만 봐도~ (하는데)
주익	억지로 시간 내서 효도하고 있다는 생각은 안 해보셨어요?
주익부	느이 형은 밤낮없이 건물 관리하느라고 코빼기도 안 보여. 나한텐 그게 효도야.
주익	밤낮없이 일하느라 코빼기도 안 보이게 건물 몇 개 더 맡겨보시든

가요.

주익부　(코웃음) 그런다고 내가 넘어갈 성싶으냐? 너 나 믿고 놀고먹을 생각 마라.

주익　그 생각은 유치원 때 접었죠.

주익부　이놈 이거 나 닮아가지고 한마디도 안 져.

주익　아버지. 말은 바로 해요. 얼굴은 엄마 닮았어요, 저.

주익부　(참나 픽 웃고) 너 근데 만나는 여자는 없냐? 어째 엄마 닮아 얼굴도 반반한 놈이, (하는데)

주익　많아요.

주익부　(화색) 많아? 몇 명.

주익　(심드렁) 뭐… 한 삼십 명?

주익부　이노무시끼가!

주익　이노무시끼 나온 거 보니까 이제 갈 때가 됐네. 보고 끝났고 식사도 끝났으니까 갈게요. 너무 초과 근무네. (자리에서 탁 일어나 가는데)

주익부　(주익 뒤에 대고) 사내놈이 일을 저질렀으면 책임을 져야 되는 거야! 여자도 마찬가지야 시끼야!

주익, 잔소리 뒤로 하고 룸 나서는데 주익의 핸드폰 울린다. 보면, 화면에 **나지나** 떠 있고.

주익　(화면 보며 중얼) 책임지느라 이러고 있네요. (걸어나가면서 표정 변화 없이 받고) 네.

지나　(F) 내가 불쌍해요?!

S#9. 카페 + 주익의 집 / 거실 (밤)

지나   내가 불쌍하냐고 물었잖아요.

보면 지나, 주익 마주앉아 있다.

주익   네 그땐요. 지금은 아니고. 저녁은 먹었어요?
지나   저녁이 중요해요 지금?
주익   먹은 걸로 치고. 왜 만나자고 했어요. 이런 거 따지자고 만나자고
           한 건 아닐 거고.
지나   그런 건데요?
주익   그런 거면 지금 일어서고.
지나   계약도 나 불쌍해서 제안한 거예요?
주익   (순간 날 선 느낌으로) 내가 그런 사람 같아 보여요?
지나   (왜 갑자기 정색이야? 살짝 밀려서) 아니 그게 아니라, (하는데)
주익   그게 아니면 가능성 있다는 내 판단을 의심하는 거예요? 아니면 본
           인 필력을 의심하는 건가?

지나, 당황해 뭔가 할 말을 찾고 있는데 마침 주익의 핸드폰 울린다. 주익 화
면 보면, 현규고. 바로 끄는데. 끄고 내려놓자마자 다시 또 울린다. 또 현규
다. 또 끄려는데.

지나   괜찮아요. 받으세요.
주익   (묘한 기분이다. 보다가 그대로 통화버튼 누르는데)

현규, 집 거실 소파에 드러누워서 전화 중이다.

현규	형 내 전화 왜 씹어? 뭐해? 언제 와? 나 배고파. 오늘은 진짜 형 당 번인데?
주익	일해. 늦어.
지나	(가만히 통화하는 주익 살피고 있고)
현규	누가 이 시간까지 형 일 시키냐? 아주 나쁜놈이네.
주익	(지나 물끄러미 보며) 나쁜 건 니가 나쁘지.
지나	(? 뭐지 하고 보는데)
현규	어? 나? 왜?
주익	끊어.
현규	형!!
주익	(끊고)
지나	(누구길래 저렇게… 하며 보는데)
주익	(지나 속내 알아채고) 아 뭐. (핸드폰 슬쩍 들어 보이며) 진짜 불쌍한 애.
지나	(뭐야… 속을 알 수 없어 보는데)
주익	그래서 계약은요. 오케입니까 반렵니까.
지나	(이씨 왠지 지는 기분이다. 서류 봉투 꺼내 테이블에 탁 내밀고)
주익	(보면)
지나	사인했어요.
주익	(서류 집어 들고) 후회 안 할 거예요.
지나	그 멘트 엄청 사기꾼 같은데. 후회할 거 같은데?
주익	뭐. 그래도 좋고. 후회하는 모습 많이 봤으니까.
지나	(? 해서 보면)
주익	본인은 모르겠지만 꽤 괜찮아요. 본인 후회하는 얼굴.
지나	!!
주익	다음엔 작업실에서 봐요. 연락할게요.
지나	아니 그거는 스케줄을 봐야, (하는데)
주익	(서류 들어 보이며) 절대 수긍, 절대 복종. 협의 없어요.

주익, 일어나서 그대로 카페 나가고. 지나, 얼떨떨하게 혼자 카페에 앉아 있는데. 아씨… 확, 진 거 같은 기분 몰려온다.

지나   (머리통 양손으로 팡팡 치며) 등신! 등신! 말렸어 말렸어!!

S#10. 골목길 (밤)

동경, 장 본 듯 제법 묵직한 비닐봉지 들고 낑낑대며 골목길 걸어 올라가고 있다. 그때, 누군가 봉지 탁 낚아채고. 보면, 멸망이다.

동경   (놀라 소리도 못 지르고 보다가 뒤늦게 알아채고) …깜짝이야.
멸망   (별말 없이 다른 쪽 손으로 동경 손 탁 잡고 걸어가고)
동경   (얼떨결에 손잡힌 채로 걷고) 뭐야 갑자기?
멸망   (쳐다도 안 보고 계속 걸으며) 대신 죽을 나쁜 놈은 좀 찾아봤어?
동경   걱정 마. 찾고 있으니까.
멸망   걱정 말라고 해도 걱정이 되네.
동경   (무슨 소린가 해서 보면)
멸망   (아무렇지도 않게 툭) 넌 나한테 특별하거든.
동경   (입 떡 벌어진다. 손 탁 잡아 빼고) 이야… 와…
멸망   (보면)
동경   이게 또 수작 부리네?
멸망   수작이라니. 남의 진심을.
동경   그런 거 하려면 꽃이라도 하나 들고 와서 그래라, 진짜.
멸망   아 그랬어야 했나?
동경   이게 진짜 해보자는 건가?
멸망   왜 화내? 너 도와주는 건데.

277

동경	돕는 게 아니라 방해하는 거지. (비닐봉지 뺏으려 하며) 내놔! 내가 들래! 경고하는데! 너 앞으로 나한테 친절하지 마!
멸망	(슥 피하는데)
동경	아 내놓으라고! (하는데)
선경	오올. 그림 좋은데? 신혼부부 같고 막 그래 어엉?

보면, 선경이 집 앞 어딘가에 기대 서 있다.

멸망	하이 처남.
선경	하이 매형.
동경	하이 같은 소리 하네… 너는 왜 말도 없이 집 앞에 와 있어?
선경	나? 이거 주려고! (안 식게 품에 넣어온 붕어빵 꺼내 내밀고) 뜨끈뜨끈할 때 드셔. 지나가다가 보이는데 누나 생각이 따악! 형님 모르죠. 우리 누나 팥 들어간 거 엄청 좋아하잖아. 오메기떡 붕어빵 이런 거 손에 들려주면 아주 환장을 해요.
동경	(얼결에 받아들고. 조금 감동이다)
멸망	그래? 꽃 같은 거 들려주면 좋아하는 줄 알았는데.
동경	(찌릿 눈치 주고)
선경	꼬옻? 꽃도 환장하지. 하여튼 우리 누나 양손 두둑한 거 좋아해. 뭐라도 좀 들고 다니게 해줍시다!
동경	(하다 퍼뜩 생각나서) 너 내일 뭐 해.
선경	나? 내일 일하지. 오후 출근.
동경	잘됐다. 내일 나랑 어디 좀 가자.
멸망	어디 가는데.
동경	너한테 한 말 아니야.
선경	어디 가는데?
동경	오래 안 걸려.

멸망   어디 가냐고.

S#11. 병원 / MRI실 (다음 날 낮)

검진복 차림으로 MRI 기계 들어가는 선경의 모습.

S#12. 병원 / 복도 (낮)

사람 오가지 않는 복도 한편에 동경과 당면 서 있고.

동경   유전일 수도 있잖아요. 그 생각부터 들더라구요. 나는 그래도 쟤
          있지만 쟤는… 혹시라도 나 없을 때 아프면 어떡하나…

당면   (보다가) 다행이네요.

동경   (보면)

당면   붙들 게 하나는 있다는 거 확인해서요.

동경   붙들어요? …뭘요?

당면   편집자님 인생.

동경   (여러 생각 드는데)

당면   동생 분이 전화로 사정사정을 했어요. 우리 누나 좀 설득해달라고.
          우리 누나 제발 좀 살려달라고. 자기는 누나 없으면 못 산대요.

동경   (가슴 턱 막히고)

당면   (피식 웃으며) 그리고 제가 막 헛걸 보더라구요. 눈앞에서 사람이 뚝
          떨어지고 사라지고… 아니, 이게 중요한 게 아니라… 아무래도 편
          집자님 설득 못 한 게 마음에 되게 걸렸나봐요.

동경   (묵묵히 보는데)

당면	그래서 저 말 바꿀 겁니다.
동경	(보면)
당면	치료합시다.
동경	!!
당면	일 년이라도, 단 몇 개월이라도 더 삽시다. (주머니에서 진통제 꺼내 쥐어주고) 아프면 먹어요. 먹고 견디고 생각해주세요. 좋은 답 쪽으로.
동경	(묵묵히 당면 보다가 손에 들린 진통제 보는데)
당면	저 편집자님 엄청 살리고 싶어요. 다음 작품 다른 편집자한테 맡기고 싶지 않아요. (오히려 환히 웃으며) 편집자님이 오타 제일 잘 찾잖아.
동경	(마음 복잡한데)

S#13. 병원 일각 (낮)

동경, 터덜터덜 걷다가 한쪽 벤치에 힘없이 앉는다. 긴 한숨과 함께 시선 던지면, 멀리 장례식장 보이고. 입구엔 검은 상복 입은 사람들 몇 보인다. 그렇게 잠시간 정신 팔린 사이 누군가 옆에 앉더니 동경의 앞으로 음료수 페트병 불쑥 내미는데.

소녀신	(E) 나 이거 좀 따줘요.

동경, 보면 환자복 차림의 소녀신 앉아 있다.

동경	(퍼뜩 정류장에서 본 거 기억하고) 어?!
소녀신	목말라요. 빨리 좀 따줘요.

동경   어? 어어. (따주고 소녀신에게 돌려주며 조심스럽게) …맞지?

소녀신   (음료 꿀꺽꿀꺽 마시며 천연덕스럽게) 뭐가요?

동경   저번에 버스정류장에서…

소녀신   (건조하게) 아.

동경   와… 신기하다… 이렇게 또 만나네. (하다 조심스럽게) 어디… 아파?

소녀신   언니는 어디가 아픈데요?

동경   어? 나?

소녀신   아프니까 병원을 왔을 거 아니에요.

동경   아니 뭐… (주저하는데)

소녀신   피차 말하기 싫은 주제 같은데 딴 얘기 하잔 뜻이에요.

동경, 약간 무안하고. 다른 주제 찾는 중에 소녀신 옆에 놓인 빈 화분 눈에
띈다.

동경   그 화분은… 뭐야?

소녀신   (대수롭잖게) 아 이거. 싹이 나길 기다리고 있어요.

동경   뭐 심었는데?

소녀신   글쎄요. 저도 몰라요. 피긴 피는 건지. 핀다면 뭐가 피는 건지.

동경   이상한 게 나오면?

소녀신   뽑아야죠.

동경   뽑는다고?

소녀신   (음료수 마시며) 괜찮아요. 다시 심으면 되니까. 이건 제 거라서.

동경   (무슨 말이지? 싶은데)

소녀신   (화단의 꽃들 보며) 저건 제 거가 아닌데 이건 (화분 보며) 제 거예요.

동경   (보다가 진심으로) 그럼 좋은 게 피었으면 좋겠네.

소녀신   저도 그랬으면 좋겠어요. 꽤 공들이고 기다린 거거든요. 처음 심어
         본 거라. (동경 향해 묘한 미소 짓는데)

동경   (알 수 없는 기분으로 그런 소녀신의 미소 보는데)

소녀신   (홀연히 일어나 옆에 놓인 쓰레기통에 음료수병 던져넣고) 다 마셨으니
         까 전 이제 갈래요.

동경   (그제야 퍼뜩 정신 돌아와) 어? 어.

소녀신   (갑자기 생각난 듯) 아. (주머니에서 캡슐 꺼내 동경에게 내밀고) 이건 선
         물. 음료수 따줬으니까.

동경   (얼떨떨하게 캡슐 받아들고)

소녀신   (화분 챙겨 일어서며) 나중에 또 봐요 언니.

소녀신, 먼저 일어나 가버리고. 홀로 남은 동경, 소녀신이 주고 간 캡슐 열어
보는데. 보면, 우주 모양의 영롱한 구슬이다. 묘한 기분으로 제 손 안의 구슬
보고 있는데, 그 순간 전화벨 울린다. 보면, **탁동생**이다.

동경   (전화 받고) 어. 끝났어?

동경, 통화하며 주섬주섬 구슬 챙겨넣고 일어서는데.

S#14. 병원 / 대기실 (낮)

대기실에 앉아 있는 환자 및 사람들 삼삼오오 모여 떠들고 있는데.

입원환자1 아니 그 살인범 미친놈은 와 병원 와갖고 난리고.

입원환자2 아무래도 병원에 망조가 들었나벼. (속삭이듯이) 그 귀신 때문 아녀?

통원환자   (3부 S#21 환자) 귀신이요?

입원환자2 이 병원에 몇 년 전부터 떠도는 얘긴디. 귀신인데, 의사랴. 본 사람
          이 음청 나~ 근데 신기헌 게? 두 번 본 사람은 읍써.

입원환자1   아이고 무서브라.

통원환자   (허억!!)

환자1/2   왜왜왜! / 와!!

통원환자   저도 본 거 같아요 그 의사귀신⋯ 제가 저번에 정신을 차려보니까 막 아무 이유도 없이 어느 의사 앞에서 엄청 울고 있는 거예요. 아무리 생각해도 왜 울었는지 기억은 안 나고 너무 이상해서 나중에 찾아봤더니⋯ (속삭이듯) 이 병원에 그런 의사는 없대요. 그럼 제가 만난 그 사람은 누굴까요⋯

입원환자2   키가 막 (가슴 쪽 손짓하며) 요만~ 요만하지?

통원환자   아니요? 앉은키도 그거보다 크던데. 못해도 한 190은 될 거 같던데.

입원환자1   옆호실 순천아지매도 봤다 아입니꺼. 나이가 한 스무 살쯤 돼 보있다 카든데.

통원환자   아닌데? 머리가 희끗했어요. 못해도 오십대?

입원환자2   (지나가는 간호사한테 손짓하며) 선생님!! 선생님도 봤댔지? 그 귀신 말여. 워찌케 생겼었어? 키가 요만(가슴) 했어? 아님 요만(머리 위) 했나?

입원환자1   이십대 총각? 오십대 아저씨?

간호사   (1부 S#5 간호사) 저는 ⋯

환자들   (침 꿀꺽하고 보는데)

간호사   여자였는데요.

일동   (놀라고)

입원환자2   한 놈이 아니구만⋯ 쯧쯧 (통원환자에게) 병원 옮겨. 우린 이미 늦었고.

그런 그들의 뒤로 지나가는 남자, 멸망이다. 손에 무언가를 들었지만 잘 보이지 않는다.

S#15. 병원 / 진료실 앞 (낮)

동경과 당면 마주 서 있다.

동경   감사합니다 선생님. 죄송해요… 바쁘실 텐데 괜히 저 때문에 신경
                쓰시고…

당면   의사가 환자 고치려고 하는 건데요 뭘. 별게 다 죄송하네요. 편집
                자님 저 원고 독촉하는 거 당연하잖아요. 저도 그래요. 당연해요.

동경   …말이 나와서 말인데 다음주 초까지 마감인 거 아시죠, 작가님.

당면   (품 웃음 터지고) 원고 얘기할 때는 칼같이 선생님 아니고 작가님이
                네요?

피식, 농담에 겨우 웃음기 도는 동경인데. 그 둘 앞으로 누군가 저벅저벅 걸
어와 서고. 반사적으로 보면, 멸망 잘 빼입은 차림으로 꽃다발 들고 서 있다.
노란 튤립 다발이다.

멸망   안녕.

동경   야 너 어떻게 알고 왔어?

멸망   (손에 든 꽃다발 동경에게 툭 안겨주고) 이번엔 들고 왔다. 꽃.

동경   (얼결에 받아드는데)

당면   (어색하게 둘 사이 끼어서 눈치 보다가) 아… 동생이 한 분 더 있었어
                요? 아~ 막내?

동경   (막내? 훑으며) 얘가요? 아닌데요?

멸망   (시큰둥하게 서 있고)

당면   (헉) 그럼 혹시 남자친구? 아니 동생 분보다 훨씬 어려 보이시는데…

동경   (뭔 소리야) 네? 남자친… 훨씬 어려 보…? 아니 잠깐만…

멸망   (여전히 시큰둥하고)

당면	아 제가 실례했습니다. 괜히 개인적인 걸 여쭤보고… 사랑은 국경도 넘는 법인데 그깟 나이쯤이야…
동경	네?!
멸망	뭐 생각보다 얼마 차이 안 나요.
동경	어?!
당면	근데 저희 어디서 본 적 있던가요?
멸망	(씩 웃으며) 아니요. 처음인데요.

하는데, 저쪽에서 선경 해맑게 뛰어온다.

선경	누나!! 어? 형님!!
당면	형님?! (내가 너무 놀랐나? 가다듬고) …아 그렇죠. 나이랑은 상관없는 거니까 가족 호칭은… 저도 저보다 어린 삼촌 있고 그래요.
선경	어 형님 염색했어요? 잘 어울린다. 형님 얼굴 톤엔 그 색이 맞아.
동경	(염색? 똑같은데?) 너 염색했어?
멸망	(대수롭잖고) 재 눈엔 그런가보지 뭐.
당면	그럼 조심히 들어가세요. 무슨 일 생기면 바로 연락 주시고. (들어가고)
동경	네, 감사합니다. 선생님.
선경	(꾸벅) 감사합니다. 선생님!

당면 들어가자마자 선경, 뿌듯하게 동경과 멸망 보더니 양팔을 둘의 팔에 탁 낀다.

선경	우리 사진 찍자!
동경	사진? 갑자기 뭔.
선경	누나 형님한테 꽃 받은 김에!

동경   (그제야 당황해서) 꽃? 아 아니 이건, (하는데)

선경   받은 거 아니야? 줏었어?

멸망   받은 거야. 내가 줬어.

동경   (아니 맞긴 한데 괜히 창피해)

선경   거 봐! (이미 핸드폰 꺼내서 사진 찍고 있다) 찍는다. 하나, 둘, 셋!

찰칵, 찰칵 연이어 찍히는 셋의 모습이고.

선경   봬봐. 잘 나왔지.

동경이 보면, 사진 속 멸망의 얼굴이 전혀 본 적도 없는 남자의 모습으로 바꾸어 있다!

동경   이게 뭐야? 얘 왜 이렇게 생겼어?

선경   왜. 잘 나왔구만. 아아 누나 눈엔 실물이 훨 나아? 으이그 닭살!

멸망   (흘깃 보고) 잘 나왔네. (하고 먼저 걸어가고)

동경, 갸웃대며 사진 속 모습과 걸어가는 멸망의 뒷모습 번갈아 보는데.

S#16. 멸망 차 안 (낮)

멸망, 운전 중이고 동경, 조수석에 앉아 선경에게 받은 아까 사진 유심히 보는 중이다.

동경   야 있잖아. 내가 아까부터 여러 가지 발언들을 조합해서 생각해봤는데…

멸망	(보면)
동경	(진지하게) 너 혹시 사람들한테 다 다르게 보이는 건가? 선경이는 되도 않게 니가 무슨 염색을 했다 그리고 작가님은 니가 내 막냇동생이냐고 묻고 딱 봐도 내가 훨~씬 어려 보이는데.
멸망	아 뒷부분은 좀 거슬리는데.
동경	(쓱 째려보며) 맞냐고.
멸망	내가 말 안 했나?
동경	맞아? 진짜야? 헐 그럼 내 눈에 보이는 너는 진짜 니가, (아니야? 하려는데)
멸망	진짜 나야.
동경	!
멸망	너만 봐. 진짜 나는. 그런 거 같더라고.
동경	왜…?
멸망	그러니까 니가 이상하다는 거야. 나를 알아보고, 나를 부르고, 이름을 붙이고.
동경	(뭔가 마음이 쿵 한다. 괜히 어색해서 너스레 떨며) 야 그래서 너 나한테 사랑하라고 그런 거구나? 원래 막 자기 진짜 모습 알아주고 그러면 괜히 심쿵해가지고 막 그러잖아. 어? 그치?
멸망	(대답 없이 앞만 보며 운전하고)
동경	(머쓱) 야 이럴 때 반응 없으면 말한 사람 되게 민망해지는 거 알지.
멸망	(여전히 대답 없고)
동경	(어색해서 더 오바) 하하하! 혹시 내가 정곡을 찔렀나? 나한테 이런 여자 니가 처음이야 막 이런 건가 지금?
멸망	(담담하게) 맞아. 나한테 이러는 거, 니가 처음이야.
동경	!!
멸망	처음이야. 전부 다.

아무렇지도 않아 보이는 멸망. 동경만 멸망의 고백 아닌 고백에 당황해 어찌할 바 모르겠다.

동경   (어색해서) 아하하… 그래? (점점 텐션 다운) 그렇구나… 그래…

여전히 멸망 아무 말 없다. 둘, 잠시간 어색하게 말없이 가는데. 동경, 어색해 괜히 무릎에 놓인 꽃잎 만지작대다가 창밖으로 시선 돌리는데.

동경   어?!

보면, 옆에 정차한 버스 광고판에 윙크하고 있는 박영(귀공자)의 광고 붙어 있다.

문구 '영이의 영원한 드라마를 응원해! 당신이 꿈꾸던 남주 박영'

동경   어어어?!

버스 지나가면, 광장에 사람들 바글바글 모여 있고 그곳에 설치된 큰 스크린에 근사하게 미소 짓고 있는 박영의 얼굴 크게 보이는데!

동경   김사람!! 스탑!!!

끼익 급정거하는 멸망의 차.

S#17. 광장 (낮)

작은 규모의 서프라이즈 홍보 이벤트다. 둥그렇게 쳐진 바리케이드 밖으로 경호원, 팬들, 행인들 둘러 모여 서 있고. 잠시 후 바리케이드 안으로 교복 차림의 소년들 들어서기 시작하는데. 환한 미소로 모여 있는 사람들에게 손 흔들어 보이고 저마다 팬서비스 하는 소년들. 그중에 박영도 있다.

동경   (틈 비집고 들어가며) 작가님!! 작가님!!! (치이고 밀리고) 박영!!!! 박
          영!!!

박영, 동경 발견 못 하고서 그저 웃으며 팬서비스 중인데.

동경   (떠밀리며 거의 기어들어가는 목소리로) 박영… (하다가 받쳐서) 야!!!
          귀공자!!!

박영, 웃으며 손 흔들다가 "귀공자!" 소리에 동경과 눈 딱 마주치는데. 박영, 잠깐 당황하는 듯하더니 바로 눈웃음 지으며 시선 피하고.

동경   …피해?!! 피했어 지금?! 나 봤는데?! 나랑 눈 마주쳤는데??!

그 와중에 인파 속에 휩싸이며 점점 뒤로 밀려나는 동경. 어어! 휘청하고 넘어지려는 순간 탁, 누군가 동경의 옷 잡아당겨 뒤로 가볍게 빼내 한 팔로 잡아 안는다. 뒤돌아보면, 멸망이고.

동경   (! 안긴 채로 빤히 보면)
멸망   왜. 다시 넣어줘?

그사이 행사가 끝났는지 사라지는 연습생들인데. 박영의 모습도 동경의 시야에서 곧 사라지고.

S#18. 동경의 집 + 멸망의 집 (밤)

TV 속 '하이틴 로맨스 남주 공개오디션 하이틴드림' 홍보 영상 나오는 중이다. 컷컷으로 스쳐 지나가는 지망생들. 그 속에서 박영, 해사하게 웃고 있는 모습이고. 동경, 그 모습 허망하게 텅 빈 눈으로 바라보고 있다. 멸망, 그러거나 말거나 시선도 안 주고 본인 소파에 앉아 책이나 보고 있는데. 그때, 동경의 핸드폰 메시지 알람 울린다. 보면, 박영**(귀공자작가님)**에게서 온 메시지다. **찾아오지 마세요 오늘부터 합숙 들어감 합숙소 폰 반입 금지라서 연락 못 받습니다 이게** 이씨?! 동경 열 받는데 연이어 도착하는 메시지. **아 그리고 주변에 많은 홍보 부탁 ㄱㅅ**

동경   (폰 꾹 쥐고 부들부들 분노 참으며) …너 혹시 재 떨어뜨릴 수 있어?

멸망   소원이야?

동경   소원까지는 아닌데. (진지하게 돌아보며) 심사위원으로 잠입 못 하나?

멸망   소원이냐고 묻잖아.

동경   아니 너는 애가 왜 그렇게 계산적이야!! 같이 사는 사이면 좀 서로서로 돕고 그럴 수도 있지!! (하다 다시 진지하게) 아니 진짜로… 봉준호 박찬욱으로 변신 안 돼?

멸망   (왜 저래… 절레절레하는데)

S#19. 라이프스토리 / 탕비실 (다음 날 낮)

점심시간 후 주익 뺀 편집팀원들 모여 커피 내려 마시며 얘기 나눈다. 예지, 다인, 정민, 커피 들고 마시고 있고. 동경, 기계적으로 커피머신에서 커피 내려 집어드는데.

예지   아니 무슨 작가가 오디션 프로를 다 나가냐. 진짜 어이없어.

다인   이러다가 진짜 남주되는 거 아니에요?

정민   일등할 거 같던데. 지금 투표율도 일위예요.

다인   (그걸 지금 말이라고. 째려보면)

정민   (아무것도 모르고 호록) 얼굴이 걔밖에 없긴 하더라.

다인   (비아냥) 방금 무슨 심사위원인 줄 알았네.

정민   아 나이만 어렸어도 내가 나가는 건데. (연기하듯) 제 소원은⋯ 데뷔
           하는 거예요⋯ 흑흑⋯ (하다가) 괜찮지 않았어요 저 방금?

다인   (으⋯ 정민 보는데)

동경   (불현듯 생각나서) 있잖아. 소원 얘기가 나와서 말인데, 죽기 전에 누
           가 소원 하나 들어준다면 뭐 빌 거야?

갑자기 소원? 셋, 예상치 못한 말에 동경 보는데.

동경   '살려주세요'는 안 돼. '소원 여러 개 들어주세요'도 안 돼. 그럼, (하
           는데)

예지   (단호하게) 돈.

다인   돈.

정민   (진지) ⋯명예.

예지 다인   명예?!

동경   근데 만약에 백 일밖에, (하는데)

예지, 다인, 정민 핸드폰 울린다. 다인과 정민은 "네 작가님~" 하며 슬쩍 고갯
짓으로 동경에게 죄송하다 인사하고 탕비실 빠져나가는데.

동경   (쩝…)

예지   (진지한 얼굴로 전화 받으며) 어. 진짜? 응. 당연하지. 응. 알았어. 고
         마워. (끊고 동경에게) 뭐라고?

동경   (맥 끊겼다) 아니야…

예지   애가 진짜 계절을 타긴 타네. 야. 걱정 마. 니 소원은 이 언니가 들
         어준다.

동경   내 소원?

예지   (핸드폰 흔들어 보이며) 방금 소개팅 전화였지롱. 너 전에 말한 거 내
         가 딱 준비해놨지. 이따 퇴근하고 가면 돼. 세팅 끝.

동경   (뭔 소리야… 하다가 그제야 퍼뜩 기억나서) 어엉?!

예지   (애 봐라 단호하게) 어엉 뭐야 어엉? 너 이제 와서 빼면 곤란하다?

동경   아니, 조주임 그거는… (하는데)

예지   나 진짜 곤란하다??

동경   (미치겠고…)

S#20. 술집 (밤)

동경과 예지, 나란히 앉아 누군가 오기를 기다리고 있다.

예지   (입구 살피며) 내 남친 십 년 지기인데 사람 참 괜찮아.

동경   아니 죽이고 싶은 사람 소개시켜달라니까…

예지   에이. 잘되면 언젠가 죽이고 싶겠지.

동경   (애써 웃으며) 하하하…

예지   어! 자기야!

예지, 입구 향해 손 흔드는데. 동경, 고개 들어 보면 두 남자 이쪽 향해 걸어오고 있다. 두 남자 중 하나, 멸망이다.

동경   (조용히) 아… 또 이런 전개야…? (하는데)
멸망   (예지에게 손 흔들어 보이며) 어 자기야.
동경   (어이없고…) 와… 새로운데.

/ Cut to

예지와 멸망 꼭 붙어 앉아 있고 맞은편에 소개남과 동경 나란히 앉아 있다. 테이블 위엔 간소한 안주와 술들 놓여 있고.

멸망   자기, 아. (포크로 안주 찍어 예지에게 내밀고)
예지   (꺄르륵) 자기는 꼭 사람 많을 때 그러더라. (받아먹고)
동경   (으… 뭔가 못 볼 걸 본 것처럼 두 사람 보고 있고)
소개남   (동경 접시에 안주 덜어주며) 동경씨는 보통 퇴근하고 뭐 하세요?
동경   (화들짝, 엉거주춤 어색하게 접시 감싸며) 아… 저 그냥 집에서 책 읽고 뭐…
멸망   (책? 픽 비웃고)
동경   (비웃어? 슬쩍 째려보고 다시 웃으며) 건이씨는 뭐 하세요?
소개남   전 뭐 없어요. 워낙 재미없이 살아가지고. 그냥 운동이나 좀 하고…
동경   아, 운동. 무슨 운동 하세요?
소개남   운동 좋아하세요?

동경   네, 좋아하죠.

멸망   무슨. 운동하는 꼴을 본 적이 없는데.

동경   (째릿)

소개남 (자기한테 한 말인 줄 알고) 뭐?

멸망   아니 날 추워지니까 운동 자제하라고. 다쳐, 너 그러다.

됐다 됐어. 동경, 절레절레하며 멀리 있는 티슈 뽑으려고 손 뻗는데 소개남이
얼른 티슈 쪽으로 손 뻗는다. 멸망, 그보다 빠르게 티슈 뽑아 동경에게 내밀
고. 소개남 손 무안해지고. 동경, 어휴… 어쩔 수 없이 멸망이 준 티슈 받아들
어 제 입 닦는데.

소개남 날 추워지니까 그럼 실내로 돌까요? 다음에 영화 보러 갈래요? 영
       화 좋아하세요?

동경   아, 네네. 영화 좋아하죠.

멸망   (술 마시며 시큰둥) 죽고 싶어서 아주 환장을 했네.

소개남 어?

멸망   (예지에게) 죽고 싶어서 아주 환장을 한 거야 자기? 그렇게 마시다
       가, (예지 눈 보며) 취해.

예지   (그 말에 잠시 눈 텅 비었다가 그대로 테이블에 툭 엎어지는데)

동경   뭐야. 애 갑자기 왜 이래! 예지야!

멸망   (대수롭잖게) 취했어. 애.

소개남 괜찮아? (멸망 보며) 야, 너 아무래도 먼저 들어가야겠다. (예지 보며)
       아유, 많이 취하셨네.

멸망   (소개남 보며) 넌 아닌 거 같아?

소개남 (눈 텅 비었다가 그대로 테이블에 툭 엎어지는데)

동경   뭐야 또?!

멸망   가자.

동경	야, 사람이 이렇게 취했는데 어딜 가!
멸망	(손 탁 잡아 나오면서) 오 분 뒤면 깨.
동경	(잡혀 나가며) 아니, 그래도, 저기…!
멸망	(나가며) 어차피 기억 못 해.

S#21. 길거리 (밤)

밤거리, 사람들 사이를 빠르게 걸어가고 있는 멸망이고. 동경, 조금 뒤처져서 따라가고 있는데.

동경	야 너 능력 좀 있다고 그렇게 사람들한테 함부로 그런 짓 하고 그러면,
멸망	그러면 뭐. 그러면 너무 나쁜가?
동경	뭐?
멸망	잘됐네. 니가 너 대신 죽을 나쁜 놈을 찾는다면 세상에 나보다 더 나은 선택지는 없어.
동경	(분해서) 그거 알려주려고 굳이 거기를 기어 나왔어?
멸망	(휙 뒤돌아보며) 좋은 생각이 있는데, 소원 말이야.
동경	(보면)
멸망	그냥 나를 사랑하게 해달라고 빌면 어때?
동경	! 그게 된다고?
멸망	안 될 건 없지.

멸망, 동경의 얼굴 똑바로 쳐다보며 머리카락 스윽 쓰다듬는데. 동경, 반사적으로 제 머리카락을 바라봤다가 멸망의 눈을 바라본다. 그 순간, 마치 최면에 걸린 듯 눈빛 변하는 동경이고. 동경, 그대로 천천히 멸망의 목에 제 팔을 감

는다. 키스할 듯 점점 가까워지는 둘의 얼굴. 닿을 듯 말 듯한 순간 멸망 탁 웃
으면, 동경 순식간에 눈빛 다시 돌아오는데.

동경   !!
멸망   되지?

동경, 순식간에 화가 치밀어오르고. 그대로 멸망 탁 밀치고는 저 먼저 가버리
는데.

주익   (E) 어떤 남자 좋아해요?

S#22. 지나의 집 / 거실 (밤)

거실 테이블에 마주 보고 앉아 있는 지나와 주익이다. 지나, 노트북 앞에 두
고 앉아 있고.

지나   (타자 치다가 멈칫) 갑자기요?
주익   알아야 남주 캐릭터를 잡죠. 대충 알긴 아는데 한 번 더 확인하는
         차원에서.
지나   (음… 고민하다가 진지하게) 잘생긴 남자.
주익   그건 당연하고. 로맨스 남주가 못생기면 그걸 누가 좋아해.
지나   음… 그럼… (고민하는데)
주익   잘생긴 건 디폴트고 설레게 하는 능력치가 필요하단 얘기예요. 작
         가님 남주가 질리는 이유가 이거잖아요. 잘생기기만 해서.
지나   잘생기기만 한 거! 그게 얼마나 어려운데!
주익   그래서 일러스트작가 섭외하는 저희만 죽어나죠. 항상. 그게 과연

296

작가님이 만든 잘생김일까요?

지나   (끙… '니 잘났다…' 입모양으로만 중얼거려보는데)

주익   (알고도 모른 척) 잘난 남자 좋지.

지나   (욕한 거 들켰나? 눈치 보고)

주익   그 잘생기고 잘난 남자가 뭘로 잘날 거냐 그게 문제죠. 돈으로 잘날 거냐, 일로 잘날 거냐. 그 잘난 남자에게 결정적으로 뭐가 부족할 거냐.

지나   (깨달은 듯) 여주가 그 부족한 걸 채워줘야 하니까?

주익   이제야 말이 좀 통하네.

지나   (영감 떠오른 듯 타자 막 치고)

주익   (가만히 집중하는 지나 얼굴 바라보는데)

지나   (타자 막 치면서 아무렇지도 않게) 근데 우리 진도 너무 빠른 거 아니에요?

주익   진도?

지나   (타자 치며 아무렇지도 않게 별생각 없이 하는 말이고) 이 밤에, 집에서, 단둘이. 이거 너무 빠르지.

주익   어쩔 수 없죠. 낮엔 회사에 있으니까. 작가님도 밤에 작업하시는 편이잖아요.

지나   네… (타자 치는 데 집중하느라 대충 대답) 그쵸…

주익   (빤히 화면만 보고 있는 지나의 얼굴 바라보는데)

지나   (아무것도 모르고 그저 화면에만 집중하는데)

주익   (불쑥 손 뻗어 지나의 얼굴 툭 만진다)

지나   !!!

주익   (손에 묻은 속눈썹 보여주며) 아까부터 거슬러서.

지나   (그래도 여전히 굳은 채고)

주익   (보다가) 왜요. 이런 거에 설레요?

지나   아니요??? (하다 어딘가에 놓인 시계 보더니 노트북 탁 닫는다) 오늘은 여기까지만 해요.

주익   (뭐지? 해서 보는데)

그때, 주익의 핸드폰 울린다. 보면, 현규의 메시지다. **형 나 지금 나감. 차 빌려줘서 땡큐♡** 아, 이제야 지나가 하는 말을 알아듣겠는 주익이고.

주익   그래요. 그만하죠. 갈 데가 있는 거 같은데.
지나   (어떻게 알았지 싶은데)
주익   (말없이 일어서서 나가고)
지나   (당황해서 뒤에다 대고) 그럼 다음 미팅은 언제…
주익   (짧게 돌아보고) 연락할게요. (나가는데)

신발장 앞에 우산들 꽂아 둔 곳에 따로 고이 놓인 우산 하나, 주익의 눈에 띈다. 순간적으로 주익의 머릿속으로 스쳐가는 구 년 전 주익과 지나가 키스할 때 지나가 놓친 우산! 다시 돌아와 우산 보면, 그때 그 우산이다!

주익   (피식 웃음 나는데) 물건을 좀 오래 쓰는 편인가봐요.
지나   (뭔 소리야) 네?
주익   (우산 집어들어 지나에게 보여주며) 가져갈게요.
지나   비 와요? (하다가 퍼뜩 기억난다! 저도 모르게 자리에서 확 일어서는데) !!
주익   비 안 와요. 근데 이거 내 거니까.
지나   !!

주익, 그대로 우산 들고 나가고. 삐리릭 하며 닫히는 현관문. 지나, 스스륵 소파에 주저앉는데.

지나   (제 머리통 때리며) 망했어! 망했어! 그걸 왜 거기 뒤 왜!! (하다 시계에 시선 멎고 헉) 이씨!!

지나, 후다닥 외출복 챙겨 입고 나갔다가 다시 거실로 돌아와서 가방 챙겨 들고 나갔다가 또 거실로 돌아와서 핸드폰 들고 나가는데.

S#23. 치킨집 (밤)

왁자지껄한 술집 안. 여덟 명 정도 되는 무리가 한 테이블 잡고 앉아 있고. 죄다 남자고 지나 혼자 여자다. 지나, 그 속에서 그저 지루한 얼굴로 뻥튀기나 집어먹고 앉아 있는데.

지나   (뻥튀기 씹으며) 어떻게 여자는 나 하나냐?

친구1   아니 연락은 다 돌렸지. 온다더니 갑자기 안 온대. 낸들 이렇게 될 줄 알았나.

친구2   야 걔네 다 남친 있어. 어떤 미친 남친이 남자들 득실득실한 동창회 내보내겠냐?

지나   남자? (코웃음) 니들이 남자냐?

친구3   근데 나지나는 어쩜 지금도 똑같이 예뻐. 너 남친 있어?

지나   너네는 어쩜 지금도 똑같이 못생겼냐. 있든 말든 니가 뭔 상관이야.

친구1   성질 봐. 똑같애, 똑같애. 현규 안 와서 어떡해? 걔 보러 왔을 텐데.

지나   (화 꾹 누르며) 걔 보러 온 거 아니거든. 치킨 먹으러 왔거든.

친구2   오는 거 아니야? 온다 그랬는데 나한테?

지나   (심드렁하게 뻥튀기나 씹고 있는데)

그때, 치킨집 문 열리고 현규 들어선다! 지나, 뻥튀기 씹다가 본능적으로 고개 돌리고 현규랑 눈 딱 마주치는데!

지나   (헉! 저도 모르게 너무 티 나게 고개 확 돌리고 아씨… 너무 티 났나? 인상
         쓰는데)

현규   (웃으며 들어오다가 고개 돌리는 지나 보자 어색해져 멀리 빈자리에 앉고)
         주차할 곳이 없어서 좀 삥 돌았네.

친구1   (흘끔 창 밖 보며) 삥 돌았다기엔 너무 가게 앞이네. 차 좋다? 잘 나가
         나봐?

현규   무슨. (사람 좋게 웃어 보이며 흘긋 지나 보는데)

지나   (시선 안 주고 앞에 놓인 맥주 꿀꺽꿀꺽 넘기고)

시간 경과.

다들 조금씩 취기가 올라 와자지껄한 분위기다. 현규와 지나, 같은 무리에 있
지만 지나, 애써 현규 쪽 처다보지 않고 현규는 간간히 티 안 나게 지나 힐끔
거리는데.

친구1   (약간 취해서 포크로 치킨 속 떡 찍어올리며) 현규 아직도 떡 안 먹나?

현규   (포크로 떡 콕 찍어 먹으며) 뭔 소리야? 내가 떡을 왜 안 먹어?

친구1   (떡 찍은 포크 지나 쪽으로 돌리며) 아 그럼 나지나가 안 먹었나?

현규   (보면)

지나   (약간 취해서 울컥) 어. 나 떡 안 먹어.

현규   (놀라서 보는데)

지나   나 떡 진짜 싫어. (포크로 애꿏은 떡 푹푹 찌르고)

친구2   (취해서 푼수처럼 웃으며) 떡 먹고 체해서 수능 망한 이현규는 떡 먹
         는데 떡 때문에 이현규 타국 보내 유학 이별당한 나지나는 떡 안 먹
         네?

300

친구1	야! 너 설마 아직도 이현규 좋아하냐?
지나	(대답 없이 앞에 놓인 맥주 꿀꺽꿀꺽 마시는데)
현규	(가만히 그런 지나 바라보고)

친구들 눈치 없이 "야야 같이 마셔. 같이 마셔!" 하며 깔깔거리기 바쁘고. 안 웃고 있는 건 현규와 지나뿐이다.

S#24. 길거리 (밤)

지나, 대로변 쪽에서 택시 잡으려 서 있다. 그때 옆에 와 서는 누군가. 보면, 현규다.

지나	(물끄러미 보면)
현규	괜찮아? 너 너무 많이 마시더라.
지나	(말없이 보면)
현규	…취했어?
지나	아니. 나 이 정도로 안 취해. 술 잘 마셔.
현규	(아… 그래 우리 사이에 간극이 너무 컸다) 그래? 다행이네.
지나	(보다가) 왜 왔어.
현규	너 걱정돼서.
지나	(하, 웃음 나고) 아니, 왜 왔냐고.
현규	(무슨 말인가 싶어 보는데)
지나	한국엔 왜 왔고, 동창회는 왜 왔냐고.
현규	(뭐라고 대꾸할 말이 없다. 그저 보는데)
지나	됐어. 가.
현규	데려다줄까?

지나	(다정하니까 더 괴롭고, 괴로운 얼굴 보이기 싫다. 한 손으로 얼굴 가리고) 괜찮으니까, (참고) 가라고.
현규	(보다가 멀리 오는 택시 발견하고) 택시 온다. (손 흔들어 택시 잡고) 갈게.
지나	(쳐다도 보기 싫고)
현규	(뒤돌아 가는데)
지나	(그제야 뒤돌아 현규 바라보는데)

걸어가던 현규, 문득 뒤돌아 지나 바라본다.

지나	!!
현규	(지나 향해 웃어 보이는데)

인서트. 4부 S#9

현규	(지나 향해 씩 웃어 보이는데)

/ 다시 현재

고등학생 현규와 겹쳐 보이는 현재의 현규. 다시 발길 돌려 걸어가고, 지나, 그 모습 멍하니 그저 본다. 꼭 패배한 기분이다.

S#25. 주익의 집 / 주익 침실 (밤)

주익, 씻고 나온 듯 젖은 머리칼 수건으로 털며 거실로 나가는데. 그러다 어딘가에 올려둔 우산에 시선 멎고. 가만히 멈춰 픽 웃는데.

S#26. 주익의 집 / 거실 (밤)

거실로 나가면 때마침 현규, 현관문으로 들어선다.

주익	왔냐?
현규	어. 형 있었네? (주익 스쳐 냉장고 문 열더니 캔맥주 꺼내 그 자리에서 따 마시고)
주익	(말 안 해도 지나 때문인 걸 안다. 그저 보는데)
현규	(맥주 들고 걸어오며) 아차차. 차 잘 썼어. (괜히 씩 웃으며 주익에게 키 넘기고)
주익	(건조하게 받고) 그래.
현규	(그대로 제 방으로 향하는데)
주익	첫사랑은.
현규	(맥주 입에 대다 말고 뒤돌고) 어?
주익	어땠냐고.
현규	그냥 뭐. (어색하게 웃어 보이고 방으로 들어가는데)
주익	(닫히는 현규 방문 보고 서 있고)

S#27. 주익의 집 / 현규 침실 (밤)

현규, 방문 닫자마자 웃고 있던 얼굴 무표정으로 돌아온다. 어딘가 한편에 캔 맥주 올려두고는 그대로 침대에 드러눕는데, 아스라하게 과거를 떠올린다.

/ 1. 회상. 고등학교 / 복도 (낮)

(4부 S#9와 동일한 상황의 현규 시점) 현규, 지나와 한 뼘 차이로 스쳐 지나는데. 문득 걸음 멈춰 뒤돌아보면, 지나 역시 현규를 보고 있다. 씩 웃어 보이는 현규. 그리고 그런 자신을 바라보는 한순간에 반해버린 듯한 지나의 얼굴.

/ 2. 회상. 6부 S#24

자신을 아프게 바라보던 지나의 얼굴.

/ 다시 현재

다 모르겠다⋯ 현규, 한 팔 들어 제 눈 가리는데.

S#28. 라이프스토리 / 탕비실 (다음 날 낮)

동경, 퀭한 얼굴로 혼자 테이블에 엎어져 있다.

동경   (중얼) 그게 소원으로 된다고? 아니 뭐 그런 거까지 돼? 어?

그때, 탕비실로 주익 들어오고. 동경, 흘끔 보고는 커피머신 향해 가는데.

동경   (중얼) 그렇다고 그걸 빌라고? 나를 도대체 뭘로 보고…

주익   (커피 내리며) 혼잣말은 혼자 있을 때 해.

동경   (그 말에 휙 돌아보고) 팀장님.

주익   …괜히 말 걸었네. 왜.

동경   만약에 누가 소원 하나 들어준다면 뭐 비실 거예요?

주익   (바로) 로또.

동경   늘 품고 있는 소원인가봐… 일초의 망설임도 없네.

주익   (커피 호록 마시며) 누구나 품고 있는 소원이지.

동경   그럼 백 일밖에 못 산다치면요? 그래도 로또?

주익   뭘 고민해. 당연히 더 살게 해달라고 빌어야지.

동경   그 소원은 빼고.

주익   (흠) 소원 들어준다는 남자가 잘생겼어?

동경   (자연스럽게) 네 좀 생기긴 했는… 네? 어떻게 아셨어요? 남잔 거? 아니아니, 잘생긴 거? 아니아니, (아씨… 나 지금 뭐라는 거야. 정리가 안 되는데)

주익   뻔하지. 로맨스 남주 중에 안 잘생긴 놈 있냐. 누구 신작인데.

동경   (아… 그렇게 받아들였구나) 그… 그… 신인인데요. 말해도 모르실, (하는데)

주익   그럼 너랑 찐한 사랑 한번 하고 싶다고 해야지.

동경   예?!

주익   로맨스 다 그렇게 시작되는 거 아니야?

동경   와 진짜… (자조적으로) 진짜 내가 널 사랑하게 해줘, 이렇게 빌어야 되는 건가.

진짜 그거밖에 없나?

주익   (커피 마시다가 코웃음) 뭔 소리야.

동경   (? 해서 보면)

주익   그 반대. '내'가 아니라 '니'가 날 사랑하게 해줘. 되도록, '미치게'.

동경   !!

동경, 뭔가 크게 깨달은 얼굴이고. 주익, 유유히 커피잔 들고 탕비실 나서는데.

S#29. 버스 안 (밤)

동경, 버스 안에 앉아서 창가 바라보며 멍하니 주익이 한 말을 떠올리고 있다.

동경   (작게) 미치게… 사랑…

그때 차창으로 토독 가는 빗줄기 부딪히기 시작하고. 동경, 어… 살짝 당황하는데.

S#30. 버스정류장 (밤)

꼭 봄비처럼 가늘게 내리는 비 사이로 정류장 앞에 버스 멈춰 서고. 동경, 겨우 손차양으로 제 머리 가리며 버스에서 내려서는데. 보면, 언제부터 와 있었던 건지 멸망, 정류장 처마 밑에 서 있다.

동경	!!
멸망	(그저 동경 보고)
동경	너… 여기서 뭐 해.
멸망	비 오길래. 피하는 중.
동경	(픽 웃음 터지고) 내가 뭘 기대하냐.
멸망	뭘 기대했어?
동경	우산 없어?
멸망	있으면 여기 안 이러고 있지.
동경	나도 없는데.
멸망	알아.

둘, 가만히 비 보며 서 있는데.

동경	뭔 놈의 인생이 맨날 비고, 비가 와도 우산 하나 없고… (하 작게 한숨 쉬는데)
멸망	(비 보던 시선 거둬 동경 보다가) 뛸래?
동경	어?
멸망	(대답할 새 없이 동경 손잡고 뛰는데)

S#31. 골목길 (밤)

동경, 한쪽 손으로 이마 겨우 대며 뛰고. 멸망, 아무렇지도 않게 먼저 뛰어가고 있다.

동경	야!! 너 비는 못 멈춰?
멸망	멈춰.

동경	뭐?! 근데 왜 뛰어!
멸망	재밌잖아.
동경	야! 놔봐! 놔봐 잠깐! (멸망 손 떨궈내면)
멸망	(멈춰 뒤돌아보고)
동경	(숨 찬 듯 허리 숙여 헉헉대는데) 아 이게 뭐야. 진짜. 야 다 젖었잖아. 그냥 걷는 게 낫겠다. 그게 덜 힘들지.
멸망	(가만히 숨 고르게 기다려주다가 고개 숙여 동경 보고) 아직도 힘들어?
동경	(숨 고르게 돌아왔다) 이제 괜찮아. (숙인 몸 들고) 아 이제 좀 살 것 같다.
멸망	거봐.
동경	(보면)
멸망	비 별거 아니지.
동경	!
멸망	너만 우산 없어도, 별거 아니야.
동경	!!
멸망	그냥 맞으면 돼. 맞고 뛰어오면, (턱짓으로 집 가리키며) 금방 집이야.
동경	(뭔가 울컥 차오르는데)
멸망	(가만히 그런 동경 바라보는데)
동경	소원 있어.
멸망	(보면)
동경	니가… 날 사랑했으면 좋겠어.
멸망	!!
동경	그것도 소원으로 빌 수 있어?
멸망	(표정 무거워지고) 아니.

순식간에 깊어지는 멸망의 눈. 뱉은 말과는 다르게 멸망, 참을 수 없는 감정으로 동경의 얼굴을 감싸 입 맞추는데! 동경, 놀랐다가 이내 받아들이고 멸망

의 목 감싸 안는다!

S#32. 병원 / 소녀신 병실 (밤)

반쯤 열린 창문 사이로 비 들이닥치며 화분 적신다. 소녀신, 가만히 화분 내려다보는데.

소녀신   시스템을 어지럽힌다면 잘못 프로그래밍된 거겠지. 잘못된 건…
           삭제해야지.

S#33. 골목길 (밤)

간절하게 키스하고 떨어지는 둘. 서로 깊게 바라보는데. 그러다 멸망, 이상한 기분에 휩싸이고.

동경   (뭐지? 뭔가 겁이 나 그런 멸망 보는데)
멸망   (조심히 주춤 한 걸음 물러나고)
동경   왜… (하며 한 걸음 멸망에게 걸어가는데)
멸망   !

그 순간, 그대로 멸망이 눈앞에서 탓 사라진다!

동경   !!
소녀신   (NA) 혹은… 리셋하거나.

멸망이 사라진 그 자리에 홀로 우두커니 서서 비를 맞고 있는 동경. 혼란에 빠진 동경의 얼굴에서…

6부 엔딩!

7부

S#1. 골목길 (밤)

간절하게 키스하고 떨어지는 둘. 서로 깊게 바라보는데. 그러다 멸망, 이상한 기분에 휩싸이고.

동경	(뭐지? 뭔가 겁이 나 그런 멸망 보는데)
멸망	(조심히 주춤 한 걸음 물러나고)
동경	왜… (하며 한 걸음 멸망에게 걸어가는데)
멸망	!

그 순간, 그대로 멸망이 눈앞에서 탓 사라진다!

동경	!!

이게 무슨 상황이지… 동경, 우두커니 비를 맞고 서 있다가 이내 정신없이 집을 향해 뛰어가는데!

S#2. 동경의 집 / 거실 (밤)

탕! 동경의 집 문 거칠게 열리고 동경, 집 안으로 들어서는데. 곧장 손 뻗어 스위치 켜는 동경. 이내 힘없이 손 떨구는데. 보면, 멸망의 집은 없다. 좀 전의 박력과는 다르게 어쩐지 차분한 모습으로 스르르 집 안으로 들어와 한쪽에 열쇠 조심스럽게 내려놓고, 가방 내려놓고, 멸망의 집과 붙어 있던 벽으로 걸어간다. 벽 앞에 털썩 주저앉는 동경. 가만히 손 뻗어 벽 만져본다. 없다. 여긴 차가운 벽뿐이다. 이게 도대체, 이게 무슨… 동경의 멍한 얼굴에서…

S#3. 라이프스토리 / 사무실 (다음 날 낮)

멍하니 어딘가를 보고 있는 동경의 얼굴로 이어진다. 보면, 동경 모니터에 화면 띄워둔 채 앉아 있다. 동경, 생각에 빠져 주변 소리 한데 엉켜 멀리 들린다. 꼭 물속에 있는 듯하다. 그 먼 소리들 속에서 예지의 목소리, "탁주임. 야…야!" 흐릿하게 섞여 들린다.

예지   (동경의 어깨 탁탁 치며) 탁주임!!

그 소리와 동시에 흐릿했던 소리들 한꺼번에 제자리로 돌아온다.

동경   (그제야 정신 차리고) 어? 어.
예지   대표님이 부른다고.
동경   (반사적으로 일어서며) 어. (하다가 번뜩) 대표? 뭔 대표?
예지   (어이없고) 회사에 박대표 말고 더 있냐. 아 너 아까 외근 갔다 왔지?
        그사이에 출근했어. (눈짓으로 사무실 가리키며) 대표.
동경   !
예지   아니 근데 오랜만에 봐서 그런가 사람이 영 달라 보인단 말이야.
동경   (그대로 대표실로 튀어가는데)
예지   (뒤에서 보며) 쟤가 왜 저래… 아무래도 소개팅을 시켜줬어야 했나?

S#4. 라이프스토리 / 대표실 (낮)

동경, 노크도 없이 대표실 문 벌컥 열어젖히는데! 대표 자리에 등 돌린 채로 한 남자 앉아 있다!

동경   야!

하는데, 그대로 천천히 빙글 돌아가는 의자. 보면, 정말로 박대표다!

박대표   (기가 막혀서) …야?

동경   (어색하게) …야…호… 대표님이 드디어 돌아오셨다… 너무 든든하
         다…

박대표   그래. 내가 없으니까 회사가 잘 안 돌아가지? 대표라는 자리가 이
         렇게 무겁다.

동경   저 부르셨다고…

박대표   어. 회식 좀 잡으라고.

동경   회식이요? 갑자기 무슨…

박대표   나 돌아온 기념. 작가님들이 나 없어서 얼마나 불안하셨겠어 너처
         럼. 안심하시게 얼굴 한번 보여드려야지.

동경   (떨떠름) 아… 네…

박대표   모실 수 있는 분들 싹 다 연락해서 모시고, (하는데)

박대표 핸드폰으로 전화 온다. 보면 **지조킹 형님**이다.

박대표   (전화 받고) 아유 형님~ 안 그래도 자리 한번 모시려고 했는데~ (동
         경에게 손짓으로 나가라고 휙휙) 예예.

동경   (떨떠름하게 웃으며 대표실 나가는데)

동경, 대표실 문 닫고 돌아서면 눈앞에 후드에 마스크까지 완전무장한 남자
서 있다.

동경   !

마스크 쓱 내려 보이는 남자. 보면, 박영이다!

S#5. 라이프스토리 / 미팅룸 (낮)

박영   지금 잠깐 휴가 중이에요. 이따 저녁에 합숙소 다시 들어가야 되고. 금 같은 시간 쪼개서 온 거예요.

동경   (적당히 뾰족하게) 그러게요. 금 같은 시간 쪼개서 여길 왜 오셨을까요? 연재도 안 하신다던 분이?

박영   편집자님. 삐지셨어요?

동경   (삐져? 이놈 단어 선택 봐라… 열 받아서 웃어 보이며) 일에 삐지고 말고가 있나요. 하다가 안 맞으면 찢어지는 거고 찢어지면 남남인 거지 뭐. 근데 그 남남이 왜 여길 오셨나 그게 궁금할 뿐이지.

박영   (하… 짧게 한숨) 저 연재 계속할게요.

동경   …네?

박영   연재 계속한다구요. 어차피 얼마 안 남았으니까 대충 줄여서 완결까지 낼게요. 대신 소문 내지 마세요. 저 지금 인터넷도 잘 할 줄 모르는 순수남 설정이니까.

동경   아니 갑자기 왜, (하는데)

박영   (괴로운 듯 제 머리통 붙잡고) 자꾸 꿈에 이상한 게 나오잖아요.

동경   …꿈에?

박영   이상한 남자가 매일 꿈에 나와가지고 너 연재 안 하면 데뷔 못 한다 협박하고 절벽에서 밀고 엘리베이터에 가둬서 떨어뜨리고 비행기 태워서 추락시키고…

동경   !! (멸망이구나 싶은데)

박영   엄마는 키 크는 꿈이라고 걱정 말라고 하는데 진짜 그런 수준이 아니에요. 맨날 깜짝 놀라서 깨고 또 꿈꿀까봐 잠을 못 자요. 잠을 못

자니까 대사가 생각이 하나도 안 나. 저 진짜 망할 거 같아서 그래
요. 연재 계속하게 해주세요.

동경   (하. 웃음 나는데)

박영   웃기세요? 남은 심각한데?

동경   (열 받고… 서글프기도 하다. 입술 꾹 씹으며) 안 웃겨요. 저도 심각해
          요. 그 남자, 꿈에 나온 그 남자 말이에요. 자기가 뭐라고 말한 적
          없어요?

박영   그냥… 뭐… 나쁜 놈이라던데요? 자기.

동경   (맞구나. 멸망에게 하듯) 나쁜 놈.

박영   네?! 저요?

동경   아니요. 꿈속에 그놈. 사라져버린 그놈이요. (확 짜증) 어디 갔지?

박영   (뭐야 왜 저래… 하고 끔뻑끔뻑 동경 보는데)

동경   (혼자 생각에 빠져서) 진짜 어디 간 거지?

S#6. 과거. 낯선 건물 옥상 (낮)

어느 낮은 빌딩 옥상. 맨발에 청바지 얇은 하얀 셔츠 차림의 멸망, 난간 위에
서 있다. 꼭 누군가 난데없이 멸망을 그곳에 세워둔 듯이.

멸망   여기가… (어디지?)

하며, 자신이 어딘가에 서 있다는 걸 깨닫고 옥상 아래 내려다보는데. 멸망의
옷차림과는 다르게 행인들은 겨울옷을 입은 채로 저마다 지나다니고 있다.
옥상에서 추락하듯 카메라 아래로 휙 떨어지면. (옥상에서 뛰어내리는 멸망의
시선)

S#7. 과거. 길거리 (낮)

어느새 겨울 옷차림으로 바뀐 멸망이 행인들 사이에 섞여 걸어가고 있다. 자신이 걷고 있는 이곳이 어딘지 알아내려 주변을 찬찬히 살피는데. 건너편 한 백화점 눈에 띈다. '2014 새해 첫 SALE' 현수막 걸려 있다.

멸망   ?!

그때, 누군가 휙 멸망을 지나 뛰어간다. 멸망, 반사적으로 보면 스쳐 지나간 사람, 면접 복장 갖춰 입은 동경이다! 동경, 떠나려는 버스 향해 뛰어가고. 멸망, 자신도 모르게 동경을 향해 가려는데 어디선가 나타난 소녀신 멸망 옆에 홀연히 선다.

소녀신   (뛰어가는 동경 바라보며) 쟨 널 못 봐.
멸망   !! (멈칫해 소녀신 보는데)
소녀신   (빙긋 웃어 보이며) 이건 진짜가 아니라 과거의 조각으로 만든 교육자
          료거든. 널 위한. 진짜는 아니지만 진실이지. 어때? 꽤 실감 나지?
멸망   (굳은 얼굴로 노려보는데)

그사이 동경, 버스 겨우 올라탄다. 멸망, 그대로 멀어지는 버스에 시선 던지고.

S#8. 과거. 버스 안 (낮)

동경, 안도한 얼굴로 버스에 앉아 있는데. 달리던 버스, 급정거한다. 승객들 놀라 웅성이고. 동경도 놀라 흘끔 앞쪽 보는데. 버스 기사 급히 내리더니 타이어 확인하고 다시 올라선다.

기사	타이어가 펑크가 났네. 죄송합니다. 내리세요. 다음 버스 타세요.
동경	(시간 아슬아슬한데 미치겠다. 중얼거리며) 안 되는데…

S#9. 과거. 면접장 (낮)

회사 면접장 대기실이다. 복도에 나란히 줄지어 앉아 있는 다른 지원자들 보이고. 동경이 멀리서 구둣발 소리 내며 급히 뛰어온다! 그대로 직원으로 보이는 사람 잡아 세우는데!

동경	(헉헉 숨 고르고) 저기 죄송한데 127번 지나갔나요?
직원	(들고 있는 명단 서류 뒤적이며) 127번… 탁동경씨?
동경	네!!
직원	한참 전에 지났어요. (다시 아무렇지 않게 명단 넘기며 면접자들에게) 207번 208번 209번 들어가실게요.
동경	(탁 시선 가로막으며) 저기 제가 오는 길에 버스 타이어가 펑크가 나가지구요. 택시도 너무 안 잡히고… 제가 정말 사정이 있었거든요…
직원	(형식적인 톤으로) 죄송합니다. 저희도 규정이 있어서. (다시 몸 트는데)
동경	(직원 시선 방향으로 다시 가로막으며) 어떻게 안 될까요? 네?
직원	(형식적인 톤으로) 죄송합니다. (단칼에 끊고 동경 피해 다른 쪽으로 가는데)

동경, 분주한 면접자들 허망하게 바라보다가 돌아서 로비로 나오는데. 로비 한가운데 서 있는 멸망. 그런 동경 바라보고 있고. 동경, 멸망이 보이지 않는 듯 시선도 맞추지 않고 멸망의 곁 지나쳐 가는데. 멸망, 동경의 뒤쫓으려 발 떼는 순간 소녀신, 어느새 멸망의 곁에 와 서더니 멸망에게 말을 건다.

소녀신	(정말 안타깝다는 듯 동경 보며) 불쌍해라. 너 때문에.
멸망	(보면)
소녀신	넌 이날 뭘 하고 있었을까?
멸망	!!
소녀신	맞아. 타이어는 언제든 터졌을 거야. 니가 존재하는 한. 하필 그게 그때였을 뿐이지.

멸망의 시선, 제 마음처럼 흔들리는데. 다시 휘릭 바뀌는 배경.

S#10. 과거. 교실 (낮)

멸망, 수능시험장 교실 뒤편에 서 있다. 앞쪽 어딘가에 앉아 있는 교복 차림의 고3 동경. 학생들, 점심시간인 듯 저마다 시끌시끌 도시락 꺼내드는데. 동경도 도시락 꺼내려 가방 여는데 순간 멈칫한다. 보면, 도시락 뚜껑이 열려 가방 안에 엉망으로 흩어져 있다. 도시락 꺼내면 동그랑땡 두 개와 맨밥만 덩그러니 남아 있고. 동경, 난처한 얼굴로 도시락 보다가 에라… 곧 체념하고 젓가락으로 동그랑땡 두 개라도 찍어 우적우적 씹는데. 그런 동경을 그저 뒤에서 바라볼 수밖에 없는 멸망이다. 그때, 멸망의 앞에 앉아 있던 여학생 하나 휙 뒤돌아 멸망 바라보는데. 교복 차림의 소녀신이다.

소녀신	이날은 뭐했어? 하긴 뭐 그런 게 중요할까. 모든 끝은 다 니 존재 자체에 연결돼 있는데. 니가 뭘 하든, 뭐… (빙긋) 쟤 도시락만 저랬겠어? 너 때문에 수많은 일이 벌어졌겠지. 매분 매초.
멸망	(가만히 소녀신 바라보는데)
소녀신	하지만 알지? 그 모든 끝에는 반드시 그래야 하는 이유가 있다는 거. 니 잘못은 아니야. 넌 꼭 필요한 존재니까. 이 세상에.

소녀신, 멸망 보며 미소 짓는다. 그리고 또 한번 휘리릭 배경 바뀌는데.

S#11. 과거. 제주도 바닷가 (밤)

이번엔 어두운 밤바다, 동경의 그 바닷가에 서 있는 멸망이다. 저만치 멀리 고등학생 동경이 홀로 앉아 있다. 작게 웅크려 앉은 뒷모습이 외롭고 쓸쓸해 보인다.

인서트. 5부 S#27

/ 동경   (바다 보며) 울고 싶으면 여기 나와서 맨날 이렇게 앉아 있었어.

/ 다시 현재

멸망, 저도 모르게 동경을 향해 한 발짝 다가가려는데, 그 순간 그런 멸망을 방해하듯 휘릭 또 배경 바뀐다.

S#12. 과거. 어린 동경의 집 / 안방 (밤)

(4부 S#33과 동일한 상황) 멸망, 어린 동경의 집 안방에 서 있다. 침대 옆 협탁 에서 전화벨 울리고. 곧이어 어린 동경이 전화 받는다.

어린 동경   여보세요.

멸망   !

어린 동경   엄마 아빠 곧 오신댔어요. 누구세요?

멸망, 더 이상 참지 못하고 벌컥 방문 열고 나가면!

S#13. 과거. 어린 동경의 집 / 거실 (밤)

소녀신 거실 한가운데서 어린 선경과 함께 장난감 가지고 놀고 있는데(소녀신 의 뒷모습만 보인다). 멸망, 잠시 멈칫해 보면 소녀신, 뒤돌아본다.

멸망   !

소녀신   (아무렇지도 않게 가벼운 투로) 사라지는 모든 것들엔 니 책임이 있 지. (의미심장하게) 알다시피. (손 뻗어 다정하게 어린 선경의 머리 쓰다 듬고)

멸망   (고통스럽다) 그만!!

S#14. 병원 / 소녀신 병실 (밤)

어느새 멸망, 소녀신의 병실 침대 앞에 서 있다. 소녀신, 침대에 앉아 그런 멸 망 보고 있고.

소녀신   니가 너무 헤매는 거 같길래.

멸망, 분노를 참을 수 없다. 순식간에 멸망 주위의 가구, TV, 액자, 유리창 등 등 병실 안의 모든 것들이 터져나가고 확 밀려나는데! 멸망과 소녀신을 아슬아슬하게 비켜가는 파편들. 그러고도 멸망, 분노를 가라앉히지 못하고서 소녀신 죽일 듯 노려보는데. 소녀신, 흐트러짐 없이 그런 멸망 마주보다가 가볍게 피식 웃는다. 그러자 산산조각 났던 모든 것들이 순식간에 원래대로 제 모습으로 돌아오는데.

소녀신	화 다 냈니?
멸망	너! (하는데)
소녀신	이제 좀 감이 와? 니가 그 애한테 어떤 짓들을 했는지?
멸망	!!
소녀신	걔한테 사랑받아서 사라질 거라고? 그니까, 사랑을, 받겠단 말이지? 걔한테, 니가.
멸망	!! (뭐라 반박할 수 없이 슬픔과 괴로움이 뒤섞인 감정이고)
소녀신	꿈도 커라.
멸망	(괴로워 말 짓씹으며) 나는… 난…
소녀신	걔 머리에 그게 생겨나기 시작한 그날도, 넌 뭔가를 하고 있었겠지.
멸망	!!
소녀신	다 했으면 가봐. 난 할 말 끝났어.

소녀신, 아무렇지도 않게 침대에 팩 돌아눕고. 멸망, 패배한 얼굴로 그저 그 앞에 서 있을 뿐인데.

S#15. 외부 지하철역 (밤)

동경, 지하철 기다리며 힘없이 서 있다.

동경	(NA) 잘해주는 사람들은 꼭 사라진다.

건너편 승강장 가만히 눈길로 더듬는 동경. 꼭 멸망을 찾기라도 하듯.

동경   (NA) 늘 그랬다. 내 인생은… 늘 그랬다.

동경, 하… 짧은 한숨과 함께 시선 떨군다.

동경   (NA) 다들 꼭 사라지기 위해 따뜻한 것처럼.

동경, 제 손목에 걸린 빨간 팔찌 바라보는데.

동경   (NA) 너는 왜, 도대체 어디로, 나는 어떻게, 나는 뭘…

그사이 건너편 지하철 들어선다. 동경, 고개 들어 지하철 바라보고.

동경   (NA) 아무것도… 결국 아무것도… 할 수 있는 게 없다…

승강장 안전문에 얼핏 비치는 자신의 얼굴을 가만히 바라보는 동경.

동경   (NA) 사라지는 것들을 바라보던 너의 쓸쓸한 얼굴, 이제야 알겠
          어. 아무것도 할 수 있는 게 없는… 그런 얼굴이었던 거야. 넌.

하는데 지하철 움직인다. 지하철이 역을 빠져나가자 어? 하고 놀라 동경의 두
눈 커지는데. 보면, 건너편 승강장에 멸망이 서 있다!

동경   !!

동경, 망설임 없이 그대로 몸 돌려 계단 향해 뛰는데!

S#16. 지하철역 계단 (밤)

계단 내려오는 사람들 헤치며 마구 뛰어올라가는 동경. 헉헉, 숨 차는 소리가 이내 고통스러운 신음으로 바뀐다! 동경에게 갑자기 들이닥친 통증! 악… 한 손으로 계단 손잡이 쥔 채 겨우 몸 지탱하는데. 지나가던 사람들 힐끔 보더니 그냥 지나치고. 동경의 시야 점점 뿌옇게 흐려진다. 결국 온몸에 힘 빠지며 휘청이는 순간, 탁! 계단 윗칸에서 동경의 손을 잡아채는 누군가. 동경의 시야 서서히 선명해지고... 보면, 멸망이다.

동경   !!

멸망, 무표정한 얼굴로 동경 바라보고 있다. 동경, 고통이 서서히 멎는 듯 제 힘으로 똑바로 서 눈앞의 멸망 바라보는데. 둘의 얼굴 위로 여러 가지 감정들이 스친다. 한동안 말없이 서로를 바라보는 둘인데.

S#17. 멸망 차 안 (밤)

멸망, 앞만 보며 운전하고 있다. 동경, 조수석에서 말없이 창밖을 바라보고 있다가,

동경   (조용히) 어디 갔었어?
멸망   (아무 말없이 앞만 보며 운전하고)
동경   도망갔었어?
멸망   (나지막이) 쫓겨났었어.
동경   (예상치 못한 말에 놀라) 쫓겨나? 누구한테. 어디로 쫓겨났는데.
멸망   니 인생에서, 니 인생으로.

동경	알아듣게 설명해.
멸망	알아듣게 설명 못 해. 넌 알아듣지도 못해. 어차피.
동경	야.
멸망	(여전히 앞만 보고)
동경	화내야 되는 건 난데 왜 니가 화가 나 있어?
멸망	너한테 화난 거 아니야.
동경	그럼 왜.
멸망	(시선 주면)
동경	왜 너한테 화가 났냐고.
멸망	…다 잊어서. 그게 화가 나.
동경	(하…) 도통 알아들을 수가 없네. 말해줄 생각이 없구나? 너는.
멸망	(동조의 의미로 대꾸 않고)
동경	알겠으니까 일단 너네 집으로 가.
멸망	가고 있잖아.
동경	아니. 내 집 현관문 통해서 말고 니 집 현관문 통해서 가자고. 너네 집도 현관문은 있을 거 아니야.
멸망	(보면)
동경	…니가 사라졌는데 난 찾아갈 곳도 없더라.
멸망	(그런 동경 안쓰럽지만 내색 않고)
동경	알려줘. 너네 집. 그래야 니가 또 쫓겨나도 내가 찾아갈 곳이 있지.
멸망	(말없이 그대로 유턴하는데)

S#18. 멸망의 정원 + 동경의 집 (밤)

어느 집 앞에 멈춰 있는 멸망의 차. 동경과 멸망, 차 앞에 서 있다. 동경, 눈앞에 펼쳐진 광경을 그저 보고 서 있다.

동경   (눈 못 떼고) 그니까… 여기가 진짜로 있는 데였다고?

멸망   (대수롭잖게) 내 집 앞이야.

하며, 먼저 걸음 옮겨 정원 안으로 들어서는데. 동경, 뒤늦게 멸망 따라 걷는다. 환히 달이 비치는 밤, 황량한 정원을 걷는 둘. 동경, 아무런 말도 하지 않는 멸망을 괜히 곁눈질로 힐끗 보고. 멸망, 그런 동경의 시선 알지만 묵묵히 앞만 보고 걷는다. 그러다 어딘가 멈춰서는 멸망. 가만히 밤하늘 바라보는데. 생각이 깊은 얼굴이다. 동경, 멸망 따라 옆에 서서 멸망의 시선 따라 밤하늘 바라보고.

동경   (괜히 어색해서) …생각보다 올 만한 곳에 있었네. 너네 집. 다음엔 찾을 수 있겠다. (하는데)

멸망   못 찾아.

동경   (보면)

멸망   또 쫓겨난다면, 여기 와도 나 못 봐.

동경   (보다가 울컥해서) 도대체 무슨 일인데. 말을 해줘야 내가, (하는데)

멸망   내가 잘못 판단했어.

동경   (보면)

멸망   (돌아보며 표정 없이) 잘못 내린 결론이었어.

동경   그거… 지금 무슨 말이야?

멸망   (흔들림 없이) 니 말이 맞아. 넌 날 사랑해선 안 돼. 사랑할 수 없어.

동경   !!

멸망   그래서 말인데. 니 소원, 들어줄 수 없어.

동경   (애써 자리 피하며) 춥다. 들어가자. 들어가서 얘기해. (몸 틀어 현관 향해 가는데)

멸망   널 사랑해달라는 거, 불가능해.

동경   (걸어가다 돌아보면)

멸망   그만하자.

동경   !!

멸망   그만하자고. 같이 사는 거.

동경의 시선 속 멸망, 냉정한 말과는 달리 꿈속의 그 모습처럼 쓸쓸히 황량한
정원에 홀로 서 있는 것처럼 보이는데. 왠지 안쓰럽다. 동경, 멸망에게 다가
가려는데 갑자기 동경이 서 있는 장소가 확 바뀐다! 어느새 눈앞엔 익숙한 벽
이고. 동경의 집, 멸망의 집과 맞닿아 있던 그 벽이 제 앞을 가로막고 있다.

동경   !!

어두운 자신의 집 안에 홀로 우두커니 서 있는 동경인데.

S#19. 현규 카페 (밤)

선경, 카페 마감 청소 중이다. 구석구석 쓸며 현규 흘깃거리는데. 현규는 구
석에 삐딱하게 서서 핸드폰만 들여다보고 있다. 보면, 지나의 카톡 프로필 사
진만 뚫어져라 보고 있고.

선경   뭐하세요 사장님? (핸드폰 화면 보려는 듯 고개 내미는데)

현규   (선경 보지 못하게 황급히 화면 끄고) 아무것도 안 했는데.

선경   사장님.

현규   어?

선경   (놀리듯) 짝사랑 중이에요??

현규   (좀 움찔했다가 차분하게 핸드폰 주머니에 넣고) 아니. 짝사랑 아니고
        첫사랑 중.

선경	예? 나이가 몇인데 이제야 첫사랑을, (하는데)
현규	넌 첫사랑 언젠데.
선경	전 열여덟쯤? 아주 미치게 사랑했지… (진지하게) 저 심장 반쪽밖에 없잖아요. 그때 반쪽 태워서.
현규	(픽 웃고) 나도 딱 그때쯤이었는데.
선경	아니 근데 아직도 진행 중이라고요?
현규	얼마 전에 다시 만났거든.
선경	대박. 어떻게? 아니야 그게 중요한 게 아니지. 어떻게 헤어졌는데요?
현규	다시 만난 거보다 어떻게 헤어진 게 중요해?
선경	중요하죠! 그걸 알아야 각이 나오지!
현규	각?
선경	가능한가 불가능한가. 아 어떻게 헤어졌냐구요!
현규	(E) 아 형! 형이 좀 해줘!

S#20. 회상. 과거 현규의 방 (밤)

주익, 현규 침대에 기대 앉아 책 보고 있다. 현규, 거의 침대에 매달리다시피 바닥에 앉아서 주익 보고 있고.

현규	나 떨려서 말을 못하겠단 말이야. 허엉… 아 쌔앰~!
주익	(시선도 안 주고 책이나 보고 있고) 넌 꼭 이럴 때만 쌤이라고 하더라? 지가 할 말을 왜 나보고 하래. 싫어.
현규	내가 할 말을 내가 모르겠다고. 뭐라고 하냐고!
주익	(계속 책 보며) 그냥 말을 해. 솔직하게.
현규	(주익의 눈앞에 얼굴 들이대며) 어떻게 그래! 나 쪽팔려서 그런 말 절

대 못 해 걔한테. 아씨, 이게 다 형 때문이잖아!

주익 (책 탁 덮고) 뭘 또 다 나 때문이래.

현규 형 때문에! 형이 준 떡 먹고 체해서 수능 못 봐서 이게 다 어? 이렇게 된 거잖아!

주익 여자친구한테 말 한마디 없이 지 친구들 놀리는 말에 발끈해서 "어, 나 유학 가." 지른 건 내 탓 아니지.

현규 아니 그 새끼들이 내가 대학을 갈 수 있네 없네, 고일 때 메달 딴 걸로는 체대도 못 가네 이러니까 내가 확 열 받아서… (하다가) 아 몰라. 다 형 때문이야.

주익 (한심… 다시 책 펴는데)

현규 아 허어엉!!

주익 (말없고)

현규 아 쌔애애애앰!!

주익 (확 신경질 나고. 폰 달라고 손 뻗는데)

현규 (냉큼 폰 주고)

주익, 현규에게 와 있는 지나 문자 슥 훑는데. **전화 피하네?, 너 진짜 일본 갈 거냐고, 어딘데, 씹냐?** 주익, 별수 없이 문자 보내는데 **미안 미리 말 못 해서** 보내자마자 바로 지나에게 답장온다. (지나의 얼굴은 보이지 않는다.) 현규, 옆에서 심각하게 관전하고 있고.

지나 **만나서 얘기해**

주익 (현규 보고 심드렁) 만날 거야?

현규 (고개 절레절레) 대충 일단 오늘만 넘겨봐 형. 나중에 진짜 내가 수습할라니까.

주익 (한심… 문자 보내는) **지금은 좀 곤란해 못 만나**

지나 **나 10분 뒤에 도착하니까 나와**

주익	오지 마 못 나가
지나	**나 너 올 때까지 기다린다**
주익	**못 간다고**
지나	**너 왜 갑자기 띄어쓰기 해?**
주익	(현규 보며) 너 띄어쓰기 안 하냐?
현규	어. 왜? (화들짝) 설마 눈치챘어? 맞춤법 좀 몇 개 틀리지 형!
주익	(한심) 국어과외를 헛 했네, 내가. (조용히 다시 문자 보내는데) **나중에 연락할게**
지나	**헤어지자는 거야?**
주익	(가만히 지나 메시지 보는데)
지나	**답장 안 하면 헤어지는 걸로 안다**
주익	(보다가 현규한테 폰 던지며) 여기서부터는 니가 결정해. (일어나 방문 향해 가고)
현규	(반사적으로 폰 받아 들고 주익 보며 버둥) 어? 형 어디 가! 형!!
주익	(그대로 나가는데)

S#21. 다시 현재. 현규 카페 (밤)

어느새 선경, 현규 테이블에 마주 앉아 있다. 선경, 양손으로 턱 괴고서 심각하게 얘기 듣고 있는데.

선경	뭐라고 대답했는데요?
현규	대답 못 했지 뭐…
선경	(뒤로 기대며) 미쳤다… 사장님이 그러고도 남자야? 사람이야? 나 진짜 내가 상처받아서 지금… (심장께 부여잡으며) 심장 삼분의 일로 줄었다 방금… 안 그래도 반쪽인데…

현규	(픽 웃는데)
선경	도대체 왜 그런 건데요.
현규	왜? (냐니…)
선경	아니 그런 이유가 있을 거 아니에요.
현규	(생각하다가 자조적으로 피식) 너무… 걔가 좋았거든.
선경	(의외의 말에 보면)
현규	그래서 너무 쪽팔렸거든. 내 자신이.
선경	와 쪽팔릴 게 뭐 있어요? 서로 좋아하는 사인데!
현규	으른들의 연애에는 그런 복잡한 게 있다.
선경	으른은 무슨, 그땐 고딩이었으면서! 그때 사장님보단 지금 제가 더 으른이거든요?
현규	(금세 밝은 척) 아 그러서? 으른이신 우리 알바님이 보시기엔 어떻게 각이 좀 나옵니까 안 나옵니까?
선경	와 이건 좀 어려운데. 저 아는 누나도 옛날에 문자로 차였었다 그랬거든요? 아주 몇 년을 가더라고 그게. 맨날 술 먹으면 그 새끼 죽인다 했다가 보고 싶다고 했다가… 어후… 그 남자는 지금쯤 죽었겠지?
현규	(픽 웃고) 각 안 나오면 퇴근이나 하자. (일어서는데)
선경	(현규 탁 잡으며) 어쩔 수 없네. 지금 사장님의 가슴 절절한 사연이 제 마음을 움직였어요.
현규	(보면)
선경	제가 특별히 해드리겠습니다. 연애 카운슬링.

S#22. 주익의 집 / 거실 (밤)

퇴근한 주익, 현관으로 들어선다. 무심히 거실로 들어서면 떡하니 선경 혼자 소파에 앉아 있는데.

주익	(누구지? 의아해서 보면)
선경	(해맑게) 오 안녕하세요! 근데 누구세요?
주익	(어이없고) 그건 내가 할 말인 거 같은데.
현규	(주방에서 양주 들고 나오며) 어 형 왔어? 얘 내가 말했던 그 잘생긴 알바. 이 형은 내가 말했던, (하다가) 했던 적 없구나? 같이 사는 형.
주익	(너놈 하는 짓이 다 그렇지… 별 대꾸 없이 방으로 가려는데)
선경	어! 여기 그 회사 다니시는 분이잖아요. 몇 번 카페에서 뵀는데?
현규	와 얘 기억력 좋은 거 봐. 손님 얼굴 그새 다 외웠어.
선경	맞아요? 와 그럼 우리 누나랑 같은 회사 다니겠다.
현규/주익	누나? / (가다 멈칫) …누나?
선경	(신나서) 탁동경이라고 아세요? 우리 누난데.
현규	(헉 나 사고 쳤구나 싶고)
주익	알바 분 성함이?
선경	탁선경이요!
주익	…그러니까 탁동경이랑 친?
선경	네!! 친동생!!
주익	(골치 아프게 생겼다… 저거 입막음 해야겠다 싶고. 무섭게 현규 째려보는데)
현규	(손으로 진정시키며) 워워. 형 진정해. 내가 다 수습할 수 있어. (다짐하듯) 할 수 있어!! 이현규!!
선경	(왜 저러지? 해맑게 보는데)

시간 경과.

테이블 위 어느새 줄어든 양주병 보이고. 세 사람, 기분 좋을 정도로만 적당히 술 마신 분위기다.

선경   그니까 막 우리 사이에 비밀 생기고 그런 거네요? (넉살 좋게 치대며) 형?

주익   (초면에 벌써 형? 하지만 어쩔 수 없다…) 그렇지… 동생. 형 동생 사이엔 뭐가 중요하다?

선경   의리.

주익   이 형한테 의리 지키는 방법은 뭐다?

선경   비밀 유지.

주익   야, 알바 잘 뽑았다. 똑똑하네 애가.

선경   (뿌듯한 미소)

현규   (선경 어깨동무하고) 그러엄! 애 생긴 걸 딱 봐봐. 되게 속 깊고 입 무겁게 생겼잖아. 장난 아냐. 진짜.

선경   (기분 좋고) 하. 제가 좀 생긴 대로 노는 편이에요.

주익   (무심) 그래. 진짜 놀고들 있네.

현규   오늘도 봐봐? 얘가 나 연애 카운슬링 해준다고 일부러 남아가지고, (하는데)

주익   (기가 차고) 연애 카운슬링? (얘가?)

선경   아 제가 또 그쪽 분야에서는 좀 알아주는… (하다 하! 멋지게 웃으며) 저 제주도에서 완전 날라다녔거든요.

현규   와 보인다. 보여. 너 학교 복도 걸을 때 여자애들 다 창문에 매달려서 꺄악 소리지르고 그랬지. 나도 그랬는데.

선경   예? 저 남고였는데요?

주익   (저런 바보 같은 대화… 절레절레… 그저 술이나 마시는데)

선경   그래서! 아까 얘기를 이어가보자면! 솔직히 사랑 앞에서 남자는 거기서 거긴데 여자는 그렇지 않더라 이 말이죠 저는. 만약에 천 명의 여자가 있다? 천 명이 다 달라요. 딱 그 여자 분만의 그걸 공략해야 돼!

현규   (심각) 그니까 그거가 뭔데.

선경	그니까 그게 뭘까…?
주익	(어휴… 한심… 보다가 툭) 그냥 빌어.
현규	어?
주익	되도록 잘생기게 빌어.
현규	…그거 어떻게 하는 건데.
선경	(진지) 아 잘생기게 비는데 답 없지.
현규	(선경에게) 아니 그거 어떻게 하는 거냐고.
선경	(주익에게) 이래서 연애 고민 백날 들어줘봤자 소용없어요. 무슨 레벨이 돼야 말이지 레벨이. 그죠 행님.
주익	뭐 얼추 비슷비슷해 보이는데.
선경	(아랑곳 않고 술 마시고는) 크으… 쓰다! 연애든 뭐든 인생이 참 호락호락하지가 않네.
현규	왜. 너도 뭐 힘든 거 있어?
선경	사연 없는 집이 어딨겠어요.
현규	뭔데. 이 사장님, 아니 이 형한테 다 말해봐.
선경	나중에. 우리가 더 가까워지면 말할게요. 우리 사장님 은근 호구야. 나 진짜 사장님 너무 걱정돼. 오늘 첫사랑 얘기도 말이에요. 쫌 캐물었다고 그렇게 술술 얘기하고. 안 지 얼마 안 됐는데 누가 깊은 얘기하면 경계 좀 해요 사장님!
주익	처음으로 맞는 말 하네.

S#23. 주익의 집 / 부엌 (밤)

현규, 설거지하려는 듯 고무장갑 끼고 있고. 주익은 빈 그릇들 정리해 싱크대로 옮겨주고 있다. 식사 마친 자리 치우며 얘기 나누는 두 남자.

현규	(설거지하며) 애 귀엽지.
주익	(그릇들 옮기며) 어. 동네 똥개 같네.
현규	아니 나 질투 날라 그러네? 처음 본 사람한테 그런 표현도 할 수 있는 사람이었어 형?
주익	저게 또 헛소리 슬슬 시동 거네.
현규	(낄낄 웃고) 근데 진짜로 애가 참 보면 볼수록 괜찮아. 일도 곧잘 하고.
주익	너도 그렇잖아.
현규	(보면)
주익	너도 볼수록 괜찮은 편이지. 일도 곧잘 하고.
현규	와 갑자기 진짜 왜 이러지?
주익	뭘 갑자기야. 사실인데. 아까 걔가 운동 가르쳐달라고 너한테 선생님, 하는데 딱 너 같네 하는 생각 들더라. 한 십팔 세 때 너?
현규	(약간 감동이고) 혀엉…
주익	(차갑) 그니까 이만 나한테서 하산해. 제자도 생겼으니까.
현규	(고개 팩) 아 싫어. 아 죽을 때까지 형한테 붙어 살 거야.
주익	(슬쩍 웃고)

현규 말없이 설거지하고, 주익 말없이 술병 정리해서 넣어두는 등 나머지 정리하는데. 두 사람 사이, 잠시 고요한 정적이 인다.

현규	(그러다 문득) 근데 형.
주익	어? (별생각 없이 보는데)
현규	(설거지하며) 형은 떡 좋아해?
주익	떡? (보면)
현규	(설거지하며 자조적으로 피식) 걔가 떡을 안 먹는다더라.
주익	(지나 얘기구나. 알아듣는데)

현규	(설거지하며) 원래 뭐 먹고 체하면 그 음식 잘 안 먹잖아. 근데 난, 그
	래도 떡 좋아하거든. 근데 걘 떡이 싫대. 체한 건 난데.
주익	(보는데)
현규	(여전히 설거지) 나한테 왜 왔냐고 그러는 거야. 한국엔 왜 왔고 동창
	회엔 왜 왔냐고.
주익	(듣고만 있는데)
현규	(계속) 난 또 아무 말도 못했다? 그러더니 가래… 됐다고 그냥 가래.
	근데 있잖아. (픽 자조적으로 웃고) 진짜 가기 싫더라.
주익	(마음 쓰이는데)

그때 지잉 주익의 핸드폰 울린다. 보면, 지나에게 온 메시지고. **혹시 지금 좀 와 줄 수 있어요? 안 풀리는 게 있어서** 주익, 복잡한 마음인데. 주익, 핸드폰 화면 가만히 내려다보다가 읽히지 않는 얼굴로 타닥타닥 문자 보내는데.

S#24. 지나의 집 / 거실 (밤)

지나 핸드폰에 떠 있는 주익의 메시지. **못 가요** 지나의 집, 어둑하게 불 꺼놓고 부분 조명만 켜둔 상태다. 노트북 화면만 어둠 속에서 환하게 빛나고 있고.

| 지나 | 도와주기는 개뿔. |

지나, 핸드폰 어딘가에 툭 던져놓고 그대로 소파에 눕듯이 깊이 기대앉는다. 그러다가 뭔가 떠올랐는지 픽 웃음 짓는데.

| 지나 | 멘트가 한결 같네. |
| 주익 | (E) 못 가요. |

S#25. 회상. 아파트 앞 (낮)

취한 지나, 아파트 계단 앞에 비 쫄딱 맞으며 앉아 있다. 고개 숙인 채로 울고 있는 모습이고. 주익, 그 앞에 우산 쓰고 삐딱하게 서 있는데.

지나   (훌쩍이다가 고개 들어 보면)

주익   못 간다구요. 사람이. 거기 그러고 있으면.

지나   아… (주춤주춤 옆으로 옮기며 어설프게 꾸벅) 죄송합니다…

주익, 지나를 지나쳐 계단 올라가는데. 그러다 하… 귀찮은 얼굴로 뒤돌아와 다시 지나 앞에 선다.

주익   (우산 내밀고)

지나   (무슨 의민지 몰라 멀뚱멀뚱 보는데)

주익   (억지로 우산 쥐여주고)

지나   (억지로 쥔 우산 주익쪽으로 내밀며 안절부절못하고) 아니 안 그러셔도… (하는데)

주익   (짜증 확 나고. 우산 쥔 지나 손 잡아 다시 지나 쪽으로)

지나   (놀라서 보면)

주익   걔가 그렇게 좋아요?

지나   네??

주익   소문 다 났어요. 그 쪽 여기 팔층 남자애 기다리는 거라고.

지나   (멍하니 보다가 그제야 사태 파악하고 울컥) 그렇게 소문이 다 났는데 이현규는 모른대요? 내가 기다리는 거?

주익   (하… 보다가) 걔 일본으로 유학 갔다며. 있지도 않은 애를 왜 여기서 기다려요.

지나   그럼 어디서 기다려요!!

주익	(보면)
지나	기다릴 데가 여기밖에 없는데, 아는 데가 여기밖에 없는데 어디서 기다려요!!
주익	만나면. 만나면 뭐 어쩌게.
지나	몰라요. 그냥… 그냥 다 아쉬워서… 그래서 그래요…
주익	뭐가 그렇게 아쉬운데요.
지나	한강에서 맥주도 못 마셔봤고, 할로윈데이에 이태원도 같이 못 가 봤고…
주익	(보는데)
지나	키스도 못 해봤단 말이에요! (와앙 울음 터지는데)
주익	(가만히 그 꼴 보고 있다가) 알았어요.
지나	(뭘 알았다는 거지? 눈물 멈추고 보는데)
주익	(우산 쥔 손 놓고서 그대로 고개 숙여 가볍게 입 맞추는데)
지나	!!

지나, 우산 들고 있던 손에 스륵 힘 풀리고. 그대로 우산 뒤로 툭 넘어간다.

S#26. 다시 현재. 지나의 집 / 거실 (밤)

지나, 과거의 기억에 괜히 심란해진 얼굴이다. 멍하니 천장만 바라보다가 담배 꺼내 무는데.

S#27. 라이프스토리 / 미팅룸 (다음 날 낮)

멍한 얼굴로 앉아 있던 동경, 번쩍 정신이 든 듯 눈 동그랗게 뜨고. 내가 뭘 잘

못 들었나? 싶은데.

동경   네?

보면, 동경 앞에 화장기 없는 얼굴에 빨간 립스틱만 바른 예민해 보이는 인상
의 사십대 초반의 여자(달고나), 앉아 있다.

달고나   (흔들림 없이) 연재 중단한다구요.

동경   아니 작가님… 아니 그게 무슨 말씀… 저희랑 계약된 날짜와 분량
이 있으신데 갑자기 이러시면… (번뜩) 혹시 다른 데서 계약 제의받
으셨어요? 더 좋은 조건이에요?

달고나   그런 건 아니고. (별일 아니라는 듯) 아파서요.

동경   (생각지 못한 답이고… 놀라서 보면)

달고나   (담담하고) 난소암. 삼 기예요.

동경   (!! 마음 복잡해지고) 아… 그니까 어떻게 말씀을 드려야 할지 모르겠
는데…

달고나   이렇게 계속 불규칙적으로 연재하는 것도 할 짓 못 되고. 작가 일신
상의 이유로 무기한 중지, 뭐 그렇게 전달해주세요 회사에는. 연중
공지는 제가 알아서 할게요.

동경   (마음 무겁다) 작가님… 저… (하는데)

달고나   힘내세요 뭐 그런 거 할 거면 하지 마세요.

동경   (보면)

달고나   그런 말에 고맙습니다 할 정신도 없고. 웃을 힘도 없어요. (자조적으
로 피식 웃고) 체력이 딸리니까 안 그래도 지랄맞은 성격 더 예민하
고 짜증만 늘었어. 이해하세요.

동경   (마음 아파 보는데)

달고나   (다시 표정 다잡고) 오늘 회식이죠? 아마 가면 또 들을 거예요. 지조

킹 그 인간 주둥이가 워낙 가벼워야지. 내 전남편이랑 대학 동기거
든. 그 인간한테 전해 듣느니 내 입으로 말하는 게 낫지.

동경   제가 좀더 신경 썼어야 했는데… 죄송합니다… 작가님.

달고나   편집자님이 왜 죄송해요. 내가 죄송하지. 편집자님도 관리 잘해요.
(하다 픽) 아니면 좀 막 살아. 이렇게 되고 보니까 후회가 되더라.

동경   (보다가) 후회되세요…?

달고나   어. 후회돼. 좋아하는 거 막 좋아하고 싫어하는 거 막 싫어할걸. 남
눈치 보지 말고 내 눈치나 좀 볼걸. 남 칭찬만 하지 말고 내 칭찬이
나 실컷 할걸.

동경   (말없이 새겨듣는데)

달고나   (하다 다시 얼굴 정돈하고) 할 말 끝. 갈게요. (가방 챙겨 일어나는데)

동경   아… (주춤거리며 반사적으로 일어서고)

달고나   (가다 말고 슥 동경 보더니) 오늘 옷 잘 어울리네요. 예뻐요.

동경   네?

달고나   항상 예뻤지 뭐, 편집자님은. 그 말 못해준 게 나중에 후회될까봐.
나오지 마세요.

달고나, 미련 없이 나가고. 동경, 생각 많은 얼굴로 그 자리 오래 서 있는데.

박대표   (E) 자~ 건배합시다!

S#28. 술집 (밤)

경쾌하게 부딪치는 맥주잔들. 보면, 박대표와 지조킹, 주익과 편집팀 앉아 있
다. 박대표 앞과 옆으로 지조킹과 주익 앉아 있고. 조금 떨어진 그 옆 테이블
에는 동경 포함 편집팀원들 앉아 있다. 박대표와 지조킹만 신난 가운데 동경

은 유난히 가라앉은 얼굴로 맥주만 홀짝이고 있고.

박대표 아휴 형님은 못 본 새 더 젊어지셨어. 바쁘실 텐데 이렇게 자리도
        해주시고~ (쇼핑백 슥 꺼내 내밀고) 이거는 작은 성의.
지조킹 (받으며) 아니 이 사람 거 참. 이러면 내가 뭐가 되나. (쇼핑백에서 꺼
        내 보면, 고급 양주다) 아이고 아까워서 이거 따겠나.
박대표 아니 우리 형님 정도면 이 정도는 드셔야지! 제가 형님 덕분에 먹고
        살잖아요. 이참에 명예이사라도 한자리?

예지, 다인, 정민, 그 소리에 뭐? 하고 저마다 꿈틀 하는데. 그 와중에도 동경
만 멍하다. 주익은 여전히 건조한 얼굴로 앉아 있고.

지조킹 아이 그럴까? 이사실 줄 거야 나?
박대표 아 드려야지 드려야지. 리모델링 하려면 건물주랑 얘기 좀 해봐야
        겠네. 말이 나와서 말인데요 형님, 우리 건물 여기 건물주 아들놈이
        관리하잖아요. 아 그놈이 아주 깐깐해. 전화하면 받지도 않고 문자
        남기면 딱 단답에. 몇 살 먹었는지 몰라도 아주 싹퉁머리가 없어.
        이래서 돈 있는 것들은~!
주익   (표정 변화 없이 술 마시고)
지조킹 자수성가한 우리 박대표가 참어. (하며 쳐다도 안 보며 빈잔 들어 주익
        에게 채우라 내미는데) 그것들이 뭘 인생을 아나. 괜히 말 섞지 마. 수
        준 안 맞아.
주익   (술 따라주다가 괜히 툭 엎지르고)
지조킹 아 차거!
주익   (건조하게) 죄송합니다. 손이 미끄러져서.
지조킹 아 차팀장 거~~
박대표 (얼른 휴지 뽑아 내밀고)

342

지조킹, 티슈로 바지 닦는 사이에 동경, 예지, 다인, 정민, 옆 테이블에 들리지 않게 자기들끼리 속삭이는데.

정민　　근데… 열 분은 분명 전화를 받았거든요? 개중에 여섯 분은 알겠다고도 하셨거든요?

다인　　알겠다고 했지 오신다곤 안했잖아요.

정민　　아…

예지　　됐어. 원래 작가들 이런 데 안 나와. 저 인간만 꼬박꼬박 나오지.

다인　　제 꿈은 이제 작가예요. 회식 피할 수 있으니까.

예지　　내 꿈은 대표다. 회식은 없어. (반응 없는 동경 툭 치며) 야 니 꿈은 뭔데.

동경　　내 꿈? 막 사는 거. (픽 웃는데)

예지 다인 정민　　(작게 오올 하며 동경 보고)

지조킹　　(이쪽 보며) 아 그래. 다들 달고나 작가 소식은 들었나?

예지 다인 정민　　(뭐지? 보고)

동경　　(예민해져서 보면)

주익　　(나직이) 이 자리에서 할 얘기는 아닌 거 같습니다.

지조킹　　아니이. 편집자들도 알 건 알아야지. 실수하면 어떡해. 난 그게 걱정이라 그러지. (하고 얼른 이쪽에 신나서) 그 작가 암이래. 난소암. 그래서 요새 연재 뜸한 거잖아.

박대표　　(안주 집어먹으며 설렁 형식적으로) 아이고. 어쩌나.

지조킹　　(박대표에게) 남편도 수발 못 들겠다고 도망갔잖아. 내가 그 작가 남편이랑 대학 동창이라서 잘 알어. 하여간에 맘을 곱게 써야 돼. 그 작가 성질 봐봐. 꼬장꼬장해가지고. 내가 남편이라도 도망가지. 하하하.

지조킹, 자기 농담에 웃길 바라며 웃으며 좌중 보는데 모두들 표정 굳고 웃지 않는데.

지조킹 　아니 분위기 왜 이래. 웃자고 한 말이야 웃자고. 탁주임~ 탁주임도
　　　　마음 잘 써야 돼. 안 그러면 어? (또 한번 나쁜 농담 시도하는데)

동경 　(컵 꾹 쥐고) 안 그러면 뭐요?

지조킹 　뭐?

동경 　안 그러면 뭐냐고요.

박대표 　(퍼뜩 놀라) 쟤가 왜 저래. 야, 탁동경! 너 취했냐?

동경 　취했으면 어쩔 거고 안 취했으면 어쩔 건데요.

주익 　(그냥 두고 제 잔에 술 따르며 나직이) 그러게 이 자리에서 할 얘긴 아
　　　　니라니까.

지조킹 　(주익 휙) 까?

박대표 　(얼른) 까요라고 했어요 형님!! 내가 들었어!!! 요라고 했어!! (주익
　　　　째려보는데)

주익 　(대답 않고 술이나 마시고)

다인 정민 　(미치겠다… 눈치나 보고 있는데)

지조킹 　와 요새 애들 진짜 무섭구만. 야~ 이렇게 까칠하게 구나? 웃자고 하
　　　　는 말에? 그러다 너 시집 못 가!

예지 　(못 참겠고) 작가님 말씀을 좀 너무 심하게 하시네요.

지조킹 　아~ 둘이 동갑이지? 같은 처지라고 편드는 거야? (하는데)

동경 　야.

일동 굳어 동경 보는데.

지조킹 　…야?

동경 　왜 남의 인생 맘대로 퇴고질 하고 자빠졌는데. 도대체 누가 너한테
　　　　참견할 권리 줬는데.

344

지조킹	너… 너 지금 (말문 턱 막히는데)
박대표	탁동경!!!
동경	(아랑곳 않고) 퇴고는 니 원고에나 해. 하긴 퇴고도 안 하지 넌?
지조킹	이게 이씨!! 야!! 너 미쳤어?!
동경	약간? 시집은 못 가도 어딜 가긴 가거든, 내가.
일동	(동경 보면)
동경	(좌중 보며) 나 암이라 삼 개월 뒤에 죽어요. 시집보다 (손가락으로 위 가리키며) 저~기 먼저 갈 거라서.
일동	(놀라서 보는데)
주익	(마시던 잔 탁 멈춰 조용히 동경 보고)
동경	마음 잘못 써서 그랬나봐요. 작가님 말처럼. (가방 챙겨 들고) 갈게 요. 회식 잘하세요. (꾸벅 인사하고 확 나가는데)

S#29. 길거리 (밤)

감정 정돈 안 돼 거칠게 길거리를 걷고 있는 동경. 그런 동경의 곁으로 사람들 지나간다. 동경, 그러다 문득 고개 들면 빌딩 전광판 표시된 현재시각이 시선에 턱 걸린다. 시간, 어느새 열 시 사십일 분을 넘어가고 있고. 동경의 걸음걸이 그대로 천천히 느려지다가 결국 멈춰 선다. 가만히 팔 들어 제 손목에 걸린 팔찌 바라보는 동경. 그러다 갑자기 획 뒤돌아 어딘가로 뛰기 시작하는데!

S#30. 횡단보도 앞 (밤)

헉헉대며 어딘가에 턱 서는 동경. 보면, 2부 S#14와 같은 횡단보도 앞이다.

동경, 숨 고르며 빨간불 노려보고 서 있는데.

    인서트. 2부 S#14

동경의 손을 탁 잡아채는 누군가의 손! 그대로 동경 끌어 횡단보도 건너기 시
작하는데. 동경, 놀라 보면 멸망이다!

멸망   (맞잡은 손 들어 보이며) 충전.
동경   (보면)
멸망   (앞만 보며 걸어가며) 왜 길도 못 건너고 있냐.
동경   …무서워서.
멸망   무서우면 부르지.
동경   무슨 수로.
멸망   무슨 수로든.

    / 다시 현재

신호등 초록불로 탁 바뀌고.

동경   (건너지 않고 중얼중얼) 나 무섭다… 나 여기 건너는 거 너무 무서워.
       무서우면 부르라며… 어떻게든 부르라며… 니가 그랬잖아.

동경이 중얼거리는 동안, 건너편 사람들 다 건넜고 빨간불로 신호 바뀐다. 차
지나다니기 시작하고 횡단보도에 혼자 서 있는 동경이고.

동경   (열 받고) 그래. 이 정도로는 안 온다 이거지?

하더니, 곧장 또 어디론가 뛰어가는데!

S#31. 동경의 집 / 옥상 (밤)

동경, 옥상 난간 위에 위태위태하게 몸 내밀며 서 있다.

동경   야 나 지금 여기 서 있다? 어? 여기 서 있다고! 나 진짜 뛰어내린다?
        그때 봤지? 뛰어내린다면 뛰어내리는 사람이야 나??!

하는데, 역시나 멸망 오지 않고.

동경   (조금 더 몸 내밀며) 씨 나 진짜 뛰어내린다고!! 야!!!

컹컹, 멀리서 개 짖는 소리만 들려오고 옥상에는 여전히 동경 혼자인데. 동
경, 얼굴을 스치는 칼바람에 홀쩍, 코 한번 들이켜고는 휘청거리며 난간에서
내려온다.

동경   독한 새끼… 열두 시 다 됐는데…

S#32. 동경의 집 / 거실 (밤)

힘없이 집으로 들어서는 동경. 역시나 멸망의 집은 온데간데없다. 불도 켜지
않고 열쇠 툭, 가방 툭, 코트 툭, 바닥에 아무렇게나 내려놓으며 걸어가는데.

멸망의 집과 이어지던 벽 앞에 선 동경. 그 벽을 향해 몸 웅크려 팔 베고 눕는다.

동경   나쁜 놈… 진짜 죽여버릴 거야… (독한 말과는 달리 간절한 얼굴인데)

시간 경과.

동경, 그 자세 그대로 쪼그려 잠든 채다. 통증이 있는 건지 무의식적으로 미간 찌푸리는데. 그때 어둠 속에서 홀연히 멸망 나타난다. 조용히 걸어와 잠든 동경 곁에 무릎 세우고 앉더니 동경의 손 가만히 잡는데. 동경의 얼굴 서서히 편안해지고. 멸망, 잠시간 동경의 얼굴 들여다보다가 일어나는데. 나가다 말고 소파에 놓인 동경의 베개에 흘깃 시선 준다.

S#33. 끊어진 다리 위 (밤)

멸망, 끊어진 다리 끝에 걸터앉아 있다. 멸망 쪽에는 가로등 하나 없이 어둡고, 건너편엔 두어 개 켜져 있는 가로등. 멸망, 허공을 보는 듯 가로등 불빛을 보는 듯 알 수 없는 얼굴이다. 그러다 주변에 떨어져 있는 돌멩이 하나 주워 들더니 멀리 던져보는데.

멸망   내가 던진 돌에 맞는 게… 결국 나네.

멸망, 자조적으로 픽 웃고.

S#34. 동경의 집 / 거실 (다음 날 아침)

동경, 쪼그려 잠들었던 상태에서 눈 뜨고 천천히 일어난다. 어제 그대로 잠들었나… 비몽사몽인데. 그러다 제가 베고 잤던 베개를 바라보는 동경. 내가 이걸 베고 잤나… 하다가 멸망이 왔다 갔구나 확 깨닫는데!! 열 받고!!

동경　　이게 진짜!!

동경, 가만히 앉아서 씩씩대다가 점점 차분해지는 동경. 알 수 없이 결연한 얼굴인데. 동경, 팔찌 찬 손목을 제 눈앞으로 들어올린다. 동경, 한참을 팔찌를 노려보더니 그대로 팔찌 확 잡아 끊는데!!

S#35. 지나 차 안 (낮)

지나, 눈물로 얼룩진 얼굴로 거칠게 운전하고 있다.

동료작가　　(E) 그 얘기 들었어? 어제 라이프스토리 회식 난리 났잖아. 그 쪼끄만 편집자 뭐 병 걸렸다던데.

지나, 조금 전 받은 아는 작가와의 통화 곱씹는다.

지나　　(이 악물고 눈물 참으며) 울지 마. 울지 마 나지나. 아직 확실히 몰라. 울지 말라고!!

지나, 운전하면서도 계속 동경에게 전화 건다. 동경, 전화받지 않고.

지나	(한 손으로 거칠게 눈물 닦으며 클락션 빵! 때리고) 아이씨!! 왜 안 가! 눈 삐었어? 다 꺼져!!! (부와앙— 액셀 밟는데)

S#36. 라이프스토리 / 사무실 (낮)

대표 자리 비어 있고. 회식의 여파로 분위기 가라앉은 편집팀이다. 동경의 자리는 비어 있다. 그럼에도 아무도 그 빈자리에 대해 가타부타 말이 없다. 조용히 자신들의 할 일을 하고 있는 가운데 예시, 못 참겠는지 결국 후… 한숨과 함께 엎드린다. 주익, 혼자 동경의 빈자리를 보며 골똘히 생각에 빠진 얼굴이다.

지나	(E) 탁동경!!
주익	! (익숙한 목소리에 놀라 출입문 쪽 보면)

지나, 복도에서부터 동경을 부르며 사무실로 오는 중이다.

다인	(얼른 버튼 눌러 문 열어주면)

기다렸다는 듯이 눈물로 얼굴이 엉망진창 된 지나가 사무실로 들어선다!

주익	(자기도 모르게 본능적으로 자리에서 일어서는데)
지나	탁동경!! 동경아!!

지나, 두리번거리며 동경 찾고 있는데. 주익, 동경의 소식 들었구나… 싶은 얼굴이고. 다들 놀라 주춤 일어서는데.

정민	어떻게 오셨…
주익	(먼저 나가며) 이현 작가님이셔. 나가서 얘기해요. 탁주임 출근 안 했으니까.
지나	알고 있었어요? 동경이 아픈 거?
예지 다인 정민	(어찌할 줄 몰라 굳어 있고)
주익	(담담히) 몰랐어요. 어제 들었어요.
지나	(진짜구나… 뭔가에 확 얻어맞은 것 같다. 이어 제 머리 막 때리며) 내가 미친년이지!! 내가 미친년이야!! 내가 그걸 왜 몰랐지? 내가 그걸 왜!! (울먹울먹하는데)
주익	(그런 지나 팔 잡아 못 하게 막으며 부드럽게) 일단 나와요. 나가서 아는 만큼 다 얘기해줄 테니까.

S#37. 비상구 계단 (낮)

계단에 주저앉아 훌쩍이는 지나. 그 앞에 서 있는 주익이고. 꼭 과거의 그때 같다.

지나	(울면서) 난 진짜 아무것도 몰랐어요. 나 진짜… 나쁜 언니야. 애가 그런 줄도 모르고. 걔가 저번에 백 일 후에 죽는다면 뭐 하고 싶냐 그 랬을 때도 난 암 것도 모르고 농담으로 너 죽냐 물었는데… 나 진짜 나쁜 언니야 난 진짜… (하며 괴로운 듯 자책하며 머리카락 쥐어뜯고)
주익	그렇게 따지면 나도 나쁜 상사예요.
지나	(보면)
주익	(티슈 건네고) 몰라서 못 한 거 그만 생각해요. 알아서 해줄 거 생각 해요. 이제.
지나	(뭔가에 한 대 맞은 기분이다. 멍하니 보다가 티슈 탁 받아들고는 쿵 코 닦

고 자리에서 벌떡 일어서는데)

주익   (보면)

지나   갈게요.

주익   갑자기요?

지나   바빠요. 걔한테 다 해주려면. (손으로 가방 막 뒤적거리는데)

주익   뭐 찾아요.

지나   차 키. (가방 막 들여다보며 뒤진다) 아 차 키 어딨지.

주익   운전하고 왔어요?

지나   네. 죄송해요. 제가 지금 너무 정신이 없어가지고. (주머니도 더듬거리는데)

주익   (보다가) 가요. 데려다줄게요.

지나   (다시 또 가방 막 뒤지며 우왕좌왕) 아니요. 괜찮아요… 괜찮아요 진짜.

주익   (살짝 고개 숙여 지나 눈높이 맞추고) 나 봐요.

지나   ! (빨개진 눈으로 보면)

주익   (달래듯) 데려다주게 해줘요. 걱정돼서 그러니까. 그렇게 울어서야 보이지도 않겠네.

주익, 지나 가방 앞주머니에 삐죽 튀어나와 있는 차 키 탁 잡아 꺼내는데.

지나   아…

S#38. 라이프스토리 / 건물 앞 (낮)

주익과 지나, 건물에서 나오고 있다.

주익   차 어딨어요?

하는데 주익, 지나 뒤 카페 문 열고 나오는 현규 발견한다.

지나   (몸 돌리며) 저기 뒤, (쪽에 하는데)

그 순간 주익, 지나와 현규가 서로 마주치지 못하게 지나 잡아서 탁 제 쪽으
로 돌리는데!! 그대로 가깝게 마주 선 지나와 주익이고!!

지나   !!
주익   (표정 변화 없고)

뒤늦게 현규가 어? 주익 쪽 쳐다보는데. 그렇게 지나를 사이에 두고 주익과
현규 눈 마주치고!!

S#39. 병원 / 복도 (낮)

베드에 실려 들어오는 동경. 그 옆에 울면서 침대 따라오는 선경 모습 보이
고. 동경, 가느다랗게 실눈 떠 초점 없이 무언가를 바라보는데. 제 머릿속을
헤집는 환상들을 더듬는 듯하다.

/ 장례식에서 뚝뚝 눈물 흘리던 멸망의 모습.

/ 손목에 팔찌 채워주는 멸망의 손.

/ 깨진 영정 사진.

/ 피 묻은 얼굴로 자신을 바라보던 멸망의 모습.

/ 자신에게 내밀어지던 노란 튤립.

/ 꽃병에 꽂힌 채로 급속도로 시들어 꽃잎 떨구는 노란 튤립.

그대로 슥 기절하듯 눈 감는 동경이다.

S#40. 병원 / 병실 (낮)

조용한 병실. 똑똑, 링거액 떨어지고 있고.

당면   뇌압 상승으로 인한 증상이에요. 정밀 검사해봐야 하니까 일단 깨
어나시면 호출해주세요.

선경, 침대 앞 의자에 앉아서 잠든 동경 바라보고 있다. 너무 겁나고 어찌해
야 할 바를 모르겠는데. 그때 선경의 핸드폰 지잉 울린다. 보면, **울이모 수자**의
전화인데. 선경, 혼란스러운 얼굴로 핸드폰 바라보는데.

S#41. 끊어진 다리 위 (해 질 녘)

아직도 그 자리 그대로 앉아 있는 멸망. 꼭 뭔가를 버티는 듯한 얼굴이다. 그
때 언제 온 건지 소녀신이 탁 옆에 와 가볍게 앉는데. 멸망, 그저 멀리 지는 해

만 바라보고 있고.

소녀신   (일부러 건드리며, 가볍게 놀리듯) 하루 종일 여기 있네?

멸망   (대답 않고)

소녀신   무슨 생각 해?

멸망   아무 생각도.

소녀신   그래. 가지 마. (멀리 시선 던지는데)

멸망   (천천히 소녀신 보면)

소녀신   (여전히 멀리 보며) 안 보기로 결정했잖아. 잘한 짓이야.

멸망   (보고)

소녀신   그렇게 평생 만나지 마. 걔가 죽더라도, 살더라도 평생 보지 마.

멸망   …

소녀신   그렇게 살아.

멸망   …

소녀신   그렇게 살 수 (멸망 보며) 있겠어? (생긋 웃어 보이는데)

멸망, 차오르는 감정 참으며 가만히 있다가 갑자기 확, 일어서더니 그대로 가
버린다. 소녀신, 말릴 생각도 없는지 멸망 바라보지도 않고. 그저 멀리 땅거
미 지고 있는 풍경 바라본다.

소녀신   (달랑달랑 다리 흔들며) 아이는 부모에게 반항을 해야 크지. 사랑은
        시련을 맞아야 타오르고.

미소 지으며 가만히 제 옆에 놓아둔 화분 바라보는데. 화분 속 흙, 여전히 변
화 없이 잠잠한데.

S#42. 병원 / 병실 (밤)

느리게 눈 뜨는 동경. 끔뻑끔뻑 잠시 여기가 어딘가 생각하는 듯하고. 천천히 시선 돌려보면 어느새 선경은 침대 귀퉁이에 기대 잠들어 있다. 동경, 천천히 상체 일으키고 병실에 걸려 있는 벽걸이 시계 보는데. 어스름히 곧 자정을 앞 둔 시곗바늘 보인다. 동경, 숨죽여 주사바늘 탁, 뽑는데.

S#43. 병원 / 복도 (밤)

늦은 시각에 최소한의 불만 켜져 있어 조도가 낮은 복도. 텅 빈 복도를 동경 이 환자복 입은 채로 걷고 있다. 그때 어둑한 복도 반대편에서 서서히 드러나 는 실루엣, 멸망이다! 가만히 떨어진 채로 서로 바라보고 섰는 둘인데.

동경   올 줄 알았어.
멸망   (말없이 보고)
동경   니가 안 오고 배겨?

하나로 딱 짚지 못하는, 미움과 반가움이 뒤섞인 동경의 얼굴. 멸망, 가만히 그런 동경 보다가 성큼성큼 걸어가기 시작하는데.

동경   니가 그렇게 숨으면 내가 못 찾아낼 줄 알았어?
멸망   (말없이 걸어가고)
동경   내가 그랬잖아. 나 이제 다 알았다고. 너 착한 거 다 알았다고.
멸망   (걸어가고)
동경   넌 도망 못 가. 내 소원 들어주기 전엔. 내 소원 들어주면 내가 풀어
        준다고 했잖아. 기억 안 나?

멸망   (걸어가며) 탁동경.

동경   너 진짜 죽여버릴, (거야 하는데)

멸망, 그대로 동경 끌어당겨 힘껏 안는다! 동경, 잠시 얼빠진 얼굴로 멸망의 품에 안겨 있는데.

동경   (NA) 내 인생은 언제나 불행한 앞면과 넘겨지지 않는 뒷면 사이에 서 서성이며 답을 기다려왔다.

S#44. 과거. 몽타주

멸망이 본 동경의 과거 이어서…

/ 1. 회사 앞 (낮)

면접 못 본 동경, 축 처져 시무룩하게 나오는데. 지나가 양손 막 흔들며 동경 부른다.

지나   탁동경!!

동경   (고개 들어 지나 보고)

/ 2. 학교 앞 (늦은 오후)

수능 끝난 학생들, 우르르 학교 빠져나가고 있다. 모두 부모님이 마중 나와

반기고 안아주는 풍경들. 동경, 괜히 고개 푹 숙이고 좀 떨어져 걸어나오고 있는데. 교문 앞에 선경이 맨발에 슬리퍼, 추리닝 위에 패딩 입은 채 동경을 기다리고 있다. 선경, 동경 발견하고는 붕어빵 담긴 종이 봉투 막 흔들며 동경 부르고.

선경 탁동경!!

동경 (고개 들어 보고)

   / 3. 제주도 바닷가 (밤)

쓸쓸히 바다 보며 앉아 있는 동경. 그때 뒤에서 스쿠터 타고 지나가던 수자가 동경 부른다.

수자 탁동경!!

동경 (그 소리에 휙 뒤돌아보고) (NA) 결국엔, 나를 불러줄,

   / 회사 앞—지나 보며 환히 웃는 동경의 얼굴

   / 학교 앞—선경 보며 환히 웃는 동경의 얼굴

   / 바닷가—수자 보며 환히 웃는 동경의 얼굴

동경 (NA) 이러한 답을.

S#45. 다시 현재. 병원 / 복도 (밤)

동경   (NA) 때로 불행과 행운의 얼굴은 같고,

멸망에게 안겨 있는 동경.

동경   (NA) 나는 여전히… 그 얼굴을 구분하지 못한다.

멸망의 품에 안긴 채로 벅차게 웃는 동경의 얼굴에서…

7부 엔딩!

8부

S#1. 병원 / 복도 (밤)

7부 엔딩에 이어서 멸망 시점으로.

동경   니가 그렇게 숨으면 내가 못 찾아낼 줄 알았어?

멸망   (걸어가며) (NA) 참을 수가 없다. 도저히… 참을 수가 없다.

동경   내가 그랬잖아. 나 이제 다 알았다고. 너 착한 거 다 알았다고.

멸망   (걸어가며) (NA) 이 참을 수 없는 감정을 도대체 뭐라고 불러야 하
       나.

동경   넌 도망 못 가. 내 소원 들어주기 전엔. 내 소원 들어주면 내가 풀어
       준다고 했잖아. 기억 안 나?

멸망   (걸어가며) (NA) 나는 알지 못한다. 그러니 그저,

멸망   탁동경.

동경   너 진짜 죽여버릴, (거야 하는데… 제 이름을 부르는 소리에 순간적으로
       심장 쿵 떨어진다)

멸망   (NA) 그러니 그저… 너라고 부를밖에.

멸망, 그대로 동경 끌어당겨 힘껏 안는다! 동경, 잠시 얼빠진 얼굴로 멸망의
품에 안겨 있는데. 그러다가 멸망, 생각해보니 기막히고. 휙 동경 어깨쯤 잡
아 떼내고는.

멸망   넌 진짜 미쳤어. 팔찌를 왜 끊어.

동경   넌 진짜 돌았냐? 그니까 왜 안 나타나. 그래놓곤 어떻게 그 타이밍
       에 베개를 넣어주고 가? 사람 열 받게?

멸망   열 받은 게 대체 뭔데. 안 나타난 거야, 베개 넣어준 거야.

동경   베개 넣어준 거!!

멸망   (이 상황에도 이러는 동경이 기막히고 웃기다. 참나… 픽 웃는데)

동경	웃어? 지금 이 상황에 웃음이 나와?
멸망	너도 웃잖아.
동경	(자기도 모르게 웃음 머금고 있다는 거 깨닫고는 잠시 멈칫)
멸망	너도 웃어 지금.
동경	(아씨… 창피… 바로 입매 가다듬고 팩 고개 돌리고 괜히 중얼) 어휴 관종. 숨을 거면 제대로 숨지. 힌트는 왜 줘.
멸망	(보다가) 참으려고 했는데.
동경	(그 말에 돌아보고) 뭐 얼마나 참으려고 했는데.
멸망	되도록 계속.
동경	(보다가) 니가 잊은 모양인데.
멸망	(보면)
동경	나한테는 계속이라고 할 만한 시간이 없어.
멸망	(가라앉아 가만히 보다가) 말할게.
동경	(보면)
멸망	말할게. 전부 다.

S#2. 끊어진 다리 위 (밤)

소녀신, 여전히 다리 끝에 홀로 앉아 돌탑 쌓고 있다. 맨 꼭대기에 돌멩이 아슬아슬하게 놓더니 문득 시선 돌려 옆에 놓인 자신의 화분 보는데. 빈 화분 속에 어느새 작은 싹이 터 있다! 소녀신, 묘한 미소로 화분 속 싹 바라보는데.

멸망	(E) 다 나 때문이야.

S#3. 병원 / 휴게실 (밤)

아무도 없는 한적한 휴게실. 전등도 드문드문 들어와 조도 낮다. 동경과 멸망, 한쪽에 나란히 앉아 있고.

멸망   (앞만 보며) 니가 부모님을 잃은 거, 니가 바다 앞에 앉아 있던 모든 시간들, 모든 불행들. 니가 아픈 거… 전부 다.

동경   (이어질 말 기다리듯 가만히 멸망 보는데)

멸망   (말 없고. 여전히 앞만 보고)

동경   (확) 하… 너는 언어교육을 다시 받아야 돼. 어째 말하는 게 전부 낱말 맞히기야. 힌트나 제대로 줘보든가. 가로야 세로야?

멸망   내가 존재해서 니가 불행한 거라고. (무겁게 보면)

동경   뭐 넌 겨울이고 어둠이고 끝이고 그러니까?

멸망   그래.

동경   야. 나 겨울 좋아해. 밤도 좋아. 끝도 좋아.

멸망   (예상외의 답에 보면)

동경   달리 말하면 봄도 아침도 시작도 다 너 때문이지. 내 불행도 행복도 다 너란 얘기야.

멸망   (그저 보면)

동경   뭐 병 주고 약 주고 하는 거지. 병 줄 땐 빡치고 약 줄 땐 고맙고. (픽 웃고) 비 맞기 싫지만 비는 필요하니까? (단단하게) 넌 그런 거라고 가서 말해.

멸망   누구한테.

동경   내 인생에서 내 인생으로 쫓아낸 애한테.

멸망   (보면)

동경   너 때문 아니야. 내가 그렇게 말했다고 전해.

멸망   (마음 쿵 해서 보는데)

동경	(손가락으로 가리키며) 오 나 정답이지. 가로든 세로든 내가 딱 맞혔지.
멸망	(픽. 보다가 슬쩍 손 들어 동경 머리칼 휙 헤집는데)
동경	(머리 감싸고) 야 이거 하지 마라. 이거 남자들 수작 부리는 짓인 거 나 다 알고 있는데.
멸망	(피식 웃는데)
동경	야, 나… (뭐라 말하려는데 !! 순간 표정 탁 멈춘다!!)
멸망	(뭐지? 해서 보는데)
동경	(직감적으로 자신이 뭔가 이상하다는 걸 알고 그대로 멸망의 팔 붙잡는데)
멸망	!! (동경에게 손 뻗으려는데)

그 순간 누군가 잡아채간 듯이 눈앞에서 휙 사라지는 동경!

| 멸망 | !! |

멸망, 잠시간 멈춰 있다가 그대로 일어나 어디론가 달려가는데.

S#4. 동경의 집 / 옥상 (밤)

멸망, 동경의 집 옥상으로 들어선다. 널려 있는 빨래들 사이에 누군가의 그림자가 보이고. 다급하게 다가가는 멸망. 빨래를 확 걷어 보면, 동경이 아닌 처음 보는 남자다.

멸망	!!
남자	누구세요?!
멸망	탁동경 어딨어.

남자   예? 누구요?

멸망, 대꾸 않고 그대로 열려 있던 현관문으로 들어서는데.

남자   어어?!

S#5. 동경의 집 / 거실 (밤)

거칠게 집 안으로 들어서는 멸망! 동경의 집과 전혀 다른 인테리어다. 뭔가
잘못됐다고 직감하는데.

S#6. 소녀신의 정원 (낮)

영원히 해가 지지 않을 듯한 쨍한 하늘 아래 끝없이 펼쳐진 정원. 세상에 존
재하는 모든 꽃들이 피어 있는 꽃밭 한가운데에 동경 서 있다.

동경   …여기가… (어디지? 하며 주변 천천히 둘러보는데)

보면, 저 앞에 누군가 쪼그려 앉아 바닥 보고 있다. 사복 차림의 소녀신이다.

소녀신   (뒤도 안 돌아보고) 또 보네.
동경   (뭐지? 누구지? 하고 보는데)
소녀신   (돌아보며) 이리 와. (손으로 까딱까딱 가볍게 부르는데)

S#7. 길거리 (밤)

선경, 누군가와 통화하며 걸어가고 있다.

선경   어, 상근쓰. 아 가고 있다니까. 아니아니 핫도그 말고 핫바! 야이씨
       핫도그랑 핫바는 다르지! 어어. 딱 사놔. 딱 간다. (하는데)
멸망   (불쑥 다가와 선경 앞 가로막고) 니네 누나 어딨어.
선경   아 깜짝이야. 누구세요?
멸망   탁동경 어디 갔냐고!
선경   예? 탁동경이 누군데요.
멸망   탁동경! 니 누나!
선경   (황당하고 쫄기도 했고) 누나? 저 누나 없는데요? 저 외동이에요.
멸망   (미치겠고)
선경   뭐야… (옆으로 지나가며 다시 통화하고) 어? 몰라. 갑자기 길 가던 사
       람이 나한테 누나 어딨내. 개무서워…
예지   (E) 네? 누구요?

S#8. 라이프스토리 / 사무실 (다음 날 낮)

편집팀원들, 자리에 앉은 채로 갑자기 들이닥친 멸망 바라보고 있다. 동경의
자리 비어 있다.

멸망   탁동경. 여기 없냐고.
예지   탁동경? (주변 보며 소근) 혹시 작가 중에 탁동경이라고 있어?
정민 다인   (도리도리)

주익, 때마침 미팅룸에서 나온다. 분위기 읽고 다가오는데.

주익   누구시죠?

멸망   (동경 자리 가리키며) 저기. 저기 앉아 있던 애. 탁동경!

주익   잘못 찾아오신 거 같은데.

멸망   (대꾸 않고 동경의 자리로 향하는데)

주익   (탁 멸망 잡고) 저기요.

멸망   (그대로 쳐내고 동경의 자리로 가는데)

동경의 자리, 책상 위 여기저기 붙어 있는 폴라로이드 사진들. 사진 속엔 동경이 아닌 여자가 환히 웃고 있다.

여자   누구…

멸망   (돌아보는데)

사진 속 여자가 영문 모른 채로 멸망 보고 있다.

여자   거기 제 자린데…

멸망, 허망한 표정으로 그 자리에 서 있고, 어리둥절한 표정의 편집팀이고.

S#9. 길거리 (낮)

수많은 사람들이 오가는 길 한복판에 우뚝 서 있는 멸망. 이 현실이 믿기지 않는다.

멸망   (NA) 아무도… 아무도 탁동경을 모른다. 탁동경은 이 세상에서 지
        워졌다.

두렵고 허망한 얼굴의 멸망. 곧 분노로 바뀌는데!

S#10. 소녀신의 정원 (낮)

쪼그려 앉아 화분 들여다보고 있는 소녀신 옆에 동경, 서 있다. 아직 이 상황
이 이해가 되지 않는 얼굴이고.

동경   여긴 어디야? 나 분명히 병원에서… (하다가) 꿈인가?
소녀신   꿈은 아니야. 그냥 내가 살짝 훔친 거지 널. (화분 가리키며) 애한테
        서.
동경   (보면)
소녀신   여기에 뭘 심었는지 궁금해했잖아.
동경   …이게 뭔데?
소녀신   (화분 들고 일어서며 생긋) 가능성. 너의 불행을 먹고 자랐지.
동경   (보면)
소녀신   보여주고 싶었어. 니 덕분이니까.
동경   내 덕분…?
소녀신   걔가 자기보다 남을 불쌍해한 건 처음이거든.

동경, 어렵다는 얼굴로 소녀신 바라본다. 마주 보며 웃는 소녀신인데.

S#11. 병원 / 복도 (낮)

거칠게 복도 들어서는 멸망. 소녀신의 병실 문 벌컥 여는데!

S#12. 병원 / 소녀신 병실 (낮)

소녀신은 없고 열린 창으로 들어오는 바람에 커튼만 유려하게 날린다. 비어 있는 침대엔 피노키오 책 펼쳐져 있다. 책 위에 소녀신이 쌓아둔 돌탑이 기묘한 모양으로 서 있고.

(피노키오 책 속, 푸른 요정과 피노키오의 대화다.)

그런데 어떻게 그렇게 빨리 어른이 되었어요?

그건 비밀이란다.

가르쳐주세요. 나도 빨리 자라고 싶어요. 난 언제나 이런 꼬마인걸요.

하지만, 넌 자랄 수가 없어.

왜요?

넌 어른이 될 자격이 없으니까.

싫어요. 꼭두각시 인형으로 일생을 보낸다는 건 따분해요. 빨리 어른이 되고 싶어요.

될 수도 있지. 그러려면 어른이 되는 자격을 갖춰야지.

어떻게 하면 되는데요?

아주 간단해. 언제나 착한 아이가 되려고 하면 되는 거야.

동경   (E) 너구나?

S#13. 소녀신의 정원 (낮)

소녀신 (보면)

동경 걔를 그렇게 만든 거. 걔를 쫓아낸 거. 내 모든 불행이 걔 탓이라고 말한 거.

소녀신 (가볍게) 맞아. 나야.

동경 왜 그랬어.

소녀신 널 위해서.

동경 무슨… 뜻이야?

소녀신 넌 어느 쪽을 선택해도 괴로울 테니까. 세상을 멸망시키든, 사랑하는 이를 죽이고 살아남든.

동경 !!

소녀신 하지만 난 그 애도 꽤 사랑하거든. 그래서 손 좀 쓴 거야.

동경 너… 대체 뭐야?

소녀신 나? 난 아주 오래된 질서야.

동경 (보면)

소녀신 아주 오래된 외톨이, 너희의 오랜 친구지.

동경 …

소녀신 그 애보다 더 오래 세상을 지켜봤고,

동경 …

소녀신 그 세상 속에서 언제나 니가 행복해지길 바랐어.

동경 그럼 그냥 행복하게 해주면 되잖아 니가. 걔도 나도.

소녀신 그게 무슨 의미가 있어? 아주 오래 모든 것을 손쉽게 니 맘대로 할 수 있게 된다면, 너도 알게 될 거야. 그런 건 아무 의미도 없다는 걸.

동경 그래서 나한테 원하는 게 뭔데.

소녀신, 말없이 동경 앞으로 한 발짝 더 다가가 동경의 병원복 주머니 쪽으로 손 뻗는다. 동경, 반사적으로 주춤하다가 어… 하고 보는데. 소녀신, 이윽고 주머니 속에서 무언가 꺼낸다. 보면, 소녀신이 동경에게 줬던 우주 모양 구슬 이다.

동경   그게 왜 여기…

소녀신   원하는 게 뭐냐고? 넌 뭔데? (구슬과 화분 둘 다 들어 보이며)

동경   !!

소녀신   (구슬 손에 쥐여주며) 이 안에 있는 모든 것의 운명이 단지 니 사랑 하
              나에 달려 있어. 무섭지 않아?

동경   (제 손에 든 구슬 보면)

소녀신   그 애 때문에 더는 불행해지지 마. 그 말 해주려고.

동경   (가만히 구슬 보고)

소녀신   (그런 동경 보는데)

동경   (곧 단단해진 눈빛으로 구슬 탁 쥐고) 아니?

소녀신   (보면)

동경   난 걔 때문에 불행해지지 않아. 그렇게 말하지 마. 걔한테도 나한
              테도. 난 걔 때문에 불행한 적 없으니까.

소녀신   (그 말에 작게 웃음 터지고) 난 늘 니 답이 마음에 들더라. 좀 직설적
              이긴 하지만.

소녀신, 저 멀리 어느 쪽을 손가락으로 가리킨다. 보면, 그저 꽃들이 가득 만 개해 있고.

소녀신   그 애한테 보내는 협박은 이 정도면 됐겠지. 가. 길 끝에 걔가 있어.

동경   !! (바로 길 쪽으로 몸 돌리는데)

소녀신   (뭔가 잊었다는 듯) 아.

동경   (멈칫 돌아보면)

소녀신   열기 전엔 가볍게 노크. 알지?

동경, 소녀신을 잠시 보다가 다시 뒤돌아 걷기 시작한다. 바람 한 점 없이 고
요한 꽃길을 걷는 동경. 길 끝에 문 하나 서 있다. 문 앞에 서서 문고리를 잡으
려다 멈칫. 다시 조심스레 노크하려 손 뻗는데.

S#14. 멸망의 집 / 거실 (밤)

멸망, 제 집 한가운데에 덩그러니 홀로 앉아 있다. 꼭 멸망이 사라졌을 때의
동경처럼. 그때 현관문 쪽에서 똑똑, 작게 노크 소리 들린다. 뭐지? 멸망, 다
가가 문 열면, 동경이 그 앞에 서 있다!

멸망   !!

동경   !! 와… 진짜… 진짜 있네… 니가…

멸망   (그저 보는데)

동경   안녕… (어색한 미소 짓고)

멸망   너 뭐야, 너 도대체…

동경   나도 몰라. 그냥 눈 뜨니까 여기였는데 쟤가 여기로 쭉 걸어가라길
          래… (하며 뒤돌아보는데)

본래의 현관 밖 멸망의 정원만 펼쳐져 있다.

동경   어? (뭐지…)

동경, 자기도 모르게 홀린 듯 정원으로 나가려 하면, 그 순간 멸망이 동경을

와락 안는다!

S#15. 멸망의 집 + 동경의 집 (밤)

멸망과 동경, 소파에 나란히 앉아 있다.

멸망   신의 정원.

동경   (뭐? 하고 보면)

멸망   신의 정원이라고. 니가 있었던 데가.

동경   (꿈뻑꿈뻑 사태 파악하고 있다가) 와씨… 걔가 진짜 신이야?

멸망   (대답 없음으로 대답하고)

동경   잘됐네.

멸망   (보면)

동경   내가 아니라고 해줬거든. 내가 불행한 거 절대 너 때문 아니라고. (하다 돌이켜 생각하며) 아니 절대라고 내가 말했나 안 했나. 심정상 으론 한 기분인데.

멸망   (픽 웃고) 그랬더니 뭐래.

동경   웃던데. 뭘 쪼개? 쪼끄만 게.

멸망   웃겠지. 나도 웃긴데. 겁도 없다 넌.

동경   겁이 없겠냐? 솔직히 진짜 무서웠거든. 와 여기가 천국인가 지옥인 가 나는 막 그랬거든? 그래도 할 말은 해야겠더라.

멸망   (보다가) 나도 그렇더라.

동경   (무슨 말인가 싶어 보면)

멸망   무섭더라. 아무도 널 기억 못 해서.

동경   (마음 쿵 하는데)

둘 사이 분위기 묘해지고. 가만히 서로 눈을 바라보는데. 꼭 키스할 것처럼 조금씩 어색해지는 찰나,

선경   (E) 누나!!!

선경의 목소리와 함께 동경의 집 현관문 벌컥 열리고 선경 들어선다!!

동경   !!
멸망   (물끄러미 보고)
선경   내가 이럴 줄 알았다!! 병원 탈출해서 고작 온 데가 집… 이 왜 이
         래?!!

선경, 그제야 동경의 집과 붙어 있는 멸망의 집 보고는 화들짝 놀라 돌아보고.

선경   (우왕좌왕하며) 이거 뭐야!! 여기 뭐야!!
동경   …망했네.

동경, 골치 아프다는 듯 한숨 쉬고.

S#16. 멸망의 집 / 거실 (밤)

멸망의 집에 셋 둘러 앉아 있고. 선경, 골치 아픈 듯 고개 숙이고 이마께 손으로 꾹꾹 누르고 있다. 동경, 그런 선경 눈치 보고. 멸망, 무슨 생각 하는지 모를 얼굴로 선경 보고 있는데.

선경   그니까… 형님이 막 신 그런 거라고?

멸망	신 아니고 멸망.
선경	아니 뭐 그게 그거지.
동경	그게 또 그게 그거는 아니더라. 내가 보니까.
멸망	뭐 쟤가 이해하기엔 그 개념이 제일 쉽겠지.
동경	그른가?
선경	하… 이 사람들이 지금 사람을 뭘로 보고!! 적당히들 해. 내가 바본 줄 알아? 지금 나 놀리는 거지? 당신들 누구야!! (날카로운 눈빛) (NA) 탁선경 정신 똑바로 차려. 이런 거에 넘어가면 안 돼.
멸망	(그대로 따라하는) 탁선경 정신 똑바로 차려. 이런 거에 넘어가면 안 돼.
선경	(헉! 놀라 입 턱 막고) 뭐야! 내가 말했나?! (NA) 아냐 아냐… 이건 우연의 일치야. 우연의 일치!
멸망	아니야. 이건 우연의 일치야. 우연의 일치. 남매가 참 우연의 일치를 좋아하네?
선경	(화들짝 놀라서) 지금 내 마음이 보이는 거야? 보지 마요! 내 마음!
동경	따지자면 본다기보다는 들리는 쪽에 더 가깝대.
멸망	그렇지.
선경	듣지 마!!
멸망	(동경에게) 너 짰어? 얘랑?
선경	내가 미쳤나? 막 너무 힘들어서 돌아버렸나? 누나! 나 봐봐. 나 제정신처럼 보여?
동경	(평온하게 손가락 두 개 펴 보이며) 이거 봐봐. 이거 몇 개야.
선경	두 개.
동경	(헉 괜히 놀라는 척) 이게 두 개로 보여? 세 갠데.
선경	세 개야???
동경	(선경 머리 톡 치고) 두 개지 인마. 내가 아직도 니 누나로 보이니…?
선경	(희!! 울먹…)

멸망	애 울겠다. 나보다 더 하네.
동경	아 어떻게 좀 해봐. 얘는 감당 못 해.
멸망	너처럼 받아들여야지 내가 뭘 어떻게 해.
동경	너 맨날 하던 거 있잖아.
멸망	맨날 하던 거 뭐. 모르겠는데.
선경	진짜… 신이에요…? 진짜 멸망 뭐 그런 거예요?
동경 멸망	(투닥대다가 그 말에 선경 보면)
선경	그런 거면… 설마 우리 누나 데려가려고 온 거예요? (울먹)
동경	(예상치 못한 말에 놀라) 아니 뭔 또 얘기가 그쪽으로 가.
멸망	(바로) 아니. 살려주러 왔어.
동경	!
선경	진짜요?! 진짜 살려줄 거예요? 헐 역시 기도한 보람이 있구나.
멸망	기도 때문은 아니야. 니 기도는 나한테 안 오고 다른 데로 가서.
선경	와… 그것도 막 부서가 나눠져 있고 그래요?
멸망	어. 그러니까, 일단 다 잊고 좀 자.
선경	네?
멸망	(선경 눈 들여다보며) 다 잊고. 좀 자라고.

하는 순간 선경, 스르르 눈 감더니 테이블 위에 툭 엎어지고.

멸망	어떻게 좀 했다.

동경, 복잡한 얼굴로 보고 있는데.

S#17. 병원 / 병실 (밤)

엎어진 자세 그대로 병원 침대에서 자고 있는 선경. 이내 잠에서 깨어난다.
잠이 덜 깬 듯 눈 끔뻑이는데. 어느새 사복으로 갈아입은 동경이 그런 선경
걱정스레 보고 있고. 소파엔 멸망이 심드렁하게 앉아 있다.

동경   깼어?

선경   (그제야 번뜩) 누나!!!! (벌떡 일어나 껴안고)

동경   (토닥이고)

선경   (울먹이며) 누나 괜찮아? 나는 진짜 누나 전화 받자마자 너무 놀래
       가지고 이대로 누나 못 보는 줄 알고 나느으은…

멸망   그러게 왜 애를 걱정시키고.

동경   (이게 다 누구 때문인데 확 째려보며)

선경   (멸망 돌아보며) 형님 있었어요? (멸망에게 엉거주춤 안기려 다가가며
       울먹) 형니이임 왜 이제 오신 거예요. 나 혼자 얼마나 무서웠는데
       에…

멸망   (피하고)

선경   (다가가고)

멸망   (또 피하고)

선경   (주춤하다가 번뜩) 와… 근데 나 왜 방금까지 형님이랑 같이 있었던
       거 같지?

동경   (뜨끔)

멸망   꿈꿨나 보네.

선경   꿈…?

멸망   처남이 나를 많이 좋아하는구나?

선경   네… 좋아해요…

동경   (휴… 다행) 고백 끝났으면 가자.

선경	가? 어딜?
동경	집.
선경	아 집. (하다 화들짝) 집을 왜 가? 그리고 보니까 누나 옷 왜 갈아입었어?!
동경	나 이제 괜찮아.
선경	괜찮긴 뭐가 괜찮아! 선생님이 검사도 받아야 된다고 했는데!!
멸망	처남.
선경	형님 말려봐요!! (하다가 낌새 눈치 채고) 뭐야. 형님도 한패야? 아 안 가!! 나 절대 안 가!! 여기서 한 발짝도 못 움직여!!
멸망	처남?
선경	형님까지 진짜 왜 이래요!! 이런 식이면 나 진짜, (하는데)
멸망	나 의사야.
동경	?!
선경	(뚝 굳고) 의사?

그 순간, "탁동경!!" 우렁찬 소리와 함께 병실 문 박차고 들어서는 누군가. 지나다!

동경	(놀라서) 언니?? (하다 금방 알아채고 선경 째려보고)
선경	(흭 쫄아서) 나 아니야! 난 그냥 이미 알고 계시길래 '그렇습니다, 사실입니다' 밖에 안 했어!
멸망	(중얼) 집에 가긴 텄네.

지나, 무서운 눈빛으로 동경에게 성큼성큼 다가오고 동경, 자기도 모르게 쪼그라드는데.

| 지나 | 야… 탁동경… |

동경	아니 언니… 내가 다 사정이… 내가 진짜 말하려고 했는데…
지나	너… 진짜…
동경	진짜야. 막 몇 번이나 그러려고 했는데, (하는데)
지나	(동경 양쪽 어깨 탁 잡고) 너 뭐 먹고 싶어.
동경	?!
지나	너 뭐 하고 싶어! 뭐 갖고 싶어! 어디 가고 싶냐고!!
동경	(지나 마음 알겠고… 뭉클한데)
지나	내가 지금부터 다 해줄 거야 너.
동경	…
지나	(울컥) 그니까 다 말해! 말만 해! 뭐 해줄까 내가!!

S#18. 멸망 차 안 (밤)

지나	(흐어어엉 울며) 야!! 어떻게 이럴 수 있냐!! 어떻게 이걸 이런 식으로 쓰냐고!!

운전석에 멸망, 조수석에 동경, 뒷좌석에는 지나, 선경 나란히 앉아 있다. 지나, 꼭 전에 선경이 했던 짓 하고 있다. 동경, 선경, 멸망은 익숙한 듯 일상적인 얼굴로 앉아 있다.

동경	언니가 다 해준다며. 나 진짜로 집 가고 싶어. 나 괜찮다니까. (멸망 툭툭 치며) 좌회전, 좌회전.
멸망	알아.
지나	내가 안 괜찮아! (앞으로 몸 쑥 내밀며) 차 돌려!! (안전벨트에 텅 걸려 다시 뒤로 돌아오며) 차 돌리라고!!
선경	누나 제발 진정 좀 하세요! 다 큰 어른이!

멸망	시끄러워서 운전을 못 하겠네. 이러다 넷 다 죽겠다.
지나 선경	죽는다는 말 하지 마요!!
멸망	주로 주변에 저런 사람들만 두는 편인가봐?
지나	(홀쩍대다가 생각해보니까 열 받아서) 아니 근데 아까부터 거슬렸는데 저분은 누구신데 자꾸 나한테 말을 툭툭 놔?
멸망	말 건 적 없는데.
지나	(말문 턱 막히고) 허.
동경	(째려보며) 야! 언니 미안. 얘가 워낙 습관성으로 시비를 걸어가지고.
지나	아니 저기요. 누구시냐고요. 예?!
선경	누님 이게 그렇게 감정적으로 해결할 일이 아니라니까요. 제가 다 해봐서 알거든요? 그니까 일단, (하는데)
지나	시끄러 이 시끼야!! (하다 울컥 서러움 또 몰려오고 흐어어엉 우는데)

멸망의 차, 부웅 속도 내고.

S#19. 동경의 집 / 거실 (밤)

지나	병원에선 정확히 뭐라는데.

지나, 거의 탈진해 소파에 드러누워 있다. 동경, 지나 머리 위에 적신 수건 얹어주고. 멸망, 멀찍이 좀 떨어져 앉아 그 꼴 심드렁하게 보고 있고. 선경, 동경 옆에 붙어 앉아 있다.

동경	교모세포종이고, 뭐 한 삼 개월 남았… 아니다. 이젠 이 개월쯤 남았겠다.
지나	(벌떡 몸 일으키고) 당장 일어나. 당장 병원 가. 병원 가서 수술하자.

선경	누님 사실 저기 계신 형님이 의산데, (하는데)
지나	의사고 자시고!! 야!! 넌 동생이라는 게 말릴 생각을 해야지 뭐 하는 거야! (하는데)
동경	(차분히) 수술한다고 산다는 보장 있어?
지나 선경	(동시에 휙 동경 보는데)
동경	(담담히) 수술하다가 죽을 수도 있어. 그대로.
지나 / 선경	야!! / 누나!!
멸망	(보다가) 살려줄게.
동경	!!
지나	(놀라 휙 멸망 보고)
멸망	내가 살려줄 거야. 쟤.

동경, 도대체 쟤가 무슨 생각인가 복잡한 심경이다. 선경만 뿌듯한 얼굴로 끄덕이고 있는데.

멸망	(동경에게) 뭘 그렇게 놀라. 처음 한 말도 아닌데.
지나	(시선 뚫어져라 멸망 보면서 확 선경 잡고 큰소리로 귓속말) 야 저거 대체 누구야. 누군데 자꾸 반말하면서 멋있는 척해.
멸망	들리는데.
선경	(멸망 쳐다보며 큰소리로 귓속말) 누나 남친인데 의사래요.
멸망	크게 들리는데.
지나	(확 선경 보더니) 의사? 확실해? 확인해봤어?
선경	어… 확인은 안 해봤는데 남친인 건 확실해요. 그것도 어엄청 사랑하는 사이.
지나	뭐?! 그럴 리 없어. 그런 게 생겼으면 탁동경이 재깍재깍 나한테 말, (하다 허어업 입 틀어막고) 그 사람이구나! 그 병원!! 그 장례식장!! 탁동경이 사랑하고 싶다던 그!

멸망	(픽 동경 보며) 내 얘기 많이 하고 다녔구나?
동경	(이씨… 괜히 창피하고)
선경	뭐야? 장례식장은 또 뭐야? 왜 나는 몰라?
지나	넌 대체 아는 게 뭐야! (하다가) 하긴 뭘 알겠어 니가. 이런 일이 생기면 바로 나한테 연락해야 한다는 것도 몰랐던 놈인데.
선경	아니 몰랐던 게 아니라 누나가 말하지 말라고 했다니까요!!
지나	니가 언제부터 니네 누나 말을 그렇게 잘 들었어!!
선경	그래도 했잖아요 내가!! 우리 누나가 하지 말라고 했는데!!
지나	와 눈도 똑바로 못 보던 게 이제 소리까지 지르네? 야 너 많이 컸다? 어?
동경	(후… 보다가) 그만!!
지나 선경	(딱 멈추고)
동경	둘 다 이제 가.
지나	가라고? 어떻게 둘. (멸망 선경 가리키며) 이렇게 둘?
동경	(선경 지나 가리키며) 이렇게 둘.
지나	나 못 가. 내가 너 혼자 두고 어떻게 가!
동경	혼자 아니야.
지나	?!
동경	(멸망 가리키며) 나 얘랑 같이 살아. 얘랑 같이 잘 거야 오늘도.
지나	뭐어?!!

S#20. 골목길 (밤)

지나와 선경, 골목길 같이 걸어 내려가고 있다.

| 지나 | 하… 저렇게 진취적인 앤 줄 몰랐는데… |

선경	누나 아프고 나서 좀 변했어요. 근데 그래도 되지 뭐. 저 형 울 누나 아픈 거 처음부터 다 알고도 만났대요.
지나	야. 탁선경.
선경	(반사적으로 쫄아서) 예?
지나	너도 좀 변했다?
선경	예? 제가요? 아니요? 저 진짜 한결같은 사람인데요?
지나	아까 얘기하다가 말았는데. (하며 손 뻗고)
선경	(힉 놀래서 움츠리는데)
지나	(어깨 툭툭) 많이 컸어 진짜. 잘 컸다.
선경	(예상외의 말이고) …네?
지나	고생했다고. 혼자. 속앓이 하면서.
선경	(뭔가 마음 찡한데)
지나	앞으로는 같이 고생하자. 각자 위치에서 최선을 다해서 고생하자. 오케이? 너도 혼자라고 너무 겁먹지 말고. 탁동경 동생이면 내 동생이나 마찬가지니까.
선경	(울컥… 고개만 끄덕끄덕)
지나	그니까 옆에서 보다가 뭔 일 생기면 좀 바로바로 연락하고 시끼야!! 어? 연락 안 하면 손가락 다 분질러버릴라니까.
선경	아니 나는 진짜 억울하다니까!!!
지나	까아?!
선경	요!! 까요!!

아옹다옹하며 걸어가는 두 사람이고.

S#21. 동경의 집 / 거실 (밤)

동경, 밀린 집안일 하고 있다. 그릇 정리하고, 쓰레기 정리하고, 꽃병에 꽂아 둔 시든 튤립 꺼내 쓰레기통에 버린다. 그대로 쓰레기 밖에 내놓고 다시 돌아 오고 혼자 분주하다. 멸망, 한쪽에 앉아서 그 모습 보고 있고.

동경   (손 탁탁 털고 허리에 손 착 올리더니) 와… 정신없어. 정신없는 와중
        에도 집안일은 해야 돼. 와 억울해.

멸망   그러게 왜 일을 만들어.

동경   나 때문이라고? 너 때문이잖아! 니가 사라져서!

멸망   니가 이렇게까지 터프하게 나올 줄은 몰라서.

동경   조심해라. 너 또 말 안 들으면, (하는데)

멸망   니가 너를 인질로 쓸 줄은 몰라서.

동경   !

멸망   그게 나한테 먹힐 줄도 몰라서.

동경   (보다가) 넌 왜 이렇게 모르는 게 많아?

멸망   그러게.

동경   아주 가르쳐야 될 게 산더미구만. (하는데)

멸망   (가만히 동경에게 손 내밀고)

동경   (보면)

멸망   손.

동경   (보다가 내밀면)

멸망, 동경 손목 부드럽게 쥐었다 펴고. 보면, 어느새 실팔찌 채워져 있다. 멸 망, 손 떼려는데 동경 그대로 손 뻗어 멸망의 손 탁 붙잡고.

멸망   (보면)

동경	같이 살자.
멸망	(보고)
동경	계속 같이 살자.
멸망	(보고)
동경	오늘도… 같이 자고.
멸망	(픽 웃는데)

S#22. 동경의 집 + 멸망의 집 (밤)

동경과 멸망, 각자의 소파에 누워 있다. 동경, 잠든 듯 모로 누워 있고. 멸망, 그저 뜬눈으로 가만히 천장 보다가 결국 몸 일으킨다. 자기 집 현관으로 향하기 전 동경 한번 뒤돌아보고. 다시 시선 돌려 자신의 집 현관문 열고 밖으로 나간다. 끼익, 탕. 문 닫히자 가만히 눈 뜨는 동경인데. 동경, 소녀신의 말 떠올린다.

/ 소녀신   (구슬을 손에 쥐여주며) 이 안에 있는 모든 것의 운명이 단지 니 사랑 하나에 달려 있어. 무섭지 않아?

뻗은 한쪽 손목에 걸려 있는 빨간 팔찌. 주먹 가볍게 쥐고 있다. 그러다 천천히 쥔 손 펴면 소녀신이 건네준 우주 모양 구슬 드러나는데. 복잡한 마음으로 팔찌와 구슬 바라보는 동경이고.

S#23. 멸망의 정원 (밤)

멸망, 정원에 황량하게 서 있고. 저만치 소녀신 마주 서 있다. 소녀신 손에는 동경이 버린 시든 튤립 들고 있고.

소녀신   좋은 밤이네.
멸망   즐거워?
소녀신   나쁘진 않아.
멸망   다신 걔한테 손 대지마.
소녀신   난 걔한테 손댄 적 없어. 그냥 너한테 손댄 거지.
멸망   도대체 뭘 바라는데.
소녀신   내가 틀렸더라.
멸망   (보면)
소녀신   너 걔한테 사랑받고 있더라.
멸망   (마음 쿵. 복잡한데)
소녀신   (재밌어하며) 나 걔한테 혼났잖아. 자기는 너 때문에 불행한 적 없
         대.
멸망   (보면)
소녀신   난 늘 내가 틀리길 바라. 너희들이 맞았으면 좋겠어. (안쓰럽게 보며
         웃고)
멸망   하지만 늘 우리가 틀리지. 당신이 맞고.

소녀신, 다른 손으로 튤립 슥 가려서 위로 쓰다듬어 올리면 어느새 시든 튤립
생생해진다.

소녀신   (걸어와 멸망에게 꽃 내밀고) 헛된 희망도 희망이야. 헛된 사랑도 사
         랑이고.

멸망, 읽히지 않는 얼굴로 그저 꽃 바라보며 서 있는데.

S#24. 라이프스토리 / 탕비실 (다음 날 낮)

편집팀, 탕비실에서 커피 마시며 앉아 있다.

다인   (주익에게) 전화는 해보셨어요? 주임님한테…

주익   대표 전화도 안 받을 앤데 내 전화라고 받을까.

예지   하… 미치겠네…

정민   저라도 해볼까요?

다인   (중얼) 저 미친 자신감…

정민   그럼 다 같이 병문안이라도 갈까요?

예지   걔가 잘도 문 열어주겠다.

주익   시간이 좀 필요할 거야. 걔한테도, 우리한테도.

주익 말에 다들 숙연해지는데.

정민   탁주임님… 지금쯤 많이 힘드시겠죠… 뭐 하고 계실까요…

동경   (E) (〈작은 것들을 위한 시〉 콧노래로 흥얼거리는)

S#25. 동경의 집 / 거실 (낮)

동경, 드러누워서 대충 시리얼바 까서 우물우물 먹으며 TV 보고 있다. 화면에는 예능(〈도레미마켓〉) 재방송 틀어져 있고. 음악 퀴즈가 한창인데. 방탄소년단의 〈작은 것들을 위한 시〉이다.

동경   (열심히 또박또박 부르며) 이제 여긴 너무 높아!! 뜨르르른 르른른 싫어~~

멸망   (책 읽다 한심한 듯 보는데)

동경   너무 높아!! 너무 높아 맞지! 아 뒤는 못 들었어!! 너 들었어? (리모
         컨 집어 들고 볼륨 높이면)

멸망   야 손이라도 닦고 리모컨 만져.

동경   (TV에만 집중하며 대충) 이거 손에 안 묻어. 되게 깔끔해 이거. (시리
         얼바 씹고)

멸망   (절레절레… 다시 책 보는)

동경   (흥얼) 오마마마 오마마마이~ 니 전부를 함께하고 싶어~ (확 돌아보
         고) 야 근데 뭘 또 너는 그새 꽃을 사오고 그르냐.

보면, 꽃병에 노란 튤립 꽂혀 있다.

멸망   사온 거 아니야.

동경   그럼?

멸망   주웠어.

동경   (피실피실 웃음 나고) 어디서 본 건 있어가지고.

멸망   (보면)

동경   오다 주웠다 이런 건 또 어떻게 배웠대. 참나…

멸망   (왜 저래… 절레절레)

그때 동경의 핸드폰 울린다. 별생각 없이 화면 보는데. 예상치 못한 이름에
놀란 동경. 전화 건 사람, 달고나 작가(**달고나 작가님**)다.

동경   (리모컨으로 급히 볼륨 줄이며 전화 받는) 네, 작가님.

S#26. 달고나의 집 (낮)

달고나   얘기 들었어요.

동경, 약간 어색한 듯이 달고나 작업실 거실에 앉아 있다. 달고나, 머그컵 두 개 가져와 동경의 앞, 하나는 자신의 앞에 두며 앉는다.

달고나   지조킹 그 인간이랑 회식 때 한판 했다며. 괜히 나 때문에.
동경   (화들짝) 작가님 때문이라뇨. 절대 작가님 때문 아니에요.
달고나   나 때문이지 뭐. 그만뒀다며. 그래서 나도 그만뒀어요.
동경   네?
달고나   라이프스토리랑 재계약 안 하겠다고 했거든. 재계약도 뭐 사실 경과가 좋아야 할 수 있지만.
동경   무슨…
달고나   (아무렇지도 않게) 나 다음 달에 수술해요. 항암하면서 버텨볼 거야. 꼭 쓰고 싶은 얘기가 생겨서.
동경   !
달고나   이거 제대로 써서 드라마 원작으로 팔려구. 로맨스 학원물. 주인공도 내 맘대로 정했고. (호록 커피 마시는데)

그때 자연스럽게 동경의 시선에 달고나가 들고 있는 머그컵 들어오고. 보면, 머그컵에 박영 사진 프린트돼 있다.

동경   음?!

동경, 화들짝 놀라 자기가 들고 있는 컵도 보는데 똑같은 디자인이고.

달고나	(아무렇지도 않게) 어. 걔 맞아. 내 맘대로 정한 내 주인공.
동경	(머그컵 들어 박영의 얼굴 보며 사태 파악하고 있는데)
달고나	웃겨요? 아줌마가 이런 거나 좋아해서?
동경	네?! 아니요?
달고나	웃겨도 상관없어. 근데 나 웃게 하는 거 요즘 얘밖에 없거든.
동경	(보다가 단단하게) 안 웃겨요. 하나도 안 웃겨요. 그게 뭐가 웃겨요. 되게… 대단한데…
달고나	(가만히 보다가 픽) 다 쓰면 편집자님 제일 먼저 보여줄게요. 어… 대충 내년쯤? 그쯤이면 우리 둘 다 수술도 끝났을 테니까. 원래 벚꽃 필 때쯤 마음 살랑살랑하니 로맨스 잘 팔리잖아.
동경	작가님, 저는… (하는데)
달고나	편집자님, 있잖아. 웃을 게 많아지면 되게 살고 싶어진다?
동경	!!
달고나	그니까 편집자님도 사랑을 해. 편집자님을 웃게 하는 사랑.

동경, 생각 많은 얼굴로 가만히 앉아 있는데.

S#27. 달고나의 집 앞 (낮)

동경, 아파트 정문 터덜터덜 걸어나온다. 그러다 문득 시선 들어 보면 저만치 앞에 멸망 무심하게 서 있다.

동경	(탁 걸음 멈추고) 뭐야?
멸망	뭐가.
동경	(다가가며) 너 여기 왜 있어?
멸망	데리러 왔어.

동경   데리러 왔다고?

멸망   너 어디 도망갈까봐.

동경   (웃음 터지고) 웃기고 있네.

멸망   웃겼으면 다행이고.

동경, 가만히 보다가 멸망의 손잡는데. 그대로 걸어나간다. 멸망, 얼결에 그대로 같이 걸어가고. 손잡은 채로 나란히 걸어가는 둘이고.

동경   야 오해하지 마라. 이거는, (하는데)

멸망   알아. 충전.

동경   (푸하) 아니거든? 잡고 싶어서 잡고 있는 거거든?

멸망   (물끄러미 동경 보는데)

동경   (거리 풍경 보며) 너 그거 알아? 여기 봄 되면 사람들 엄청 온다?

멸망   왜.

동경   벚꽃 보려고. 여기서부터 저~기까지 다 벚꽃이거든.

멸망   (가만히 거리 풍경 보는데)

동경   이럴 줄 알았으면 저번 봄에 꽃놀이나 실컷 다닐걸. (담담히) 그게 마지막일 줄도 모르고.

그때, 동경의 눈앞에 벚꽃잎 하나가 살랑살랑 내린다. 동경, 어? 하고 올려다보면 마법처럼 가로수에 벚꽃들이 흐드러지게 펴 있는데. 완연한 봄 풍경이고.

동경   (놀라 우뚝 서서) 이게 뭐야? 니가 한 거야?

멸망   어.

동경   (넋이 나가서) 와… 진짜 봄 같애…

멸망   진짜 봄이야. 잠깐뿐이지만.

동경   (뭔 소리야? 싶어 보면)

멸망   시간을 잠깐 거슬러 온 거야. 뭐, 별거 아냐.

동경   (익숙한 멘트에 픽 웃음 나고) 그래 너 잘났다. (그러다 가만히 벚꽃 올려
         다보며) 와… 진짜 너무 예쁘다… (활짝 웃는데)

멸망   (이렇게 환히 웃는 동경을 본 적이 있었나. 괜히 마음 일렁이는데)

동경   (그런 멸망의 마음 모른 채 떠드는) 나 봄은 맨날 좋은 기억밖에 없다?
         옛날에 딱 이렇게 벚꽃 폈을 때 엄마 아빠랑 선경이랑 관람차 타고
         사진 찍은 적이 있었는데… 와. 나 딱 그날만큼 행복해. 지금.

멸망   (재잘재잘 떠드는 동경을 가만히 보는데)

동경   (그러다 문득 멸망 보더니) 야.

멸망   (보면)

동경   (보고)

멸망   (보는데)

둘의 머리 위로 비처럼 떨어지는 벚꽃잎들.

동경   (툭) 좋아해.

멸망   !!

그 순간, 다시 원래의 겨울 길거리로 돌아온다. 멸망, 굳은 채로 서 있는데.

동경   (개의치 않고 멸망만 곧게 바라보며) 좋아한다고. 나 너.

멸망   (무슨 말을 해야 할지도 모르겠고 그저 보는데)

동경   (아무렇지도 않게 환히 웃으며) 아. 속 시원하다. 야. 나 간다!! (뒷걸음
         질 치며) 나 오늘 집에 안 들어가!! 언니 집에서 자고 갈 거야!! (뒤로
         가며 멸망에게 미소 지으며 손 흔들어 보이고는 뒤돌아 아무 일도 없다는
         듯이 걸어가는데)

멸망, 그저 못 박힌 듯 그 자리에 서서 사라지는 동경의 뒷모습 바라보고.

S#28. 지나의 집 / 거실 (밤)

노트북 앞에 앉아 있던 지나. 담배 하나 물고 소파에 턱 앉는다. 불 붙이려던 순간, 띠띠띠 빠르게 도어락 비밀번호 누르는 소리 들리고. 이윽고 벌컥 열리는 문. 동경이다.

지나   (입에 담배 문 채로) ?!

동경   !! (화다닥 들어오며) 언니!! 입에 문 거 뭐야!!

지나   (어정쩡하게 담배 빼며) 아… 아니 아직 불도 안 붙였어!! 물기만 했
          어 물기만.

동경   (담배 확 뺏어 들어 지나 눈앞에 흔들며) 내가 담배 피우지 말라고 했
          지!! 일찍 죽는다고 끊으라고 했지!!

지나   (겸연쩍다) 아니 나는 니가 올 줄 몰랐지… (하다 번뜩) 무슨 일 있어?
          너 어디 아파?

동경   갑자기 언니 보고 싶어서.

지나   !

동경   언니가 너무너무 보고 싶어 죽겠어서.

지나   죽는단 말 하지 마! 너!

동경   언니가 나 하고 싶은 거 다 해준댔지.

지나   (바로) 어. 뭐 해줄까. 말만 해.

동경   평소대로 대해줘.

지나   어?

동경   나 아픈 거 싹 다 잊고 평소대로 막 같이 아무 말이나 하고 같이 아
          무거나 먹고 가끔 나 막 갈구고, 그렇게 해달라고.

지나	(마음 찡해 보면)
동경	나 언니한테 그거 제일 받고 싶어.
지나	(보는)
동경	(보는)
지나	(평소대로 툭) 배고프다. 족발이나 하나 시켜?
동경	족발 좋지.
지나	중자, 대자.
동경	아 대자지 무조건. 막국수 추가.
지나	콜.

S#29. 마트 (밤)

주익과 현규, 카트 끌며 마트에서 장 보고 있다.

현규	(카트에 맥주 넣으며) 아유 우리 형님이랑 알콩달콩 장 보는 것도 오랜만이네.
주익	(바로 자연스럽게 맥주 빼며) 너 먹을 건 니가 해. (시선도 안 주고 카트 밀고)
현규	(다시 옆에 있는 맥주 넣으며) 형 근데 그 여자 누구야?
주익	(멈칫)
현규	(통했군 싶고. 안주도 슬쩍 넣으며) 그, 접때 회사 앞에서. 사이 좋아 보이던데.

S#30. 회상. 라이프스토리 건물 앞 (낮)

7부 S#38에 이어서. 주익과 현규, 지나를 사이에 두고 눈 딱 마주치는데. 굳
은 얼굴로 주익을 보던 현규, 잠시 후에 씩 웃어 보인다. 현규, 그대로 지나 알
아보지 못하고 카페 안으로 들어가는데.

지나   왜요?

주익   뒤에 차 와서요.

지나   차? (뒤돌아보면) 무슨 차요? 차 없는데?

주익   있었어요. 아까. (몸 돌려 차 향하고)

지나   (따라오며) 나 치일 뻔한 거예요?

주익   뭐… 같이 치일 뻔했죠.

S#31. 다시 현재. 마트 (밤)

현규   아 내가 훔쳐보려고 했는데 손님 와가지고 얼굴 못 봤잖아.

주익   (말없이 카트 끌고)

현규   나 소개 안 시켜줘?

주익   그런 거 아니야.

현규   그런 거 아니면 뭔데.

주익   그냥.

현규   그냥 뭔데.

주익   그냥. 작가.

현규   구라치지 마라. 내가 형 얼굴을 봤는데.

주익   (보면)

현규   형은 꼭 그러더라. 꼭 행동해놓고 뒤에 알더라. 마음이 머리를 늦

게 따라가나봐.

주익   (뭔가 마음 쿵 하는데)

현규   머리가 너무 좋아도 탈, (하는데)

현규한테 전화 온다.

현규   (받고) 어. 무슨 일, (하다가) 어? 어어. (끊고) 형 나 가봐야겠다.

주익   어딜.

현규   애한테 전화 왔는데 제정신 아닌 거 같애. 울고불고 난리네.

주익   애?

현규   선경이. 갈게. (가며) 이따가 집에서 봐.

주익   야.

주익, 가는 현규 보다가 카트에서 천천히 현규가 넣은 술과 안주 다시 꺼내 진열대에 두는데.

선경   (E) 언제나 내겐 오랜 친구 같은~ 사랑스런~~ 누이가 있어요~

S#32. 코인노래방 (밤)

선경, 술 취한 채로 거의 울먹이며 엉망진창 노래 부르고 있다.

선경   보면 볼수록 매력이 넘치는 내가 제일 좋아하는 누이!! 마음이 외
로워 하소연할 때도 사랑으로 내게 다가와!! 흑흑… 예쁜 미소로
예쁜 마음으로 흑 내 마음을 달래주던 누이~~ 누나!!!!! 흑흑

그때, 문 열리며 현규 들어선다.

현규	야이씨. 전화 왜 안 받아?
선경	어? 사장님이 여긴 어쩐 일이세요…?
현규	(노래 끄고) 니가 불렀잖아.
선경	제가요? 제가 불렀나요? 아 제가 불렀구나…
현규	이게 완전 맛이 갔네. 왜. 무슨 일인데.
선경	사장님… 사장님!!! (흑흑 하며 안기고)
현규	(토닥이면서) 왜. 너 혹시 여자한테 차였냐?
선경	사장님은 후회할 짓 하지 마세요…
현규	(멈칫하는데)
선경	사장님… 있잖아요. 나중에 이런 거 다 필요 없더라… 지금 해야 돼. 지금 안 하면 후회해. 그니까 나중나중 하지 말고 지금지금 하면서 살아 사장님… 알았지?
현규	…
선경	진짜 후회해. 사는 내내 후회해… 계속 후회할 거야… 진짜진짜…
현규	(보다가) …근데 너 왜 반말하냐.
선경	(모르는 척 다른 쪽으로 고개 돌리며) 아… 취한다…
현규	(뭔가 생각이 많아지는 얼굴인데)

S#33. 지나의 집 / 거실 (다음 날 낮)

창문으로 아침 햇살 들이치고. 햇살 받으며 동경, 거울 앞에서 고데기 하고 있다. 반면 지나는 옆에서 아무렇게나 널브러져 자고 있고. 그때 멀리 떨어진 지나 핸드폰, 진동 윙 울린다. 동경, 고개 돌려 보는데.

동경	(고데기하며) 언니~ 전화!!
지나	(미동 없고)
동경	언니~~ 전화 온다고.
지나	(으으… 몸 돌려버리고)

이내 진동 끊긴다. 동경, 절레절레… 다시 거울 보며 고데기 하는데.

동경	(머리하다 고데기 슬쩍 보고) 좋네. (조용히) 째빌까?

그때 띵동, 초인종 울린다. 누구지? 동경, 별생각 없이 고데기 하며 현관 쪽 향하고.

S#34. 지나의 집 / 복도 (낮)

주익, 지나 현관문 앞에 서 있다. 이내 문 열리고 나오는 사람, 지나가 아니라 고데기 든 동경이다!

주익	?!
동경	(머리하던 손 멈칫하고, 뭐지??) 팀장님…??
주익	(이내 차분해져서) …머리 잘됐네.

S#35. 지나의 집 / 거실 (낮)

동경, 지나, 주익. 어색하게 마주 앉아 있다. 지나, 눈치만 보고 앉아 있고.

동경　그러니까 (지나 주익 번갈아 보며) 두 분이 따로 계약을 하셨다?

지나　그게 어떻게 된 거냐면, (하는데)

주익　아깝잖아. 조금만 방향을 잡아주면 더 잘될 수 있는 게 뻔히 보이는데.

지나　(주익 보면)

동경　선의다?

주익　당연히 영리지.

동경　둘이 일만 하는 건 맞죠?

지나　야, 당연하지! 무슨 그런 소릴, (하는데)

주익　탁주임은 작가랑 일 말고 다른 것도 하나봐?

동경　네. 밥도 먹고 커피도 먹고 가끔은 산책도 하는데요? 뭐 두 분이서 그런 거 하라는 얘기는 아니고.

주익　참고할게. 다른 거 하고 싶어질 때.

동경　언니 봤지. 이 인간 진짜 한마디를 안 져.

주익　…이 인간?

동경　그만뒀을 때나 엉기지 언제 엉겨요. 대충 검사 끝났으니까 저는 이쯤에서 빠질게요.

지나　간다고? 벌써?

동경　(옷 챙겨 입으며) 아 나도 집에 기다리는 사람이 있는 몸이야. 갑니다. (가려는데)

주익　(툭) 일단은 휴직 처리 해놨어.

동경　그냥 짜르라 그래요. 실업급여나 받게.

주익　직접 말해. 대표님 전화 씹지 말고.

동경　이럴 때 씹지 언제 씹어봐요. 진짜 갑니다.

동경, 나가고. 남은 둘, 어색하게 앉아 있는데.

주익	아직은 생각보다 괜찮아 보이네요. 탁주임.
지나	괜찮은 건지. 괜찮은 척하는 건지. (짧게 한숨 쉬고) 팀장님은 어쩐 일로 오셨어요.
주익	내가 나지나씨한테도 팀장님이에요?
지나	(아랑곳 않고) 저 걱정돼서 왔죠.
주익	연재 걱정돼서 왔는데요.
지나	(픽) 그날은 제가 못 볼 꼴 많이 보였어요. 죄송해요.
주익	연재 걱정돼서 왔다니까 왜 딴소리예요. 많이 썼어요?
지나	되게 못날 때마다 많이 걸리는 거 같아요. 아 진짜 왜 맨날 그러지.
주익	내가 착해서 그래요.
지나	…네?
주익	우는 여자 모르는 척 못 하는 내 훌륭한 성품 때문이라구요. 나지나 씨가 착한 사람 딱 알아보는 거지. 딱 알아보고 하필 그 앞에 잘 앉 아있는 거지 매번.
지나	(웃음기 없이) 와 진짜 웃겨.
주익	그런 소리 많이 들어요.
지나	진짜로 웃기다는 말 아니었는데? 뉘앙스 못 알아들어요?
주익	그런 소리도 많이 들어요.
지나	(픽 웃음 터지고)
주익	(저도 모르게 마주 픽 웃다가) …이런 시답잖은 소리 하려고 온 건 아 니었는데.
지나	(보면)
주익	할 말 있어서 왔어요. 더는 끌면 안 될 거 같아서. 더 끌다간…
지나	뭔데요?
주익	어디서부터 얘기를 해야 될지 모르겠는데 처음부터 의도한 바는 아니었고, (하는데)

초인종 소리 울린다! 동경인가? 싶어서 일어나는 지나.

지나   잠깐만요. (일어나며) 동경이가 뭘 두고 갔나?

하고 나가는데. 현관문 열어보면 의외의 인물 서 있다. 현규다!

지나   !!

열린 문틈으로 서로 마주 보고 있는 지나와 현규. 거실에 앉아 있던 주익 뭐지? 하고 고개 돌려 바깥쪽 살피는데.

S#36. 횡단보도 (밤)

동경, 예전의 그 횡단보도 앞에 서 있다. 건너편 보며 서 있는데 누군가 손 탁 잡아온다. 멸망이다.

멸망   안 나타났던 거 미안.
동경   …깜짝이야.
멸망   근데 너도 참 골 때린다. 그렇다고 뛰어내린다고 난리냐.
동경   (순간적으로 열 받아) 야. 넌 다 듣고도 안 왔다 이거야 지금?
멸망   앞에 봐. 초록불.

보면, 신호등 초록불로 바뀌었고.

멸망   (동경 손 잡고 그대로 한 발짝 떼는데)
동경   (얼결에 발 떼고)

그렇게 횡단보도 끝에서 발 탁 떼면,

S#37. 놀이공원 (밤)

발 디딤과 동시에 배경 놀이공원으로 바뀐다. 사람들 많지 않고 화려하지 않은, 소박한 놀이공원이다.

동경   와… 이거 뭐야…?
멸망   행복했다며. 그날.
동경   (그 말에 피식… 그러다 환히 웃으며 풍경 바라보고)
멸망   (읽을 수 없는 얼굴로 동경 바라보는데)

S#38. 놀이공원 / 관람차 안 (밤)

관람차 안에 마주보고 앉아 있는 동경과 멸망. 동경, 창가에 달라붙어 바깥 풍경 내려다보고 있다. 멸망은 그런 동경 보고 있고.

동경   하여간에 여러모로 쓸모 있단 말이야.
멸망   (가만히 그런 동경 보기만 하고)
동경   왜 자꾸 보는데.
멸망   앞에 있으니까.
동경   뭐 그럼 좀 옆으로 갈까? (하다가) 안 되겠다. 무게중심 안 맞아서.
멸망   (대꾸 없이 그저 보기만 하고)
동경   (창밖 보며) 예쁘다… 꼭 사라질 것처럼.
멸망   사라지는 것들은 대체로 다 아름답지.

동경	(시선 밖 보며 점차 차분해져서) …나 사라졌을 때 다들 나 기억 못했다고 했지.
멸망	(입 안 열고) 음.
동경	(시선 창밖) 나 죽으면 말이야… 그랬으면 좋겠어.
멸망	(보면)
동경	(시선 창밖) 남은 사람들이 다 날 잊었으면 좋겠어. 나 때문에 너무 슬프지 않게… 그렇게 꼭 증발하듯 사라졌으면 좋겠어.
멸망	(그런 동경의 쓸쓸한 얼굴 보고 있는데)
동경	(멸망 보며) 혹시 말이야… 그것도 소원으로 빌 수 있… (어? 하는데)
멸망	(그대로 천천히 다가가 입 맞추고)
동경	!!

그렇게 따뜻하게 키스하는 둘인데.

S#39. 놀이공원 + 골목길 (밤)

관람차 뒤로한 채 걸어가는 둘. 그러다 동경, 휙 몸 돌려 멸망 바라보며 뒤로 걷기 시작한다.

동경	너는 맨날 갑자기 그러더라?
멸망	뭐가.
동경	아니 그…
멸망	뭐. 키스?
동경	아니 그걸 또 뭘 그렇게 정확하게 짚고…
멸망	남 위해서 니 소원 쓰지 말라고. (그랬다)
동경	(보면)

멸망   웬만한 건 내가 이렇게 다 해줄 테니까 그건 더 오래 생각해서 널
        위해서 쓰라고. 후회 없이.
동경   (보다가) 썼잖아. 날 위한 소원.
멸망   (보면)
동경   근데 니가 안 들어줬잖아.

        인서트. 6부 S#31

동경   니가… 날 사랑했으면 좋겠어.
멸망   !!

        / 다시 현재

동경   니가 안 된다고 했어. 그거.
멸망   그거면, 소원 쓸 필요 없어.
동경   너 그거 무슨 뜻이야? (하는데)

동경, 누군가와 가볍게 탁 부딪히는데.

동경   아 죄송합, (니다)

하고 보면 부딪힌 사람, 동경의 엄마다! 젊은 시절이고. 한 손엔 솜사탕 두 개
들려 있다.

동경   !!

동경모   괜찮으세요?

동경부   (E) 괜찮아?

동경, 놀라 소리나는 쪽 돌아보면, 동경부 저만치 앞에서 카메라(예전 모델) 들고 서 있다. 어린 동경과 선경은 뒤돌아 서 무언가 구경 중이다.

동경   !!

동경모   (동경에게 살짝 목례하고 다시 지나가며) 동경선경!

그대로 함께 코너 돌아 휙 사라지는 동경 부모와 어린 동경과 선경. 동경 부모에게 가려져 어린 동경과 선경은 보이지 않는다.

멸망   보고 싶어할 거 같아서.

동경, 등 뒤로 들리는 멸망의 목소리에 홀린 듯이 부모님 따라 휙 코너 돌면, 현실이다. 벚꽃도 관람차도 없는 집 앞 골목길인데.

동경   !! (뒤돌아 멸망 바라보면)

멸망   보여줄 수 있는 건 아주 잠깐이야.

동경   (그저 서 있는데)

멸망   내가 또 실수한 건가?

동경   (천천히 고개 젓는다) 아니… (멸망 보고) 행복해서 그래.

멸망   (보면)

동경   나 행복해… 행복했어 방금. 무지무지하게.

멸망   (보다가) 탁동경.

동경   응?

멸망   좋아해, 나.

동경   !!

멸망   좋아해도 돼. 난 이제 너 말고 아무것도 상관없어졌으니까.

동경   !!

멸망   소원 쓸 필요 없어. 이게 내 답이야. 그러니까, (하는데)

뒤에서 익숙한 목소리 들린다.

수자   탁동경!

동경, 놀라서 돌아보면 방금 놀이공원에서 본 동경모와 비슷한 그림자 보이
는데.

동경   엄마…?

저도 모르게 점점 다가가는 동경. 보면, 동경모가 아니라 수자다!! 수자, 아랫
입술 꽉 물고 한 손엔 캐리어 든 채 격앙된 표정으로 서 있는데.

동경   이모…!

멸망을 뒤에 두고 동경, 이모와 마주서는데.

멸망   (가만히 서서 그런 동경의 뒷모습 보며) 그러니까 선택해. 세상과 너를.

동경을 삶 쪽으로 밀어주고 저 혼자 남기로 결정한 멸망의 쓸쓸한 얼굴. 그
담담한 눈에서…

8부 엔딩!